本书曾获得国家自然科学基金（批准号：70803002）和北京市哲学社会科学规划项目（批准号：12JGC092）的资助，本书也是国家社科基金重大项目（项目批准号：13&ZD042）的阶段性成果

中国代际核算体系的构建与社会保险制度改革研究

GENERATIONAL ACCOUNTING IN CHINA AND SOCIAL INSURANCE REFORM FROM THE PERSPECTIVE OF GENERATIONAL ACCOUNTING

蒋云赟 ◆ 著

北京大学出版社
PEKING UNIVERSITY PRESS

图书在版编目(CIP)数据

中国代际核算体系的构建与社会保险制度改革研究/蒋云赟著. —北京:北京大学出版社,2015.1
(北京大学经济学院中青年学者文库)
ISBN 978-7-301-25459-2

Ⅰ. ①中… Ⅱ. ①蒋… Ⅲ. ①社会保障制度—研究—中国 Ⅳ. ①D632.1

中国版本图书馆 CIP 数据核字(2015)第 023411 号

书　　　名	中国代际核算体系的构建与社会保险制度改革研究
著作责任者	蒋云赟　著
责 任 编 辑	郝小楠
标 准 书 号	ISBN 978-7-301-25459-2
出 版 发 行	北京大学出版社
地　　　址	北京市海淀区成府路 205 号　100871
网　　　址	http://www.pup.cn
电子信箱	em@pup.cn　QQ:552063295
新浪微博	@北京大学出版社　@北京大学出版社经管图书
电　　　话	邮购部 62752015　发行部 62750672　编辑部 62752926
印 刷 者	北京大学印刷厂
经 销 者	新华书店
	730 毫米×1020 毫米　16 开本　12.75 印张　257 千字
	2015 年 1 月第 1 版　2015 年 1 月第 1 次印刷
定　　　价	36.00 元

未经许可,不得以任何方式复制或抄袭本书之部分或全部内容。
版权所有,侵权必究
举报电话: 010-62752024　电子信箱: fd@pup.pku.edu.cn
图书如有印装质量问题,请与出版部联系,电话: 010-62756370

前　言

　　财政政策的可持续性一直是各国政府关心的议题。20世纪70年代,许多研究指出财政赤字不是反映财政状况和分析财政政策可持续性的可靠指标,20世纪90年代出现了分析财政问题和代际平衡问题的新方法——代际核算方法:它是研究财政问题的一种新方法,也是从代际平衡角度研究社会保障制度改革的一种新方法,这种方法既能回答在目前的财政体系下代际平衡是否能够实现的问题,又能够解决如何调整才能达到代际平衡的问题。这种方法自从1991年被提出后,现在已经有一百多个国家采用。本书以第六次人口普查数据为基础,构建我国分年龄、性别和城乡的三维代际核算体系,并对我国的社会保险改革方案进行综合分析。

　　本书首先对代际核算方法的原理和应用进行综述,接着说明如何构建中国的代际核算体系,最后利用代际核算体系对中国的财政政策进行分析。考虑到中国和西方财税体制的差异,为了构建中国的代际核算体系,本书对传统的代际核算方法进行了扩展,从理论上证实其可行性;并对未来中国城乡分年龄和性别的人口、社会保障、税收、转移支付以及政府消费进行了预测,尤其是根据中国养老保险和医疗保险体系的特点,对我国未来分年龄、性别的养老保险和医疗保险基金收支进行预测;最后利用代际核算体系对我国的人口政策、养老保险和医疗保险改革的方案进行模拟。

　　具体来说,本书的特色主要体现在以下四个方面:

　　第一,根据中国经济的实际情况,对传统的代际核算方法进行修改。首先,传统的代际核算方法将人口按年龄和性别两个维度分类,而我们根据中国的实际情况将人口按年龄、性别和城乡三个维度分类。其次,考虑到中国经济还未达到稳态,我们假设生产率增长率和贴现率随着时间的推移而变化。

　　第二,我国不同人群的税负分析。我国目前的研究主要关注不同行业、企业类型和地区的税负差异。本书研究了城乡不同年龄、性别人群的税负问题。

　　第三,根据中国养老保险和医疗保险体系的现状,对养老保险和医疗保险未来分年龄、性别的基金收支情况进行预测。

第四，利用构建的代际核算体系，从代际平衡角度对中国的养老保险和医疗保险改革进行模拟分析。城镇养老保险模拟方案主要包括推迟退休年龄和提升养老基金保值率两个方面，并对新型农村养老保险和农民工养老保险方案进行研究；医疗保险主要包括大病保险、医疗保险统筹两个方面，并对农民工医疗保险方案进行模拟。

本书主要得出如下结论：

第一，生育率下降将使代际不平衡状况恶化，而放宽计划生育政策将使代际不平衡状况好转，但并不是越早放宽计划生育政策越好。如果迁入城镇的人口能够获得城镇的收入和生产率水平，提高迁移规模和城市化率将是实现代际平衡的一条较好途径。

第二，提高退休年龄会使城镇人口缴纳税费的时间增长，而领取退休金的时间缩短，虽然有一部分和缴费年限相关的养老金会上升，但总的来说缴纳税费的增长将大于领取的养老金的增长，因此会改善代际不平衡状况。退休年龄推迟年限越长，执行的时间越早，代际不平衡状况越能得到改善。

第三，现有的财力水平下，如果使全国农村的基础养老金翻一番，整体来说还是政府可以承受的，但是如果基础养老金再进一步增加，就会对财政体系造成太大的负担。没有正视农民工收入较低的现实，让农民工加入城镇职工养老保险体系，是农民工养老保险参保率无法提高的重要原因。

第四，先统筹"新农合"和"城居保"是现实的选择，随着"新农合"和"城居保"参保人员缴费能力上升，如果将这部分参保人员的缴费提高八倍左右，待遇提高到"城职保"水平，就不会增加政府负担。

第五，如果农民工参加"城居保"，无论是短期还是长期都完全可行；而如果让农民工参加"城职保"，并且希望中期能够收支相抵，则企业缴费率不能低于4%。

目 录

第1章 绪论 ·· 1
1.1 研究背景和意义 ·· 1
1.2 代际核算方法研究综述 ·· 2
1.3 研究内容和结构安排 ··· 5

第2章 代际核算方法的基本原理和应用 ···························· 8
2.1 财政平衡规则 ·· 8
2.2 代际核算方法 ··· 11
2.3 代际核算方法的应用 ··· 14
2.4 代际核算方法的局限性 ·· 17

第3章 中国代际核算体系的构建 ···································· 19
3.1 对传统代际核算方法的扩展 ···································· 19
3.2 代际核算体系中的人口模块研究 ······························ 20
3.3 代际核算体系中社会保险模块研究 ··························· 30
3.4 代际核算体系中的税收模块研究 ······························ 38
3.5 代际核算体系中的政府消费和转移支付模块研究 ········· 50

第4章 中国养老保险缴费和养老金预测 ·························· 53
4.1 企业(含其他)养老保险缴费和养老金预测 ·················· 55
4.2 事业和机关单位养老保险缴费和养老金预测 ··············· 59
4.3 农民养老保险缴费和养老金预测 ······························ 64
4.4 城镇居民养老保险缴费和养老金预测 ························ 66
4.5 农民工养老保险缴费和养老金预测 ··························· 68
4.6 养老保险缴费和养老金总额 ···································· 70

第5章 中国医疗保险缴费和医疗保险金预测 ···················· 71
5.1 我国医疗保险缴费预测 ·· 72
5.2 我国医疗保险基金支出预测 ···································· 77
5.3 我国三大医疗保险体系未来基金收支平衡分析 ············ 99

第6章 代际核算体系中的生长率增长率和贴现率研究 ········ 101
6.1 生产率增长率 ··· 101
6.2 贴现率 ··· 101

第 7 章	中国代际核算体系构建和政策模拟	107
7.1	基准假设下代际账户的构成	107
7.2	基准假设下的代际平衡状况测算	127
7.3	生产率增长率和贴现率的敏感性分析	128
7.4	人口因素变化对代际平衡状况的影响	131
7.5	养老保险改革对财政体系的影响	136
7.6	医疗保险改革对财政体系的影响	146
7.7	人口结构变动对国民储蓄率的影响	169
第 8 章	结论	175
8.1	人口预测结果	176
8.2	养老保险预测结果	176
8.3	医疗保险预测结果	177
8.4	代际核算体系的建立	177
8.5	人口因素变动对代际平衡状况的影响	178
8.6	养老保险改革对财政体系负担的影响	179
8.7	医疗保险改革对财政体系负担的影响	180
8.8	人口结构变动对国民储蓄率的影响	183
参考文献		184

图 目 录

图号	标题	页码
图 1.1	研究的基本框架	6
图 3.1	不同总和生育率情形下中国未来人口变化图	26
图 3.2	不同城镇化规模假设下城镇人口占总人口的比重	27
图 3.3	2010—2110 年生育保险费和生育保险金预测	37
图 4.1	2010—2110 年企业养老保险缴费和养老金支付数额	59
图 4.2	1999—2010 年机关事业单位参加基本养老保险人数、参保率	61
图 4.3	2010—2110 年事业单位在职人数和退休人数预测	64
图 4.4	2010—2110 年机关和事业单位养老保险缴费和养老金预测	64
图 4.5	2010—2110 年新型农村养老保险缴费和养老金预测	66
图 4.6	2010—2110 年城镇居民养老保险缴费和养老金预测	68
图 4.7	农民工按照《摘要》参保时 2011—2110 年农民工养老保险缴费和养老金预测	70
图 4.8	2010—2110 年养老保险缴费和养老金支付总额预测	70
图 5.1	经济发展水平与各年龄别城镇住院率的关系	86
图 5.2	1993 年、1998 年、2003 年、2008 年城镇分年龄别的就诊率	93
图 5.3	1993 年、1998 年、2003 年、2008 年农村分年龄别的就诊率	93
图 5.4	1993 年、1998 年、2003 年、2008 年城镇分年龄别的住院率	94
图 5.5	1993 年、1998 年、2003 年、2008 年农村分年龄别的住院率	94
图 5.6	各年龄别 1993 年、1998 年、2003 年、2008 年的就诊率和住院率	94
图 5.6(续)	各年龄别 1993 年、1998 年、2003 年、2008 年的就诊率和住院率	95
图 5.7	2010—2050 年城镇职工医疗保险统筹基金收支预测	99
图 5.8	2010—2050 年城镇居民医疗保险基金收支预测	100
图 5.9	2010—2050 年新型农村合作医疗保险基金收支预测	100
图 7.1	2010 年城乡分年龄、性别人口的人均代际账户	126
图 7.2	不同生育率假设下 2010—2110 年 60 岁以上的人口占总人口比例变化	132
图 7.3	2011 年起新增参保农民工参加全国"新农保"情形下各年农民工的缴费和养老金	144

图 7.4 "新农合"和"城居保"统筹前后"新农合"基金收支 …………… 155
图 7.5 "城居保"和"新农合"待遇达到"城职保"水平前后"城居保"
和"新农合"基金支出 …………………………………………… 157
图 7.6 三大医疗体系完全统筹前后"城居保"基金收支 …………… 159
图 7.7 三大医疗体系完全统筹前后"新农合"基金收支 …………… 160

表 目 录

表号	标题	页码
表 2.1	欧盟国家的代际核算分析结果	16
表 2.2	部分国家的代际核算分析结果	17
表 3.1	基准假设下我国 2010—2110 年人口预测	24
表 3.2	我国部分年份人口分年龄段构成预测	24
表 3.3	2001—2010 年城镇单位职工和城镇私营个体就业人员及其占城镇就业人员的比重	28
表 3.4	2001—2010 年企业、事业和机关单位职工占城镇职工的比重	28
表 3.5	2010 年分行业城镇和农村就业人数	29
表 3.6	2010 年分年龄、性别城镇单位在岗职工工资	31
表 3.7	本书假设的分年龄失业人口领取失业保险金月份表	33
表 3.8	2010—2110 年部分年份失业保险费和失业保险金预测表	34
表 3.9	2001—2010 年工伤保险情况表	35
表 3.10	2010—2110 年部分年份工伤保险费和工伤保险金预测表	36
表 3.11	2010 年城乡分年龄、性别人口的平均消费支出	39
表 3.12	增值税完全转嫁情形下 2010 年城乡分年龄、性别人口人均增值税负担	39
表 3.13	营业税完全转嫁情形下 2010 年城乡分年龄、性别人口人均营业税负担	41
表 3.14	增值税完全不转嫁情形下 2010 年城乡分年龄、性别人口人均增值税负担	42
表 3.15	营业税完全不转嫁情形下 2010 年城乡分年龄、性别人口人均营业税负担	42
表 3.16	2010 年城乡分年龄、性别人口人均增值税负担	43
表 3.17	2010 年城乡分年龄、性别人口人均营业税负担	44
表 3.18	2010 年城乡分年龄、性别人口人均消费税负担	46
表 3.19	2010 年城乡分年龄、性别人口人均个人所得税负担	47
表 3.20	2010 年城乡分年龄、性别人口人均企业所得税负担	48
表 3.21	2010 年城乡分年龄、性别人口人均外资企业所得税负担	48

表 3.22	2010 年城乡分年龄、性别人口人均其他税收负担	49
表 3.23	本书假设的 2010 年城镇和农村适龄人口人均教育经费	50
表 3.24	财政性教育支出占 GDP 比重的国际比较	51
表 3.25	2011—2110 年部分年份教育支出预测	51
表 3.26	2011—2110 年部分年份卫生支出预测	51
表 5.1	2010—2012 年我国城镇就业年龄段人口医疗保险的参保/参合结构	74
表 5.2	2011—2050 年我国城镇职工医疗保险统筹基金收入	76
表 5.3	2011—2050 年我国城镇居民医疗保险基金收入	77
表 5.4	2011—2050 年我国新型农村合作医疗缴费收入	77
表 5.5	城镇、农村次均住院（直接）费用的计量分析结果	81
表 5.6	城镇、农村次均就诊（直接）费用的计量分析结果	82
表 5.7	城市 15—24 岁人口住院率的计量分析结果 1	84
表 5.8	城市 25—34 岁人口住院率的计量分析结果 1	84
表 5.9	城市 35—44 岁人口住院率的计量分析结果 1	85
表 5.10	城市 15—24 岁人口住院率的计量分析结果 2	86
表 5.11	城市 25—34 岁人口住院率的计量分析结果 2	87
表 5.12	城市 35—44 岁人口住院率的计量分析结果 2	87
表 5.13	城市 0—4 岁人口就诊率的计量分析结果	88
表 5.14	城市 5—14 岁人口就诊率的计量分析结果	89
表 5.15	城市 15—24 岁人口就诊率的计量分析结果	89
表 5.16	城市 25—34 岁人口就诊率的计量分析结果	90
表 5.17	城市 35—44 岁人口就诊率的计量分析结果	90
表 5.18	城市 45—54 岁人口就诊率的计量分析结果	91
表 5.19	城市 55—64 岁人口就诊率的计量分析结果	92
表 5.20	城市 65 岁及以上人口就诊率的计量分析结果	92
表 5.21	城镇职工医疗保险统筹账户 2011—2050 年支出预测结果	98
表 5.22	城镇居民医疗保险 2011—2050 年支出预测结果	98
表 5.23	新型农村合作医疗 2011—2050 年支出预测结果	98
表 6.1	1985—1990 年全国独立核算工业企业的净利息支出	105
表 6.2	1993—1994 年全国独立核算工业企业的净利息支出	105
表 6.3	1982—2010 年全国独立核算工业企业的资本收益率	105
表 7.1	代际核算体系中的变量基准假设	107
表 7.2	基准假设下城镇男性的人均代际账户构成	108

表7.3	基准假设下城镇女性的人均代际账户构成	114
表7.4	基准假设下农村男性的人均代际账户构成	120
表7.5	基准假设下农村女性的人均代际账户构成	123
表7.6	不同生产率增长率下的城乡分年龄、性别人口的代际账户值和不平衡百分比	129
表7.7	不同贴现率下的城乡分年龄、性别人口的代际账户值和不平衡百分比	130
表7.8	不同生育率假设下城镇男性的代际账户值及其比率	133
表7.9	不同迁移规模假设下城镇男性的代际账户值及其比率	135
表7.10	1999年165个国家退休年龄分布	136
表7.11	部分国家1999年退休年龄和推迟退休年龄方案表	137
表7.12	不同退休年龄方案下未来代和2010年出生一代的代际账户值比率	137
表7.13	养老基金保值率不同取值下的代际平衡状况	140
表7.14	不同基础养老金情形下农村分年龄、性别人口人均代际账户值	141
表7.15	农民工三种参保模式的参数对比	142
表7.16	农民工参加"新农保"情形下城乡分年龄、性别人口人均代际账户值	145
表7.17	农民工加入城镇职工养老保险情形下城乡分年龄、性别人口人均代际账户值	146
表7.18	就诊和住院费用未补偿部分再报销50%情形下"城居保"和"新农合"的基金收入、支出和累计结余	147
表7.19	就诊和住院费用未补偿部分再报销50%情形下城乡分年龄、性别人口人均代际账户值	148
表7.20	住院费用未补偿部分再报销50%情形下"城居保"和"新农合"的基金收支和缺口	149
表7.21	住院费用未补偿部分再进行50%报销情形下城乡分年龄、性别人口人均代际账户值	150
表7.22	各种住院费用报销比率和个人缴费提高情形下各年"新农合"和"城居保"的累计结余以及代际账户比率	152
表7.23	各种住院率和个人缴费提高情形下各年"新农合"和"城居保"的累计结余以及代际账户比率	153
表7.24	"新农合"和"城居保"统筹前后城乡分年龄、性别人群的代际账户	156

表 7.25	"城居保"和"新农合"待遇达到"城职保"水平前后城乡分年龄、性别人群的代际账户	158
表 7.26	三大医疗体系完全统筹前后城乡分年龄、性别人群的代际账户	161
表 7.27	2008—2013 年我国农民工参加城镇医疗保险体系的情况	162
表 7.28	2015—2050 年农民工参加"新农合"和"城居保"的基金支出预测	163
表 7.29	农民工参加"新农合"和"城居保"城乡分年龄、性别人群的代际账户	164
表 7.30	农民工参加"城职保"城乡分年龄、性别人群的代际账户	165
表 7.31	企业不同缴费率下农民工参加"城职保"统筹账户的收支情况以及代际账户比率	166
表 7.32	逐步提高企业缴费率下农民工参加"城职保"统筹账户的收支情况	168
表 7.33	逐步提高企业缴费率下农民工参加"城职保"城乡分年龄、性别人群的代际账户	168
表 7.34	2010 年分年龄、性别的城乡人口的人均净财富表	172
表 7.35	分年龄、性别的城乡人口的平均消费倾向	173
表 7.36	2010 年国民储蓄率	174
表 7.37	不同生育率假设下的国民储蓄率	174
表 7.38	不同迁移规模假设下的国民储蓄率	174

第1章 绪　　论

1.1　研究背景和意义

　　财政赤字常常被作为衡量财政政策的可持续性和代际平衡状况的手段,国际上通常把财政赤字占 GDP 的比重不超过 3% 作为警戒线,2007 年开始的金融危机使不少国家的赤字率都大大越过"警戒线",各国目前都在努力缩减财政赤字。而我国 2002 年的财政赤字是 3 149.51 亿元,占 GDP 的比重为 2.62%,从 2003 年开始,我国财政赤字占 GDP 的比重逐年下降,2003 年为 2.16%,2004 年为 1.31%,2005 年为 1.23%,2006 年为 0.77%,2007 年财政盈余,赤字率为 -0.58%,2008 年由于受到金融危机的影响,我国重新出现财政赤字,占 GDP 的比重为 0.4%,我国 2009 年财政赤字占 GDP 的比重为 2.28%,2010 年为 1.69%,2011 年为 1.14%,2012 年为 1.68%,我国财政赤字似乎一直在警戒线之下。因此从财政赤字的角度来看,我国的财政风险低于许多发达国家。但财政赤字是否能作为反映财政状况和分析财政政策可持续性的指标呢？首先"赤字"没有统一的定义,在国家经济状况和福利代际分配状况一定的情况下,当采用的定义和计量方法不同时,得到的国家财政赤字的状况也会大相径庭。例如,政府现在想从公民那里获得收入,一年后返还:如果采用发行国债的方式,现在记为政府债务,未来记为本息偿还;政府还可以现在征税,未来以转移支付的形式加以返还。这两种情况下公民的福利状况没有区别,但政府的财政赤字却不相同,因此财政赤字具有一定的任意性。再如,我国的财政赤字没有考虑现收现付制向部分积累制转轨积累下的大量隐形债务,这一债务的规模据国家体制改革办公室的估算为 67 145 亿元[1],而世界银行估计中国 2002 年的隐形债务为 137 213 亿元[2]。当然,为了克服财政赤字定义主观性的缺点,我们可以对赤字进行统一定义,以获得纵向和横向可以比较的数据,即使这样,

---

[1]　国家体制改革办公室,安泰国际保险公司. 中国养老保险隐形债务研究 2000.
[2]　Yvonne Sin(2005). China Pension Liabilities and Reform Options for Old Age Insurance. World Bank Working Paper 33116.

财政赤字也不是理解财政政策和福利的代际分配政策的有力工具,因为赤字只考虑短期状况,无法衡量政策的长期效果。为了克服财政赤字的上述缺点,Auerbach,Gokhale and Kotlikoff(1991)提出代际核算(generational accounting)方法。代际核算方法从收入在政府和公民之间的流向来考虑问题,克服了相同的收入流向由于冠以不同的名称而不同的问题,更好地反映了代际福利状况。另外,代际核算方法不但考虑财政政策和代际分配政策的短期影响,更衡量它们的长期影响。代际核算方法是研究财政问题的一种新方法,也是从代际平衡角度研究养老保险制度和整个财政体系的一种新方法。这种方法既能回答在目前的财政体系下代际平衡是否能够实现的问题,又能解决如何调整才能达到代际平衡的问题。这种方法自从1991年被提出后,现在已经有近百个国家采用。美联储(U.S. Federal Reserve)、美国国会预算办公室(U.S. Congressional Budget Office)、美国管理和预算办公室(U.S. Office of Management and Budget)、日本银行(Bank of Japan)、德意志银行(Bundesbank)、挪威财政部(Norwegian Ministry of Finance)、意大利银行(Bank of Italy)、新西兰财政部(New Zealand Treasury)、欧盟(European Commission)、国际货币基金组织(International Monetary Fund)和世界银行(World Bank)都采用这套核算体系来分析财政政策。

1.2 代际核算方法研究综述

1.2.1 从赤字核算到代际核算的发展历程

Buchanan(1958)和Modigliani(1961)提出了财政赤字可以衡量财富的代际分配情况,如果有财政赤字,意味着现存代在花未来代的钱,而如果财政盈余,意味着现存代把财富留给未来代。20世纪70年代,经济学界开始对用财政赤字作为衡量财政政策的标准和分析代际分配的手段提出质疑。Feldstein(1974)指出大量隐形养老金债务没有记入政府的债务,从而降低了财政赤字;Eisner and Pieper(1984)和Boskin,Robinson and Huber(1987)认为赤字没有考虑政府的财产。Chouraqui et al.(1990)、Blanchard(1993)和Gramlich(1990)提出自己对财政赤字的定义,并试图说服政府接受自己的观点。Summers(1981)、Chamley(1981)和Kotlikoff(1979)表明在生命周期理论下,动态宏观环境下财政政策的代际分配状况与财政赤字无关。而Kotlikoff(1984,1986a,1986b,1988)对赤字核算提出更严厉的批评,指出对财政赤字进行统一定义并不是解决问题的方法,财政赤字本身与代际政策没有内在的联系,当采用不同的代际政策时财政赤字可以不发生变化,或者代际状况相同时赤字却可以大相径庭。当政府将自己的"收入"和"支出"冠以不同的名称时,财政赤字可以按照政府的意愿变化。因此需要寻找替代财政赤字的方法。

Kotlikoff(1989,1993)提出了财政平衡规则(fiscal balance rule)。财政平衡规

则基于整个经济达到稳定状态时的经济的代际预算约束。当整个经济达到均衡时,经济中的资源(人力资源和非人力资源)的现值等于目前年轻一代消费的现值、年老一代消费的现值和政府消费的现值和。财政平衡规则不再采用"税收""支出""赤字"等词语,因此避免了使用财政赤字带来的任意性。

财政平衡规则可以判断经济是否实现代际平衡,但是财政平衡规则实现起来很困难。因此财政平衡规则提出后并没有在经济中得到实际应用。但财政平衡规则为1991年提出的代际核算方法提出了理论依据。代际核算方法实际上用数据检验政府的税收和转移支付政策能否实现代际平衡。

当每个人对政府的净税支付相等时,代际平衡就能实现。基于此,Auerbach, Gokhale and Kotlikoff(1991)提出一种新的解释代际平衡的方法——代际核算方法。代际核算方法的基本框架是政府的代际预算约束式,即政府将来所有的消费的现值减去政府现在的净财富必须等于现存所有代的社会成员在其剩余的生命周期内所缴纳的净税支付总额的现值与未来所有代的社会成员在生命周期内缴纳的净税支付总额的现值之和,代际核算方法不仅能判断一个经济是否实现代际平衡,还能提出当一个经济失衡时,可能通过调整财政政策使代际平衡实现的途径,另外代际核算方法的可操作性更强。

Fehr and Kotlikoff(1995)阐述了在不同的经济状况下代际账户的变化反映这一代效用变化的能力。代际核算方法只考虑法定的税负归宿,而不考虑实际的税负归宿。例如,收入税由收入领取者缴纳,资本税由资本供给者缴纳,消费税和增值税由消费者缴纳,并且把转移支付也直接分配给转移支付的领取者。这种假设忽略了当财政政策变化时,使资本—劳动的收益率发生变化,最终使实际的税负归宿与法定的不同的可能性。因此在不同的经济状况下代际核算方法的效果肯定有所区别。文章将代际核算方法和Auerbach and Kotlikoff(1987)的动态生命周期模型(即A-K模型)进行比较,得出代际核算方法在不同经济状况下可以反映出的财政政策引起的效用变化的程度。结果证明,在没有资本调整成本的封闭经济中,资本和劳动的收益率取决于资本—劳动比率,而短期中资本存量不变,劳动供给缺乏弹性,资本和劳动的收益率变化得很缓慢,财政政策最初引起的收入效用占据主导地位,而财政政策引起的资本和劳动收益率变化所带来的二次效应是很小的,因此代际核算方法可以很好地反映财政政策引起的效用的变化。而在开放经济中,我们只有对代际核算方法做出修正,才能反映财政政策引起的效用的变化。例如,当资本收入税提高时,会有资本流出,导致劳动的边际产量下降,从而把一部分资本收入税转嫁到劳动者身上,因此,我们需要把一部分资本收入税分配给获得劳动收入的个人。我们在建立代际核算体系时,需要对传统的代际核算方法做出修正。当我们没有做出修正时,代际核算方法只能近似地反映效用状况的变化。

从1991年代际核算方法提出到现在,近百个国家建立了自己的代际核算体系,其中在亚洲,日本、韩国和泰国已经构建了自己的代际核算体系。核算结果显示,泰国由于人口结构较为年轻,而且没有现收现付制的社会保障体系,泰国的财政政策有利于未来代,现存代的负担大于未来代。而韩国的财政政策是不可持续的,如果要维持下去,未来代的负担是现存代的60%到120%。在已经建立代际核算体系的国家中,代际不平衡状况最严重的国家是日本,未来代成员的负担是现存代的2.7倍到4.4倍。

代际核算方法已经被用来分析财政政策的各方面的问题,除了分析财政政策是否能够实现代际平衡外,它已经被用来分析储蓄、养老、移民等各种和政府财政收支相关的问题。Auerbach,Gokhale and Kotlikoff(1992b)探讨了如何通过代际模型讨论财政政策的改变影响不同代人之间的消费和储蓄倾向。Fullerton and Rogers(1993)对如何根据性别和收入水平建立子代际账户作了研究,Fisher and Kasa(1997)研究了开放经济中代际核算的情形。Auerbach and Oreopoulos(1999)和Moscarola(2001)用代际核算方法分析了美国和意大利的移民问题。Agulnik,Cardarelli and Sefton(2000)和 Gál,Simonovits and Tarcali(2001)用代际核算方法分析了英国和匈牙利养老保险体系的改革。

1.2.2 经济学界对代际核算方法的争论

代际核算方法一产生,就受到一些经济学家的质疑。

Cutler(1993)认为虽然财政赤字没有很好地解决财政政策的四个方面:政府支出是多少,代际分配状况,代内分配状况和政府对分配的影响,可是代际核算方法也没有很好地解决这一点。

Haveman(1994)对代际核算方法提出一些批评。Haveman认为代际核算方法是基于下面的假设:首先,代际核算把税负和转移支付对效用的影响完全用税收与转移支付的变化来衡量,Haveman认为这个假设成立的前提是消费者是理性和有远见的;其次,代际核算方法不考虑国防等收益的分配;再次,代际核算假设目前政府的财政政策可以永远持续下去,如果基年盈余,则盈余一直持续,如果基年赤字,则赤字一直持续,基年存活的人不受任何限制,而未来的人必须承担政府所有剩下的支出,代际核算方法忽视将来经济条件和财政政策的变化;最后,代际核算方法对税收、转移支付和政府消费用同一个折现率。

Diamond(1996)指出代际核算方法是基于成本和基于效用的方法的混合,而代际核算方法无法很好地反映财政政策引起不同代的效用的变化。

Auerbach,Gokhale and Kotlikoff(1994)对Haveman的批评做出回应。他们强调代际核算方法的确只能近似反映财政政策变化引起的效用的变化,这在Fehr and Kotlikoff(1995)中有更详尽的论述,但是代际核算方法不需要假设消费者是理性和有远见的。因为国防支出等政府消费是无法按照年龄和性别的消费额分开的,所以代际核算方法更倾向于测定不同代承担政府支出的多少,而不是反映各代从政府那里获得转移支付的多少。代际核算方法没有忽视将来的变化,在对未来的转移支付等作预测时,代际核算方法都仔细地考虑了人口和经济状况的改变。代际核算方法只是近似反映财政政策变化对不同代的效用的影响。对税收、转移支付和政府消费仅采用一个折现率是有欠妥当的,这也是代际核算方法的改进点之一。

Kotlikoff(1997)对 Cutler 和 Diamond 提出的问题做出了回应。Kotlikoff(1997)指出代际核算方法的确不能解决财政政策四个方面的问题,它仅能解决代际分配状况这一个问题。Kotlikoff(1997)承认代际核算方法是基于成本和效用的混合计算,其中税收、转移支付和政府消费等的精算现值的计算是基于成本的计算,而政策变化对不同代的影响是基于效用的计算,但是代际核算方法假设财政政策引起的实际的归宿和法定的归宿一致,这就造成代际核算方法只是近似地反映财政政策对效用的影响。对于这一点,Fehr and Kotlikoff(1995)已经有详细的论述。

综上所述,代际核算方法是分析和代际分配有关的问题的好方法,但是它也有各种不足,这些不足中有些是可以改进和克服的,有些是方法本身无法克服的,因此如 Kotlikoff(1997)所说,代际核算方法只能解决一部分问题,并不能代替其他方法解决各种财政问题。本书将代际核算方法运用到中国时,会尽量按照中国财政体系的特点对传统方法做出修改。

1.3 研究内容和结构安排

1.3.1 主要研究内容

本书旨在建立中国的代际核算体系,并用代际核算体系分析中国的社会保障制度改革。在构建中国的代际核算体系时,本书将根据中国的实际情况对传统的代际核算方法进行拓展。代际核算体系是一套全面的、面向未来的分析方法,因此为了构建代际核算体系,我们需要预测未来中国的人口、税收、转移支付、政府消费和贴现率等,因此,我将对中国未来的人口结构,分年龄、性别的社会保障情况,政府未来的税收和消费的情况进行预测或者假设,在这些预测的基础上建立代际核算体系,并用这套代际核算体系对中国的社会保障改革进行模拟。研究的基本框架可参见图 1.1。

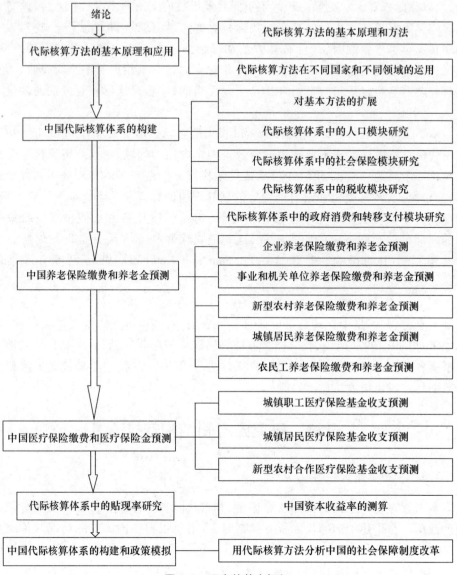

图1.1 研究的基本框架

1.3.2 结构安排

本书共分为8章。第2章首先通过一个代际重叠模型说明赤字核算在衡量代际分配状况方面的局限性,接着介绍了针对赤字核算的不足所提出来的财政平衡规则,以及财政平衡规则和代际核算方法之间的联系。最后介绍代际核算方法的基本原理和建立代际核算体系的过程,以及代际核算体系在不同国家和不同问题上的应用。

第 3 章首先介绍根据中国的实际情况,对传统的代际核算方法进行的扩展。为了构建代际核算体系,我们必须对未来的人口、税收、社会保障、其他转移支付以及政府消费做出预测。因此在对传统代际核算方法进行扩展的基础上,本书接着对未来 100 年中国分年龄、性别和城乡的人口进行预测;对失业保险、工伤保险和生育保险未来分年龄、性别的情况进行预测。最后对政府税收收入,教育、医疗等转移支付和其他的政府消费进行预测。

我国医疗保险和养老保险体系是在碎片化的基础上逐渐走向完善的,目前还处于变革过程中,养老保险包括城镇职工养老保险、机关事业单位养老保险、城镇居民养老保险、新型农村养老保险和农民工养老保险;医疗保险包括城镇职工医疗保险、城镇居民医疗保险和新型农村合作医疗保险体系。本书第 4 章和第 5 章分别对我国养老保险和医疗保险的收支进行预测。

在第 6 章中,本书考虑了构建中国的代际核算体系时,生产率增长率、GDP 增长率和贴现率的取值问题。本书将用 Feldstein(1977)提出的方法对中国的资本收益率进行测算,为代际核算体系的贴现率取值提供依据。

在第 7 章中,本书在上述预测的基础上构建中国的代际核算体系,首先用这套体系核算中国目前的财政政策是否能够实现代际平衡,然后用这套体系对中国的人口政策、养老保改革和医疗保险改革进行分析。

第 2 章 代际核算方法的基本原理和应用

Buchanan(1958)提出财政赤字会减缓资本形成,加重未来代的负担,从而导致财富在代际重新分配,这一观点在一段时间内得到了经济学界的认可。但从 20 世纪 70 年代开始,很多学者开始对此产生质疑,Feldstein(1974);Eisner and Pieper(1984);Boskin,Robinson and Huber(1987)等都认为以前财政赤字的定义有不合适的地方,并提出自己对财政赤字的定义。而 Kotlikoff(1989)通过一个代际重叠模型指出财政赤字与代际分配状况之间根本没有内在的经济联系,因此即使修正财政赤字的定义也不能使财政赤字成为反映代际分配状况的好的指标,并在这个代际重叠模型的基础上提出了财政平衡规则。由于财政平衡规则验证起来比较困难,Auerbach et al.(1991)在财政平衡规则的基础上提出了代际核算方法,从 1991 年提出到现在代际核算方法已经在一百多个国家得到了应用。

2.1 财政平衡规则

2.1.1 代际重叠模型

从宏观角度来看,如果财政政策改变了福利的代际分配状况,会对资本形成有影响,进而对整个经济发生影响。我们通过一个代际重叠模型(Overlapping Generational Model)来详细解释这一点。假设 i 年出生的人存活两期(工作期和退休期),工作期收入为 w_i,工作期消费为 c_i^1,储蓄为 s_i^1,则 $w_i = c_i^1 + s_i^1$;退休期没有收入,消费额只限于工作期的储蓄本息,假设利率为 r_{i+1},则退休期的消费 $c_{i+1}^2 = (1 + r_{i+1})s_i^1$。这样,在没有政府干预的情况下,此人将根据 w_i 和 r_{i+1},合理地确定 c_i^1 和 c_i^2,使一生的效用 U_i 最大化。我们再考虑有政府干预的情况,政府会征税和提供转移支付。假设 m_i^1 代表工作期的净税额,m_{i+1}^2 代表退休期的净税额。那么每一期的预算限制发生变化,$w_i = c_i^1 + s_i^1 + m_i^1$,而 $m_{i+1}^2 + c_{i+1}^2 = (1 + r_{i+1})s_i^1$。将这两个式子消去 s_i^1 可以得到出生在 i 年的人的代际预算约束式:

$$c_i^1 + \frac{c_{i+1}^2}{1+r_{i+1}} = w_i - \left[m_i^1 + \frac{m_{i+1}^2}{1+r_{i+1}} \right] \qquad (2.1)$$

(2.1)式表明,个人整个生命周期的消费现值由总收入减去净税额的现值决定。我们定义

$$m_i = m_i^1 + \frac{m_{i+1}^2}{1+r_{i+1}}, \quad a = \frac{m_i^1}{m_i}$$

(2.1)式变为

$$c_i^1 + \frac{c_{i+1}^2}{1+r_{i+1}} = w_i - m_i \qquad (2.2)$$

而

$$s_i^1 = w_i - c_i^1(w_i, r_{i+1}, m_i) - am_i \qquad (2.3)$$

这样,在政府进行干预的情况下,此人将根据 w_i、r_{i+1} 和 m_i,合理地确定 c_i^1 和 c_{i+1}^2,使效用 U_i 最大化。根据生命周期理论,消费者是根据一生的财富来决定消费路径的,因此从单个个体来说,如果 w_i、r_{i+1} 和 m_i 保持不变,m_i 路径的变化不会影响个体一生的消费现值。但从宏观来看,m_i 路径的变化会对资本形成产生影响。例如,当 $a=1$ 时,净税额都发生在工作期,与政府不干预时相比,个人不会完全减少工作期的消费,而会同时减少工作期和退休期的消费。由于退休期的消费下降,储蓄减少,资本形成也会减少。而当 $a=0$ 时,净税额都发生在退休期,这样工作期和退休期的消费与 $a=1$ 状况下相同。但是根据(2.3)式,人们会增加工作期的储蓄以应付退休期的净税额。这样由于储蓄增加,有可能增加资本形成。从这个模型我们可以看出,政府的财政政策在宏观层面上会对资本形成有影响。例如,政府增加退休一代的净税额时,会增加整个经济的储蓄。因此分析财政政策对福利的代际分配的影响是有价值的,经济学家一直试图找出合适的指标来衡量福利的代际分配状况。

2.1.2 赤字核算

Buchanan(1958)和 Modigliani(1961)提出财政赤字可以衡量财富的代际分配情况,因为财政赤字将使资本形成的速度放缓,未来代将缴纳更多的税来弥补财政赤字,因此如果有财政赤字,意味着现存代在花未来代的钱,而如果财政盈余,意味着现存代把财富留给未来代。这一观点在20世纪70年代受到经济学界的质疑。Kotlikoff(1984,1986,1988)指出对财政赤字进行统一定义并不是解决问题的方法,财政赤字本身与代际政策没有内在的联系,当采用不同的代际政策时财政赤字可以不发生变化,或者代际状况相同时赤字却可以大相径庭。当政府将自己的"收入"和"支出"冠以不同的名称时,财政赤字可以按照政府的意愿变化。我们通过一个简单的例子说明这个问题。

我们把人的一生分为两个时期：工作期和退休期。$P_{i,k}$ 代表 k 年出生一代在 i 年的人数，假设人口的增长率为 n，则 $P_{i,i} = (1+n)P_{i-1,i-1}$。假设人不发生提前死亡，则 $P_{i,i-1} = P_{i-1,i-1}$，那么 $P_{i,i} = (1+n)P_{i,i-1}$。我们试图说明在两种政策下，每一代人的代际状况相同，但是政府的赤字状况不同。

首先我们分析在现收现付制下消费者的代际状况和政府的赤字状况。假设在 i 时期年轻一代每人缴纳工资税 z，支付给退休一代作为退休金，则 $zP_{i,i} = z(1+n)P_{i,i-1}$。当年轻一代退休后，他们可以从年轻一代获得的退休金是

$$zP_{i+1,i+1} = z(1+n)P_{i+1,i} = z(1+n)P_{i,i}$$

这样政府达到财政平衡。假设利率为 r，年轻一代一生中向政府缴纳的税和从政府获得的转移支付的净现值是

$$zP_{i,i} - \frac{z(1+n)P_{i,i}}{1+r} = \frac{r-n}{1+r}zP_{i,i} \tag{2.4}$$

下面我们再分析另外一种状况，假设政府通过向年轻人贷款支付退休一代的退休金，年轻一代的退休金来自政府向那时年轻人的贷款，同时政府通过向退休一代征税来偿还所欠退休一代的本息。这样政府的财政赤字以人口增长率 n 增加，而我们可以看到 i 时期年轻一代在整个生命周期中税收和转移支付的净现值是

$$zP_{i,i} + \frac{(1+r)zP_{i,i}}{1+r} - \frac{(1+r)zP_{i,i}}{1+r} - \frac{z(1+n)P_{i,i}}{1+r} = \frac{r-n}{1+r}zP_{i,i} \tag{2.5}$$

可以看出，这两种状况下财政赤字不同，但实际上代际状况是相同的。我们也可以构造其他的例子使得政府财政赤字相同，而代际状况不同。财政赤字由于使用"税收""转移支付"等词语，因此当政府对相同的现金流采用不同的称呼时，可以按照政府的意愿来操纵财政赤字，因此财政赤字不是反映代际分配状况的良好指标，经济学家努力寻找其他的方法来衡量福利的代际分配状况。

2.1.3 财政平衡规则

Kotlikoff(1989,1993)提出财政平衡规则，财政平衡规则是以一般均衡的政府预算约束式为基础。假设在 i 时期，政府消费是 G_i，政府债务是 B_i，债务的利率是 r_i。每个时期，政府的支出来源于工作一代的净税额 M_i^1、退休一代的净税额 M_i^2 和发行新债，也就是政府一段时期的预算约束式为：

$$M_i^1 + M_i^2 + (B_{i+1} - B_i) = G_i + r_iB_i \tag{2.6}$$

我们把(2.6)式除以 i 时期年轻一代的人数，假设 m_1、m_2 分别代表工作一代和退休一代的人均净税额，b 代表人均政府债务，而 g 代表人均政府消费，则

$$m_1 + \frac{m_2}{1+n} = g + (r-n)b \tag{2.7}$$

定义 m 为人均一生的净税额现值，即 $m = m_1 + m_2/(1+r)$，这样(2.7)式变为：

$$m = g + \frac{r-n}{1+n}\left[(1+n)b - \frac{m_2}{1+r}\right] \tag{2.8}$$

(2.8)式为政府一段时期的财政平衡规则。可以看出,当 m、g、b 或者 m_2 的一个量发生变化,其他的量不变时,就会对代际平衡有影响。我们还可以看出,财政平衡规则与政府财政赤字的大小无关。例如,我们考虑两种状态,第一种状态下政府债务 b 为零,税负全部由年轻一代承担,这样 $m = m_1 = g$。如果在第一种状态的基础上,政府开始向年轻人借债,并且对老年人征税使 $\frac{m_2}{1+r} = (1+n)b$,则 $m = g$ 仍然成立,即这两种状况下个体一生的净税额现值相等。财政平衡规则能够反映出这一点,但是这两种情况下的财政赤字状况却不同。因此财政平衡规则克服了赤字核算的缺点。我们下面将一段时期的财政平衡规则推广为一般均衡条件下的财政平衡规则。在新古典增长模型中,经济为了达到稳态,个人储蓄必须要满足政府和投资者的资金需求。假设 k 代表私人人均资本需求,那么稳态的资本市场均衡必须满足下式

$$s_1 = (1+n)(k+b) \tag{2.9}$$

这样退休一代的净税额变为

$$m_2 = (1+r)(1+n)(k+b) - c_2(w,r,m)$$

将(2.9)式代入一定时期的财政平衡规则就可以得到一般均衡的财政平衡规则:

$$m = g + \frac{r-n}{1+r}\left[\frac{c_2(w,r,m)}{1+n} - (1+r)k\right] \tag{2.10}$$

如果政府的政策有利于退休一代,使得退休一代的消费大于年轻时的储蓄的积累值,通过(2.10)式可以看出均衡的整个生命周期的净税额 m 会上升。这样,我们可以通过分析财政政策对均衡时整个生命周期的净税额 m 的影响来分析财政政策的代际分配效应。如果每一代整个生命周期的净税额 m 相等,代际平衡就可以实现。财政平衡规则为代际核算方法提供了理论基础,代际核算方法实际上用数据检验政府的税收和转移支付政策能否实现代际平衡。

2.2 代际核算方法

2.2.1 代际核算方法的基本原理

代际核算方法的基本依据是政府的代际预算约束式,即政府将来所有的消费的现值减去政府现在的净财富,必须等于现存所有代的社会成员在其剩余的生命周期内所缴纳的净税支付总额的现值与未来所有代的社会成员在生命周期内缴纳的净税支付总额的现值之和,这里同一年出生的男女为一代,净税支付总额指政府征收的各种类型的税与政府各种转移支付的差。简单地说,代际预算约束式是指

政府所有的消费必须由现有财富及现在和未来社会成员的净税支付来共同分担。用公式表示为：

$$\sum_{s=0}^{D} N_{t,t-s} + \sum_{s=1}^{\infty} N_{t,t+s} = \sum_{s=t}^{\infty} G_s (1+r)^{t-s} - W_t^g \qquad (2.11)$$

$N_{t,k}$是k年出生的一代在t年的代际账户(generational accounts)，即k年出生的一代在t年以后(包括t年)所有剩余生命周期内净税支付额的精算现值。D是定义的最大寿命。因此(2.11)式等号左边第一项是现存所有代的代际账户和，第二项是未来所有代的代际账户值，G_s代表s年政府的消费，r是贴现率，等号右边第一项是政府所有将来消费在t年的现值，第二项是政府在t年的净财富。(2.11)式很好地反映了财政政策的零和性，任何一项财政支出必须由现存代或者未来代来承担，因此用这个式子来考虑福利及支出在不同代之间的分配是比较合适的。这样我们可以在现存的财政政策框架下[①]，求出现存各代的代际账户值。如果政府未来消费的现值也可以获得(在一定的假设下是可以做到的)，政府的净财富也可以得到，这样我们就可以得到未来所有代的代际账户和。如果假设未来人口的人均代际账户值按生产率的增长速度增长，我们就可以求出未来人口的人均代际账户。将未来人口的人均代际账户值(扣除生产率增长率的因素)与现存代(最好是t年刚出生的一代，因为t年出生的一代在t年的代际账户值是完整生命周期的，如果和t年以前出生的各代进行比较就需要回溯计算)的人均代际账户值进行比较，就可以知道社会负担和福利在各代之间分配是否公平。如果各代的人均代际账户值(扣除生产率增长率的因素)相等，说明每代向政府缴纳的净税额的现值相等，那么根据财政平衡规则，我们可以说政府的财政政策能够实现代际平衡。也就是要比较当前时刻t出生的人的人均代际账户$N_{t,t}$与在将来时刻出生的人的人均代际账户$N_{t,t+i}$($i \geq 1$)的大小。如果$N_{t,t+i}$($i \geq 1$)比$N_{t,t}$要大，说明未来出生的人口将比现在出生的人口面临更大的来自政府的负担；而如果$N_{t,t+i}$($i \geq 1$)比$N_{t,t}$要小，说明现存的财政政策向未来的人倾斜。

2.2.2 代际平衡状况的衡量指标

Auerbach, Gokhale and Kotlikoff(1991)提出代际核算方法时，更加强调代际的不平衡状况，因此当时的代际账户$N_{t,k}$的定义为k年出生的一代在t年以后(包括t年)所有剩余生命周期内净税支付额的精算现值，并且假设未来各代的代际账户值按照生产率增长率增长。由于各代的人口数不同，即使未来各代的代际账户相同，各代中的每个人承担的净税支付额也是不同的，人口数多的代每人的负担就会较

[①] 代际核算方法最初提出时，假设现存代面临的财政政策是不变的，即各项税收和转移支付总额每年仅按假设的 GDP 增长速度增长。但后来这些假设被放宽，现在对社会保障等可以预见有显著变化的项目不再假设仅按 GDP 的增长速度增长。

少。因此,Gokhale,Page and Sturrock(1995)在此基础上进行了修正,不再假设未来每代的代际账户值进行生产率增长率调整后相等,而是假设未来每个人负担的净税支付额的精算现值进行生长率增长率调整后相等。这样尽管未来每代的代际账户可能不等,但是每个人承担的负担确实是平衡的。假设 t 年的每个新生儿的代际账户值为 $N_{t,t}$,当期生产率增长率为 g,那么在代际平衡的情况下,$t+1$ 年的每个新生儿的合理的财政负担应该为 $(1+g)N_{t,t}$。另一方面,我们由政府的代际预算约束式推算出一个在当期的财政政策下 $t+1$ 年的每个新生儿实际承担的财政负担为 $N_{t,t+1}$。我们定义指标"不平衡性百分比"等于 $\{[N_{t,t+1}/N_{t,t}(1+g)]-1\}\times 100\%$。不平衡百分比衡量未来代的负担比现存代高的比例,如果大于零,说明未来代的负担大于现存代,值越大,说明未来代的负担越大,代际不平衡状况越严重;如果小于零,说明现存的财政政策是倾向于未来代的,而现存代的负担比较重。

除了直接比较代际账户的大小,我们还可以在代际核算体系中用"代际平衡缺口"(generational balance gap,GBG)来衡量代际平衡程度,GBG 的定义如下:

$$\text{GBG} = \left[\sum_{s=0}^{\infty} G_{t+s}(1+r)^{-(s-t)} - D_t^g - \sum_{s=0}^{D} N_{t,t-s} - \sum_{s=1}^{\infty} N_{t,t}(1+g)^s\right] \quad (2.12)$$

(2.12)式中指标的意义与(2.11)式相同,g 表示生产率的增长率。因此(2.12)式假设在进行生产率增长率的调整后,未来出生的人在现行的政策下将与现在新出生的人具有相同的代际账户,即可以实现代际平衡的情况下,现存代和未来代缴纳的税费与政府消费的缺口。代际平衡缺口越大,说明代际不平衡越严重,即实现代际平衡越困难。从政府的角度来说,需要做出的政策调整力度也越大——$N_{t,t}$ 将增大,人们从现在起将具有更大的负担。如果现行的财政政策不能实现代际平衡,我们可以模拟财政政策的变化,然后依据修改的政策重新计算这些代际账户的值,看看这些政策到底是在缩小原有的缺口,还是使情况恶化。根据所计算的代际账户值的情况,我们就可以分析产生代际不平衡的原因,帮助决策人员对症下药。更一般的情况下,我们希望知道什么样的政策变动(暂时的或者是永久的)对于减小代际不平衡程度是必需的,例如对养老保险的社会保障体制作一定的变动。这时我们将这种变动所对应的参数的变化代入代际账户计算的公式中,然后再将新得出的代际账户值代入政府的代际预算约束式,即可得到所需要的财政政策变动力度的大小。

为了应用代际核算方法,最重要的就是代际账户值的获得,代际账户值 $N_{t,k}$ 可由下式得到:

$$N_{t,k} = \sum_{s=\max(t,k)}^{K+D} T_{s,k} P_{s,k}(1+r)^{t-s} \quad (2.13)$$

其中 $T_{s,k}$ 指对 k 年出生的一代中的一个成员在 s 年对政府的平均净税支付额的预测值,$P_{s,k}$ 表明 k 年出生的人在 s 年的存活人数。$s=\max(t,k)$ 表明若成员在 t 年前出生(即 $k \leq t$),剩余的生命周期从 t 年开始计算;若成员在 t 年后出生(即 $k > t$),剩余的生命周期从 k 年开始计算。每年的净税支付都被折现到 t 年。在实际计算代际账户时,对 $T_{s,k}$ 还区分了性别,但为了表示简便,公式中没有表现出来。

2.3 代际核算方法的应用

2.3.1 代际核算方法在不同领域的应用

代际核算方法最初用来分析代际平衡状况,后来经济学者们又用它来分析和财政政策相关的问题:国民储蓄的再分配效应,社会保障政策的可持续性和移民问题等。Auerbach,Gokhale and Kotlikoff(1992a)用代际核算方法分析财政政策对储蓄的影响。一代人在剩余生命周期的消费现值必须等于目前的净财富和人力资本的精算现值之和减去私人代际转移现值,再减去个人的代际账户值 $N_{t,k}$,即 k 年出生的一代在 t 年的生命周期预算的约束式为:

$$\sum_{s=t}^{K+D}[C_{s,k}+I_{s,k}]P_{s,k}(1+r)^{t-s} = W_{t,k}^p + \sum_{s=t}^{K+D}E_{s,k}P_{s,k}(1+r)^{t-s} - N_{t,k} \quad (2.14)$$

$C_{s,k}$、$I_{s,k}$、$E_{s,k}$ 分别指 k 年出生的人在 s 年的消费、净私人代际转移和劳动收入,这些值都折现到 t 年,$W_{t,k}^p$ 指 k 年出生的人在 t 年的净财富,$N_{t,k}$ 指 k 年出生的人在 t 年的代际账户,$P_{s,k}$ 指 k 年出生的人在 s 年的存活人数。因此当政府减少某一代人的代际账户值时(一般认为这对私人净转移支付没有显著影响,Joseph, Hayashi and Kotlikoff(1992)用数据对这一点进行了证明),必然会增加这一代人的消费,从而降低国民储蓄。Auerbach, Gokhale and Kotlikoff(1992a)比较了四种政策的影响。在减税五年、将社会保障收益永久性提高20%、减少工资税而增加消费税以及取消投资刺激四种政策中,后三种政策都不影响财政赤字,而代际账户却发生了变化。最后文章用代际核算方法分析了这四种政策对储蓄率的影响。

Auerbach and Oreopoulos(1999)用代际核算方法分析移民对美国的影响,核算结果证明移民可以减轻美国未来代的负担,但是作用很小。因此移民不是美国代际不平衡的主要来源,也不是解决美国代际不平衡问题的方法。Moscarola(2001)用同样的方法分析移民对意大利财政政策可持续性的影响。得到的结论几乎与美国完全相同。

Auerbach, Gokhale and Kotlikoff(1994)对美国的税制改革方案进行了三种模拟,用代际核算方法考虑不同的改革方案对各代人的影响。Takayama and Kitamura(1999)用代际核算方法分析了日本所得税改革对财政政策的影响。Kotlikoff and Bernd(1999)用代际核算方法分析为了取得代际平衡,德国需要对税收进行调整的路径。Cardarelli, Sefton and Kotlikoff(2000)用代际核算分析英国财政政策为了取得代际平衡,收入税所需要的调整。

养老保险作为政府的最大一笔转移支付，由于其数额巨大，涉及人数众多，对整个财政体系的可持续性和社会的可持续发展有着举足轻重的作用，因此代际核算方法主要的运用之一就是分析养老保险体系。而养老保险的缴费和养老金支付是代际账户的重要组成部分，我们可以通过调整养老保险的缴费和支付的路径来看对整个财政政策可持续性的影响。

Auerbach，Gokhale and Kotlikoff（1992b）用与现实更加相符的社会保障和医疗政策对 Auerbach, Gokhale and Kotlikoff(1991)中的美国的代际账户进行调整，结果发现代际不平衡状况更加严重。文章对社会保障方案进行了四种模拟：第一种假设是立即降低社会保险税，到2020年再增加社会保险税，这种方案对现存的各代有利，但未来代的负担将更重。第二种假设是立即降低社会保险税，到2020年也不再增加社会保险税，但开始降低社会保险收益，这种方案依旧对现存的各代有利，但未来代负担的增加幅度比第一种方案小。第三种假设是政府把社会保障信托基金挪作他用，这种方案除了对年龄较大的各代没有影响外，会增加其他各代的负担。最后一种假设是立即降低社会保险税，提高收入税，这种方案使年龄大的各代（50岁以上）的负担更重，但对年轻各代及未来代有利。Agulnik，Cardarelli and Sefton（2000）用代际核算方法分析了英国1998年颁布的《养老保险绿皮书》(*A New Contract for Welfare：Partnership in Pensions*)对各代的影响。Gál, Simonovits and Tarcali（2001）用代际核算方法模拟匈牙利的养老保险改革，模拟结果表明匈牙利1997年的改革（具体措施有减缓养老金的增长速度和延长退休年龄等）可以显著地减缓人口老龄化带来的财政负担和减少代际的不平衡。

2.3.2 代际核算方法在不同国家的应用

Auerbach et al.(1991)首先提出代际核算的理论体系，并对美国的代际账户进行核算，通过核算发现如果当时美国的财政政策不变，未来各代比1990年新出生一代面临的财政负担要高17%—24%，有力地支持了当时的财政改革。然后具体地估算了各项改革的后果：如果降低资本利得税，将施惠于当时的中年各代，而未来各代的负担加重；如果不取消1993年对社会保障的修订，不缩小到2000年达到65岁的人的社会保障收益，将有利于中年女性；同时还估计了医疗费用快速增长、政府消费增长减缓等政策的影响。

由于人口老龄化和失业率上升，迫使欧洲国家将改革福利制度和建立可持续的财政政策提上议程，因此当代际核算方法被提出后，许多国家用它对本国的财政体系进行评估。Raffelhuschen(1999)用代际核算方法对欧盟中的12个成员（奥地利、比利时、丹麦、芬兰、法国、德国、意大利、爱尔兰、荷兰、西班牙、瑞典和英国）的财政状况进行比较。表2.1提供了比较的结果。比较发现除了爱尔兰，其他成员未来代的负担都要重于现存代，未来代的负担比1995年新出生代平均高54%，尤其以芬兰这样的高福利国家为最。芬兰1995年的显形债务是负值，可代际核算显示 1996 年的新生儿比 1995 年的新生儿代际账户高 203 400 美元,代际分配失衡。而用显形债务来分析很容易得出错误的结论。因此,代际账户值无疑将隐形债务(例如政府在现收现付系统下的养老金支付)显化,是一种衡量国家债务负担的好方法。

表 2.1　欧盟国家的代际核算分析结果

国家	未来代与新生儿人均代际账户值之差(美元)	国家	未来代与新生儿人均代际账户值之差(美元)
奥地利	180 300	意大利	86 500
比利时	16 000	荷兰	53 000
丹麦	55 700	西班牙	97 600
芬兰	203 400	瑞典	177 500
法国	63 700	英国	85 500
德国	154 700	平均	101 200
爱尔兰	-2 400		

数据来源:Raffelhuschen Bernd. Generational Accounting in Europe [J]. American Economic Review, May1999, Vol. 89 Issue 2:167—170.

Auerbach, Kotlikoff and Leibfritz(1999)用代际核算方法对美国、日本、德国、意大利、加拿大、泰国、澳大利亚、丹麦、荷兰、新西兰、法国、挪威、葡萄牙、阿根廷、比利时和巴西等国家的财政政策进行分析。表 2.2 提供了他们分析的结果。结果表明除了泰国和新西兰,其他国家未来代的负担都高于现存代,尤其以日本的不平衡状况最为严重,达到 337.8%,未来代的负担接近了现存代的 4.4 倍。

近年来,代际核算方法在亚洲也得到了运用。Takayama and Kitamura(1999)用代际核算方法分析日本的财政状况,发现日本虽然政府净债务占 GDP 的比例很低,但日本的代际不平衡程度却非常高。如果把教育列为政府消费,未来代的代际账户值是现存代的 169.3%;而如果把教育列为转移支付,未来代的代际账户高达现存代的 337.8%。文中还分析了可以缓和代际不平衡的政策选择,比如永久减少政府消费、永久较少政府转移支付和永久增税等。

Auerbach and Young(2003)分析了韩国的代际平衡状况,分析中他们对传统的代际核算方法进行了修改,对养老金进行了重新模拟,提高社会福利的增加速度,结果证明韩国的代际不平衡比较严重。在不同的生产率增长率和贴现率的假设下,韩国未来代的代际账户值比 2000 年新出生一代高 60% 到 120%。

表 2.2 部分国家的代际核算分析结果

国家	不平衡百分比(%)	国家	不平衡百分比(%)
泰国	-125.4	阿根廷	74.8
比利时	107.0	葡萄牙	68.3
新西兰	-10.8	挪威	4 091.8
加拿大	3.1	荷兰	177.7
澳大利亚	48.6	巴西	116.7
丹麦	144.4	德国	156.1
法国	96.3	意大利	223.8
美国	159.0	日本	337.8

数据来源：Alan J. Auerbach, Laurence J. Kotlikoff, Willi Leibfritz. Generational Accounting Around the World [M]. The University of Chicago Press, 1999.

2.4 代际核算方法的局限性

虽然代际核算方法被提出来的短短十几年间就在许多国家得到了应用，但是对代际核算方法的批评和质疑也不绝于耳，有些批评是没有正确地理解这种方法，而有些批评的确是中肯的。不可否认，代际核算方法和其他任何一种经济研究方法一样也有自己的局限性，并且由于这种方法的时间跨度非常大，因此使用起来就更需要谨慎。

首先，一代人的代际账户是指这代人在剩余生命周期中向政府缴纳的净税额的现值，代际账户包括了税费和一部分转移支付，但是没有把所有的政府支出都在代际进行分配，因此实现起来非常困难。代际账户虽然可以衡量一项财政政策的执行对各代福利状况的影响，但是不能衡量一代人从政府获得的总收益。

其次，代际核算方法试图衡量目前的财政政策留给未来代的负担以及财政政策改变对未来代的影响。这都需要考虑财政归宿（fiscal incidence）的问题。财政归宿是指政策变化对个体的经济状况的影响，一般用效用来体现，在代际核算方法中就直接用个体负担或者收益的货币量的多少。而实际上，一项政策的针对者可能不是这项政策的最终承担者，法定税负归宿和实际税负归宿之间是有区别的。代际核算方法对财政归宿做了一些假设，但是如 Buiter(1997)指出的那样，这些财政归宿并没有用可计算一般均衡模型去检验。幸运的是，Fehr and Kotlikoff(1995)用 A-K 模型进行了检验，发现当政策不出现非常大的变动时，代际核算方法的归宿假设基本是合理的。

再次，代际核算方法不包含政策变化引发的宏观反应。例如，在衡量财政负担时，它不包括税收的无谓损失（deadweight loss）。

最后，代际核算方法不考虑一代（区分性别，本书还区分城乡）中的差异。代际核算方法对税收、转移支付和政府消费设定同一个贴现率。

由于代际核算方法和其他经济分析方法一样具有一定的局限性,因此我们只能用它解决它可以解决的问题,例如分析财政政策的代际平衡状况,分析财政政策对不同代的福利状况的变化,而不能指望它解决财政领域内的所有问题。

第3章 中国代际核算体系的构建

3.1 对传统代际核算方法的扩展

为了构建代际核算体系,我们需要预测人口、税收、转移支付、政府消费和贴现率等。中国的政府收支体系分为税收、社会保障和政府消费几个大项。其中社会保障体系分为城镇社会保障体系(包括养老保险、医疗保险、生育保险、工伤保险和失业保险)和农村社会保障体系(包括新型农村合作医疗保险和新型农村养老保险)。中国无论是税收体系还是社会保障体系都有与其他国家差别较大之处,因此我们对传统代际核算方法进行了扩展。

第一,自从 Auerbach 等人提出代际核算方法以来,已经有一百多个国家采用这套方法分析自己的财政政策。所有国家都依据 Auerbach 等提出的方法将人口按照年龄和性别两个维度分类。但中国农村人口较多,并且各种资源在城乡之间分配不均衡,城乡的社会保障体系和税收状况差别较大,因此根据中国的实际情况,我们需要将人口按照年龄、性别和城乡三个维度分开。将传统的两维代际核算体系扩展成为三维代际核算体系带来的一个关键问题是如何处理城镇化的人口问题。如何保持人口的封闭性是代际核算方法的传统问题,代际核算方法1991年提出时,这个问题就存在,Auerbach, Gokhale and Kotlikoff(1991)建立了代际核算体系并对美国的财政政策的代际平衡状态进行分析,当时他们忽略了移民的影响;Auerbach, Gokhale and Kotlikoff(1995)对此进行改进,他们把移民人口从总人口中剥离出来,成为单独的一个群体。当我们建立我国的代际核算体系时,这个问题将更加突出,因为我国城镇化的速度要远远高于发达国家迁移人口增长的速度。

针对这个问题,我们设计了如下解决方案:(3.1)式用来计算现存代的代际账户,$N_{t,k}$ 是 k 年出生的一代在 t 年的代际账户,$T_{s,k}$ 指对 k 年出生一代中的一个成员在 s 年对政府的平均净税支付额的预测值,$P_{s,k}$ 表明 k 年出生的人在 s 年的存活人数,r 是贴现率。传统的代际核算体系 $P_{s,k}$ 直接根据人口预测得到,由于只是分年龄、性别的二维代际核算体系,因此每一代人的人数整个生命周期只受死亡率的影响。而我们现在把分年龄、性别的二维代际核算体系扩展为分年龄、性别和城乡的三维代际核算体系,由于存在从农村到城镇的迁移,这样无论是城镇还是农村的一代人不仅受到死亡率的影响还受到城镇化率的影响,因此我们在计算现存代的代际账户值时,先进行无迁移的人口预测,假设城镇化率为零计算出现存各代的人均代际账户值,尤其是基年新出生一代的代际账户值。这样计算出来的基年新出生一代的人均代际账户值是新出生一代一生完整的净税额的体现,这一代的人口数只受死亡率的影响。

$$N_{t,k} = \sum_{s=\max(t,k)}^{K+D} T_{s,k} P_{s,k} (1+r)^{t-s} \tag{3.1}$$

(3.2)式是政府的代际预算约束式,等号左边第一项是现存所有代的代际账户和,第二项是未来所有代的代际账户值,G_s 代表 s 年政府的消费,等号右边第一项是政府所有将来消费在 t 年的现值,第二项是政府在 t 年的净财富。我们根据(3.2)式计算未来代的代际账户值时,就必须采用代际核算的传统方法来进行人口预测。构建三维代际核算体系时必须把城镇化率考虑进去,这样才能真实地反映留给未来代的负担。

$$\sum_{s=0}^{D} N_{t,t-s} + \sum_{s=1}^{\infty} N_{t,t+s} = \sum_{s=t}^{\infty} G_s (1+r)^{t-s} - W_t^g \tag{3.2}$$

因此解决人口封闭性问题的关键是在计算现存代的代际账户值时必须先忽略城镇化的影响。除非一个国家保持绝对的人口封闭,既没有国际迁移也没有国内城镇化,否则任何一个国家建立代际核算体系时都会遇到这个问题,只是过去学者们提出但没有解决这个问题。

第二,传统代际核算方法的生产率增长率和贴现率都是不变的,而我国属于发展中国家,在未来一直保持现在的高增长率的可能性很小,因此我们假设生产率增长率和贴现率随着时间的推移而变化。

3.2 代际核算体系中的人口模块研究

3.2.1 人口预测方法介绍

为了建立代际核算体系,首先需要对我国未来城乡分年龄和性别的人口进行预测。我们采用队列要素法(cohort component method),以 2010 年为基年对中国未来 100 年(2011—2110 年)分年龄、性别的城乡人口进行预测。队列要素法是国际上通用的一种预测人口结构数据的方法,根据队列要素法,可以用每一年分年龄、性别的人口数和死亡率得到下一年分年龄、性别的人口数,用育龄妇女的人口结构和生育率获得新生儿的数量。最后考虑迁移情况,在预测中国的人口情况时,国际迁移可以忽略不计,但我们需要考虑农村人口向城镇人口的迁移,即城镇化的情况。下面是城镇女性的预测方法:

$$x_{(t+1)} = H(t) \cdot x(t) + \beta(t) \cdot B(t) \cdot x(t) + f(t) \tag{3.3}$$

其中

$$x(t) = \begin{bmatrix} x_0(t) \\ x_1(t) \\ \vdots \\ x_m(t) \end{bmatrix}, \quad x(t+1) = \begin{bmatrix} x_0(t+1) \\ x_1(t+1) \\ \vdots \\ x_m(t+1) \end{bmatrix} \tag{3.4}$$

$x_a(t)$ 为第 t 年年初 a 岁女性人口数,$x_{a+1}(t+1)$ 为第 $t+1$ 年年初 $a+1$ 岁女性人口数,m 为最高年龄。

$$H(t) = \begin{bmatrix} 0 & \cdots & 0 & 0 \\ \eta_0(t) & \cdots & 0 & 0 \\ \vdots & \ddots & \vdots & \vdots \\ 0 & \cdots & \eta_{m-1}(t) & 0 \end{bmatrix} \tag{3.5}$$

$\eta_a(t)$ 为第 t 年年初 a 岁女性人口留存率。

$$B(t) = \begin{bmatrix} 0 & \cdots & b_{15}(t) & \cdots & b_{49}(t) & \cdots & 0 \\ \vdots & \ddots & \vdots & \ddots & \vdots & \ddots & \vdots \\ 0 & \cdots & 0 & \cdots & 0 & \cdots & 0 \end{bmatrix} \tag{3.6}$$

其中

$$b_i(t) = \eta_{00}(t) h_i(t) k_i(t), i = 15, \cdots, 49 \tag{3.7}$$

$\eta_{00}(t)$ 为 t 年女婴留存率,$h_i(t)$ 和 $k_i(t)$ 分别为 t 年度 i 岁育龄妇女的生育模式及其出生婴儿中女婴的比例。$\beta(t)$ 为 t 年总和生育率,$f(t)$ 为人口迁移向量,即每年分年龄的农村女性向城镇迁移的情况。城镇男性、农村男性和农村女性的预测方法与之类似。

3.2.2 人口预测基础数据来源

1. 基础数据

代际核算中需要的人口数据是年底数据,即每年的 12 月 31 日的数据,而 2010 年人口普查的时点为 11 月 1 日,不过中间只有两个月的差距,对代际核算这样的长期预测影响不是很大,因此我们采用 2010 年人口普查的数据。

2. 总和生育率和生育模式

2000 年第五次人口普查的数据显示中国大陆妇女人口普查期间总和生育率

为1.22,其中城市总和生育率为0.86,镇的总和生育率为1.08,乡村总和生育率为1.43。2010年第六次人口普查的数据显示中国大陆妇女人口普查期间总和生育率为1.1811,其中城市总和生育率为0.8821,镇的总和生育率为1.1534,乡村总和生育率为1.43755。我们可以看出过去10年总和生育率只有轻微的变化,不过随着越来越多独生子女进入适龄生育期,依据"双独家庭可生二胎"政策以及2013年十八届三中全会通过的"单独二胎"政策,我国总和生育率将会提高。本书基准情形假设预测期间,全国的城镇总和生育率由2010年的1.1线性上升至2020年的1.45之后维持不变,乡村总和生育率由2010年的1.45线性上升至2020年的1.8之后维持不变。

第六次人口普查公布了2009年11月1日到2010年10月31日城市、镇和乡村分年龄育龄妇女和出生孩子的数量,我们可以计算出城镇和乡村的生育模式,我们假设整个预测期间生育模式不变。

3. 死亡率

2010年人口普查调查了从2009年11月1日到2010年10月31日城市、镇和乡村的死亡率,根据《中国养老保险基金的测算与管理》中叙述:一般经验认为0—4岁儿童下降最快,其次是50岁以上的老龄人口,4—50岁的人口由于意外死亡的发生死亡率下降最慢。因此我们根据《中国养老保险基金的测算与管理》中提供的2000—2050年不同年龄段死亡率的下降趋势和预期寿命的变化趋势,对我国未来分年龄、性别的死亡率进行预测。我们假设2050年后死亡率稳定不变。

4. 出生性别比

2000年第五次人口普查的数据显示我国人口普查期间出生性别比为119.92,其中城市出生性别比为114.15,镇出生性别比为119.9,城镇总出生性别比为116.41,乡村出生性别比为121.67。2010年第六次人口普查的数据显示人口普查期间出生性别比为121.21,其中城市出生性别比为118.33,镇出生性别比为122.76,城镇总出生性别比为120.15,乡村出生性别比为122.09。我们可以看出过去10年出生性别比略有上升,我国仍然存在较为严重的人工选择性别的问题。国际社会公认的理论值为每出生100名女婴,其男婴出生数在102—107,我们假设预测期间随着人们性别偏好的降低,中国城镇婴儿性别比将从120下降为2050年的105,农村婴儿性别比从122下降为2050年的107。

5. 城镇化方案

为了得到各年农村分年龄、性别向城镇迁移的人口数,我们需要知道农村分年龄、性别向城镇迁移人口的迁移模式和每年的迁移规模。

人口普查没有单独进行农村向城镇迁移分年龄、性别的人口数的调查。第五次人口普查公布了从1999年11月1日到2000年10年31日分年龄、性别和迁移原因的人口数。2010年第六次人口普查开始尝试居住地调查,不但公布了全国分年龄、性别、迁移原因的户口登记地在外乡镇街道的人口总数,还分别公布了城市、镇和乡村全国分年龄、性别、迁移原因的户口登记地在外乡镇街道的人口。我们假设预测期间农村向城镇迁移人口的迁移模式和2010年户口不在登记地的乡村人口迁移模式一致,并且假设整个预测期间迁移模式不变,其中65岁以上是合计数,我们从迁移原因可以看出65岁以上人口迁移的主要原因是拆迁搬家、随迁家属和投亲靠友,因此65岁以上人口的迁移与年龄的相关性不大,我们假设65岁以上人口迁移的分布和年龄结构一致。

世界发达国家的城市化峰值大概有三种情形:低峰值国家城市化水平的峰值在65%以下,如希腊、芬兰等;中峰值国家的城市化水平峰值出现在65%和80%之间,这包括了较多的欧洲大陆国家,如德国、法国等;高峰值国家的城市化水平峰值在80%以上,如英国、美国等。我国1990年城镇人口比重为26.41%,2000年为36.92%,2010年为50.27%。《2001—2002中国城市发展报告》中提出到2050年,中国的城市化率将提高到75%以上。因此我们假设2015年前每年从农村向城镇迁移的人数高达1200万,2020年下降到1000万,2030年下降至600万,2050年下降至400万,2050年后迁移停止,2050年城市化率达到75%的峰值。

6. 新生儿死亡率

根据《中国卫生年鉴》公布的数据,2000年我国新生儿死亡率为22.8‰,其中城市为9.5‰,农村为25.8‰;2010年新生儿死亡率为8.3‰,其中城市为4.1‰,农村为10‰。我们假设城市的新生儿死亡率一直保持4.1‰的水平,而农村2020年降到发达国家的5‰的水平。

3.2.3 基准假设下的人口预测结果

表3.1给出了在基准假设下,利用队列要素法预测的2011—2110年的人口数,从表3.1可以看出我国人口2024年达到峰值13.88亿,此后开始出现负增长,到2110年人口将降至6.224亿。表3.2总结了我国部分年份人口分年龄段的构成情况,我们可以看出人口老龄化程度在2060年前增加,2060年后稍微有所缓解。65岁以上的老年人口占总人口的比例由2010年的8.23%上升至2060年的30.78%,之后开始轻微下降。而21—65岁的经济人口占总人口的比例由2010年的65.58%下降到2060年的51.74%,之后轻微上升。并且2060年前在经济活动人口中21—35岁人口所占比例不断下降。

表 3.1　基准假设下我国 2010—2110 年人口预测　　　　　　（单位：亿元）

年份	人口	年份	人口	年份	人口	年份	人口	年份	人口
2011	13.391	2031	13.764	2051	12.280	2071	9.843	2091	7.732
2012	13.433	2032	13.727	2052	12.175	2072	9.721	2092	7.645
2013	13.478	2033	13.684	2053	12.065	2073	9.600	2093	7.560
2014	13.523	2034	13.636	2054	11.952	2074	9.481	2094	7.475
2015	13.569	2035	13.581	2055	11.836	2075	9.363	2095	7.392
2016	13.619	2036	13.526	2056	11.718	2076	9.247	2096	7.309
2017	13.668	2037	13.466	2057	11.597	2077	9.133	2097	7.227
2018	13.714	2038	13.401	2058	11.474	2078	9.020	2098	7.146
2019	13.757	2039	13.332	2059	11.351	2079	8.909	2099	7.066
2020	13.796	2040	13.259	2060	11.227	2080	8.800	2100	6.986
2021	13.830	2041	13.187	2061	11.101	2081	8.693	2101	6.906
2022	13.856	2042	13.111	2062	10.976	2082	8.589	2102	6.827
2023	13.873	2043	13.031	2063	10.849	2083	8.485	2103	6.749
2024	13.880	2044	12.947	2064	10.720	2084	8.385	2104	6.672
2025	13.880	2045	12.859	2065	10.593	2085	8.287	2105	6.595
2026	13.876	2046	12.772	2066	10.467	2086	8.191	2106	6.519
2027	13.865	2047	12.681	2067	10.341	2087	8.097	2107	6.444
2028	13.847	2048	12.585	2068	10.217	2088	8.003	2108	6.369
2029	13.823	2049	12.486	2069	10.091	2089	7.911	2109	6.296
2030	13.794	2050	12.382	2070	9.967	2090	7.821	2110	6.224

表 3.2　我国部分年份人口分年龄段构成预测　　　　　　（单位：%）

年份	0—20 岁	21—65 岁	21—35 岁	36—50 岁	51—65 岁	66—100 岁
2010	26.196	65.576	23.989	25.578	16.008	8.228
2020	22.227	65.987	22.230	23.138	20.619	11.786
2030	20.718	62.858	16.148	23.451	23.259	16.424
2040	18.568	57.899	16.469	19.002	22.428	23.533
2050	17.409	56.336	16.447	16.910	22.979	26.255
2060	17.479	51.743	14.622	18.639	18.481	30.778
2070	17.277	53.521	15.059	18.028	20.434	29.201
2080	17.489	54.413	15.481	17.348	21.583	28.098
2090	17.888	52.812	15.075	18.177	19.560	29.300
2100	18.117	53.655	15.595	17.635	20.426	28.228
2110	18.117	53.655	15.595	17.635	20.426	28.228

3.2.4 其他方案的预测结果

1. 生育率变动的敏感性分析

生育率和人均收入之间的负相关关系已经被一些经济学家用数据进行证明。Barro(1997)采用1960年后100个国家的数据发现人均GDP水平与生育率负相关。无论是美国还是欧洲国家基本都符合这个规律。与中国大陆文化背景相似的中国台湾地区,生育率已经从20世纪70年代的3持续下降到2003年的1.2,而大陆由于计划生育政策的推行,生育率降低的速度比其他国家更快一些。1997年和2001年,国家计生委组织进行了两次全国范围的抽样调查。1997年的调查数据显示中国妇女平均生育率是1.35—1.38;2001年的数据也显示只有1.35。第五次人口普查的数据显示1991—2000年中国大陆妇女总和生育率平均在1.22。2010年第六次人口普查的数据显示中国大陆妇女人口普查期间总和生育率为1.1811。按照我国最新的计划生育政策,夫妻双方有一方是独生子女的可以生二胎,而我国20世纪80年代计划生育政策推行后出生的人口目前已经开始进入适合生育年龄,基准假设我们设定全国的城镇总和生育率由2010年的1.1线性上升至2020年的1.4之后维持不变,乡村总和生育率由2010年的1.45线性上升至2020年的1.8之后维持不变。

国际上一般把2.1的总和生育率视为可持续生育率水平,也就是说,平均一个妇女在整个育龄期生育2.1个孩子,这个国家的总人口将不会下降,老龄化问题也不会很严重。而我国现阶段的生育水平已低于可持续生育水平,因此老龄化问题不断加剧。因此,我们假设五套高生育率方案,图3.1表示我们预测的不同生育率情形下的人口总数。其中Pop-1代表我们的基准假设下未来100年每年的总人口。

第一套方案假设中国2015年放宽计划生育政策,城镇总和生育率上升至1.6水平,乡村总和生育率上升至2.1水平,并保持不变[①],图中用Pop-2表示。第二套方案是中国2020年放宽计划生育政策,城镇总和生育率上升至1.6水平,乡村总和生育率上升至2.1水平,并保持不变,图中用Pop-3表示。第三套方案是中国2030年放宽计划生育政策,城镇总和生育率上升至1.6水平,乡村总和生育率上升至2.1水平,并保持不变,图中用Pop-4表示。第四套方案是中国2015年放宽计划生育政策,城镇总和生育率上升至1.8水平,乡村总和生育率上升至2.1水平,并保持不变,图中用Pop-5表示。第五套方案是中国2015年放宽计划生育政策,城镇和乡村总和生育率都上升至2.1水平,并保持不变,图中用Pop-6表示。第六套方案是假设中国依旧维持过去10年的极低生育率,城镇总和生育率保持在1.1,乡村总和生育率保持在1.45,图中用Pop-7表示。

---

① 如果政府公布放宽计划生育政策,生育率的提高将是一个渐进的过程,我们这里对此进行忽略,由于预测期间的长期性,不考虑这个问题影响并不大。

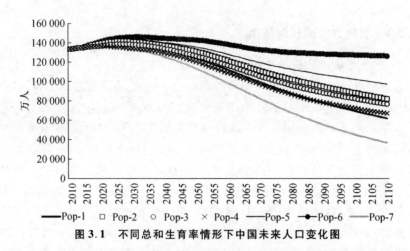

图 3.1　不同总和生育率情形下中国未来人口变化图

我们看到只有 Pop-6 中总和生育率保持在 2.1，总人口不会显著下降，基本保持在 14 亿左右。随着经济水平的进一步提高，即使放宽计划生育政策，我国总和生育率也很难突破 2.1，因此其他情形中我们都假设了更低的总和生育率。我们看到只要总和生育率低于 2.1，总人口将不可避免地下降，如果生育率较低，人口开始下降的时间就更早。在 Pop-7 的极低生育率情形下（也就是我们一直维持现在的生育率水平），2021 年总人口达到 13.616 亿的峰值后开始下降，2110 年总人口只有 3.7 亿。

2. 迁移规模变动的敏感性分析

基准情形中我们假设 2015 年前每年从农村向城镇迁移的人数高达 1 200 万，2020 年下降至 1 000 万，2030 年下降至 600 万，2050 年下降至 400 万，2050 年后迁移停止。在基准假设之外，我们假设另外两种迁移规模的方案。第一套方案我们假设迁移规模比基准假设高 20%（我们称之为高迁移方案），2015 年前每年从农村向城镇迁移的人数高达 1 440 万，2020 年下降至 1 200 万，2030 年下降至 720 万，2050 年下降至 480 万，2050 年后农村人口不再向城镇迁移。另一套方案我们假设迁移规模比基准假设低 20%（我们称之为低迁移方案），2015 年前每年从农村向城镇迁移的人数为 960 万，2020 年下降至 800 万，2030 年下降至 480 万，2050 年下降至 320 万，2050 年后农村人口不再向城镇迁移。图 3.2 是三种不同的迁移规模假设下城镇人口占总人口的比重。

我们发现在基准假设下 2050 年城市化率为 74.9%，而高迁移假设下 2050 年城市化率可以达到 79.8%，低迁移假设下城市化率只有 70%。2050 年之后一段时间，由于城镇人口的年龄结构比农村人口年轻，而且城镇人口的期望寿命较长，因此城市化率还会有微幅上升。接着由于城镇人口年龄结构老化，而农村人口年龄结构转为年轻，城市化率开始有微幅下降。2110 年基准假设下的城市化率是 72.4%，而高迁移假设下的城市化率是 79.6%，低迁移假设下的城市化率是 65.4%。

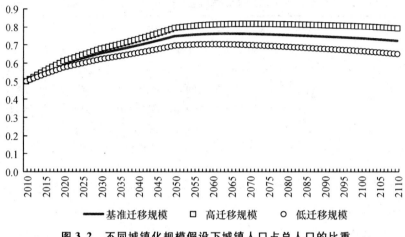

图 3.2　不同城镇化规模假设下城镇人口占总人口的比重

3.2.5　城乡就业人口和职工人口结构

通过人口预测,我们已经得出城镇未来各年分年龄、分性别人口。按照我国《劳动法》的规定,我们把劳动力资源年龄的下限定为 16 岁。根据我国目前对退休年龄的规定,一般男性的退休年龄是 60 岁,女工人的退休年龄是 50 岁,女干部的退休年龄是 55 岁,因此我们假设参加基本养老保险的劳动力资源的年龄界限为 16—60 岁(事业单位少数职工退休年龄超过 60 岁,由于人数较少,因此我们的系统里不予考虑;大部分男性 60 岁以上、女性 55 岁以上就业应该为退休返聘,对我们的养老保险体系没有影响)。分年龄、分性别的失业率的数据我国每年都在《中国统计年鉴》上公布。而我国只有在人口普查的年份才会公布城乡分年龄、性别的经济人口和总人口,因此我们根据 2010 年人口普查的数据求出城乡分年龄、性别的劳动力参与率。我们将分年龄、性别的适龄人口数乘以分年龄、性别的劳动力参与率,再考虑失业率就可以得出分年龄、性别的就业人口,再分别乘以职工和城镇私营和个体就业人员在总就业人口中的比重。表 3.3 给出了 2001—2010 年城镇单位职工(包括在岗职工和不在岗职工)以及城镇个体和私营就业人员占城镇就业人员的比重。我们可以看出随着更多的人选择自我雇佣,这十年城镇单位职工占城镇就业人口的比重一直在下降,2009 年起降幅开始下降。我们假设 2010 年起城镇单位职工占城镇就业人员的比重开始稳定,保持在 37.16%,而城镇私营企业和个体就业人员的占比不断上升。我们假设 2010 年起城镇私营企业和个体就业人员占城镇就业人员的比重开始稳定,保持在 30.38%。而城镇就业人员中职工以及私营和个体就业人员总和的占比从 2001 年到 2010 年这十年一直比较稳定,其他就业人员则以灵活就业的形式就业。

表 3.3 2001—2010 年城镇单位职工和城镇私营个体就业人员及其占城镇就业人员的比重

年份	2001	2002	2003	2004	2005	2006	2007	2008	2009	2010
城镇就业人员(万人)	23 940	24 780	25 639	26 476	27 331	29 630	30 953	32 103	33 322	34 687
职工(万人)	12 892	12 517	10 969	12 182	12 193	12 337	12 459	12 369	12 551	12 889
私营企业(万人)	1 527	1 999	2 545	2 994	3 458	3 954	4 581	5 124	5 544	6 071
个体(万人)	2 131	2 269	2 377	2 521	2 778	3 012	3 310	3 609	4 245	4 467
职工/城镇就业人员(%)	53.85	50.51	42.78	46.01	44.61	41.64	40.25	38.53	37.67	37.16
私营和个体/城镇就业人员(%)	15.28	17.22	19.20	20.83	22.82	23.51	25.49	27.20	29.38	30.38
(职工+私营和个体)/城镇就业人员(%)	69.13	67.74	61.98	66.84	67.43	65.15	65.74	65.73	67.04	67.54

职工又进一步被区分为企业、事业和机关单位。表 3.4 总结了 2001—2010 年企业、事业和机关单位职工占城镇职工的比重,我们可以看到企业、事业和机关单位职工的占比已比较稳定。我们假设 2010 年起企业、事业和机关单位的占比不变。这样得到各年企业、事业、机关以及城镇私营企业和个体就业人员分年龄、性别的人口结构。

表 3.4 2001—2010 年企业、事业和机关单位职工占城镇职工的比重 (单位:%)

年份	2001	2002	2003	2004	2005	2006	2007	2008	2009	2010
企业	70.23	69.61	65.39	68.31	67.87	67.91	67.88	67.50	67.80	67.98
事业	21.39	21.82	24.84	22.60	23.02	22.99	22.99	23.21	22.92	22.74
机关	8.38	8.57	9.77	9.09	9.11	9.10	9.13	9.29	9.28	9.28

我们还需要知道城乡各行业职工人口总数和结构。《中国统计年鉴 2011》公布了 2010 年全国城乡就业人员年末总数、三次产业就业人员年末总数、按行业分城镇单位就业人数、按行业分城镇单位女性就业人数、按行业分私营企业和个体就业人数、按行业分城镇私营企业和个体就业人数,《中国劳动统计年鉴 2011》公布了按行业分乡镇企业就业人数以及按行业、性别分城镇就业人员年龄构成。利用这些数据,我们得到城乡各行业职工人口总数和结构。

《中国劳动统计年鉴 2011》表 1-17 公布了分行业城镇单位女性就业人员占就业人员比重,我们假设城镇和农村各行业就业人员女性占比都与城镇单位女性占比相同,这样得到城乡分行业、性别的就业人数。《中国劳动统计年鉴 2011》表 1-36 公布了按行业、性别分的城镇就业人员年龄构成,我们假设农村就业人员分行业的年龄构成也符合这个比例,这样我们得到城乡各行业分年龄、性别的就业人数,如表 3.5 所示。

表 3.5　2010 年分行业城镇和农村就业人数　　　　　　（单位：万人）

行业	城镇就业	城镇单位	城镇私营企业和个体	其他城镇就业	农村就业	农村私营企业和个体	乡镇企业	农村个体工商户	其他农村就业
农、林、牧、渔业	7 999.3	375.7		7 623.6	19 931.7		181.0	112.0	19 638.7
采矿业	562.0	562.0			0.0				
制造业	5 788.6	3 637.2	2 151.4		13 522.9	2 018.8	7 105.3	4 398.8	
电力、燃气及水的生产和供应业	310.5	310.5							
建筑业	2 630.2	1 267.5	494.7	868.0	1 530.2	228.8	803.8	497.6	
交通运输、仓储和邮政业	954.0	631.1	322.9		613.8	164.7	277.4	171.7	
信息传输、计算机服务和软件业	185.8	185.8							
批发和零售业	6 118.5	535.1	4 280.6	1 302.8	3 203.8	2 107.8	676.9	419.1	
住宿和餐饮业	2 225.3	209.2	713.3	1 302.8	869.1	283.1	361.9	224.1	
金融业	470.1	470.1							
房地产业	211.6	211.6							
租赁和商务服务业	956.5	310.1	646.4		168.9	168.9			
科学研究、技术服务和地质勘查业	292.3	292.3							
水利、环境和公共设施管理业	218.9	218.9							
居民服务和其他服务业	745.2	60.2	685.0		617.8	271.0	214.2	132.6	
教育	1 581.8	1 581.8							
卫生、社会保障和社会福利业	632.5	632.5							
文化体育和娱乐业	131.4	131.4							
公共管理和社会组织	1 428.5	1 428.5			316.4		195.4	121.0	
其他	1 244.0		1 244.0		643.6	643.6			
总和	34 687.0	13 051.5	10 538.4	11 097.1	41 418.0	5 886.7	9 815.8	6 076.8	19 638.7

注：1. 城镇单位、城镇私营企业和个体、乡镇企业分行业就业人数直接来自《中国统计年鉴》和《中国劳动统计年鉴》；2. 农村私营和个体分行业就业人数由全部私营和个体分行业人数减去城镇私营和个体就业人数得到；3.《中国劳动统计年鉴》表 7-2 公布的乡镇企业总就业人数比分行业就业人数总和多 6 076.8 万，注释说明两者的差距在于分行业就业人数不包含个体工商户，我们假设农村个体工商户的就业分布和乡镇企业分行业分布相同，这样得出个体工商户分行业就业人数；4. 2010 年农村就业人数是 41 418 万，我们假设除了农村私营企业和个体、乡镇企业和农村个体工商户外，剩下的农村就业人员全部在农林牧渔业就业；5. 2010 年第一产业就业人数是 27 931 万，这样我们得到其他城镇就业人员在农林牧渔业的就业人数；6.《中国统计年鉴 2011》表 15-3 公布 2010 年我国建筑业从业人数 4 160.3 万，这样得到其他城镇就业人员在建筑业的就业人数；7. 2010 年城镇就业人数为 34 687 万，我们假设剩余就业人数平均分布在批发零售业和住宿餐饮业。

3.3 代际核算体系中社会保险模块研究

中国社会保障系统包括社会保险、社会救济、社会优抚和社会福利四大部分。社会救济是指国家对因各种原因无法维持最低生活水平的公民给予无偿救助的一项社会保障制度,包括城镇救济、农村救济和灾民救济。社会优抚是指政府对军人等从事特殊工作的人员及其家属予以优待、抚恤和妥善安置。社会福利是指政府对盲聋哑、鳏寡孤独等人员进行救助的一项社会保障制度。因此社会救济、社会优抚和社会福利只是针对一部分特殊人群开展的社会保障制度,无法按照年龄和性别的参数对受益人进行分类,并且受益人不多,因此我们把政府这三项支出放在政府消费模块里分析,这里我们只考虑社会保险模块。我国已经在城镇建立了较为完善的社会保障体系,包括基本养老保险、医疗保险、失业保险、工伤保险和生育保险五大险种。农村也建立了新型农村合作医疗保险和新型农村养老保险。养老保险和医疗保险是社会保险体系中最重要的险种,对整个社会保障体系的完善和中国的财政状况都有重大影响,而且我国的基本养老保险和医疗保险模块一直在不断的变革之中,因此我们将构造自己的模型来研究中国的基本养老保险和基本医疗保险,而其他的保险项目我们在本节按照代际核算的标准计算程序来计算。因此这里我们需要获得基年失业保险、工伤保险和生育保险的分年龄与性别的缴费及领取情况。另外,为了对未来各个险种分年龄、性别的情况进行预测,我们必须对职工情况和工资情况进行预测,而且我们必须考虑这三个险种覆盖面的变化情况。

3.3.1 工资矩阵的构建和社会保险费的收缴率

代际核算方法需要构建基年和未来各年企业、事业和机关单位分年龄、性别的工资矩阵。我国各种统计年鉴基本都只公布企业、事业和机关单位的平均工资,鲜有分年龄、性别的工资数据公布。国家统计局每年进行的"城镇住户调查"对我国城镇1万个家庭成员进行收入和生活支出等各方面调查,但公开出版的《中国城市(镇)生活与价格年鉴》按照收入水平公布数据,无法获得分年龄、性别的工资数据。作者获得了2004年城镇居民入户调查的原始数据,里面包含了1万个家庭成员的年龄、性别和工薪收入数据,我们对同一年龄、性别人群的工薪收入进行平均,整理出2004年城镇分年龄、性别的人均工薪收入数据,并利用核加权局部多项式回归方法(kernel-weighted local polynomial regression)对工薪收入数据进行平滑并对缺失数据进行插补,《中国统计年鉴2011》公布了我国2005—2010年城镇居民人均可支配收入增长率,我们假设城镇职工分年龄、性别的人均工薪收入按照各年的人均可支配收入增长率增长,并根据 2010 年分年龄、性别和单位(企业、事业和机关)的职工人数数据和 2010 年企业、事业和机关单位的平均工资校准出 2010 年企业、事业和机关单位分年龄、性别的工资数据,也根据单位职工人数和在岗职工平均工资数据校准出 2010 年城镇单位就业人员分年龄、性别的工资数据,如表 3.6 所示。

表 3.6　2010 年分年龄、性别城镇单位在岗职工工资　　　　　　(单位:元)

年龄	男性	女性	年龄	男性	女性	年龄	男性	女性
16	10 001	6 628	44	47 650	27 172	72	37 148	6 381
17	13 848	11 031	45	47 453	26 202	73	37 524	6 600
18	17 440	14 822	46	47 209	25 186	74	37 920	6 844
19	20 739	18 053	47	46 889	24 109	75	38 382	7 118
20	23 777	20 793	48	46 501	22 931	76	38 961	7 402
21	26 540	23 107	49	46 075	21 671	77	39 561	7 694
22	29 064	25 019	50	45 615	20 375	78	40 285	8 169
23	31 422	26 630	51	45 121	19 046	79	40 887	8 609
24	33 620	27 955	52	44 546	17 711	80	41 361	9 030
25	35 685	29 047	53	43 921	16 368	81	41 692	9 410
26	37 600	29 961	54	43 258	15 039	82	41 877	9 762
27	39 346	30 676	55	42 577	13 758	83	41 889	10 087
28	40 902	31 253	56	41 913	12 540	84	41 765	10 390
29	42 277	31 731	57	41 274	11 400	85	41 471	10 666
30	43 473	32 140	58	40 634	10 357	86	40 985	10 910
31	44 507	32 474	59	39 998	9 394	87	40 268	11 096
32	45 388	32 702	60	39 414	8 540	88	39 313	11 212
33	46 106	32 820	61	38 797	7 825	89	38 110	11 244
34	46 735	32 835	62	38 219	7 225	90	36 643	11 174
35	47 254	32 759	63	37 724	6 690	91	34 890	10 980
36	47 637	32 565	64	37 332	6 283	92	32 813	10 639
37	47 898	32 218	65	37 045	6 006	93	30 378	10 126
38	48 037	31 713	66	36 859	5 770	94	27 586	9 419
39	48 106	31 108	67	36 763	5 648	95	24 399	8 484
40	48 113	30 440	68	36 597	5 676	96	20 773	7 275
41	48 067	29 724	69	36 489	5 765	97	16 695	5 741
42	47 970	28 914	70	36 511	5 920	98	12 219	3 876
43	47 822	28 062	71	36 766	6 165	99	7 392	1 608

原则上说,单位和个人应该按照工资总额来缴纳社会保险费,因此平均工资就应该是社会保险的平均缴费工资。但是我们发现平均缴费工资往往小于平均工资。主要原因有:第一,一些参保职工仍然保留了社会保险关系,但是由于下岗等原因已经不再缴纳保费;第二,一些单位为了减轻负担,瞒报工资,按照基本工资缴

纳社会保险费,而不是依据国家要求按照工资总额缴纳社会保险费。因此缴费工资只是平均工资的一定比例,我们需要在模型中添加收缴率这个因素,我们求出2010年各个险种的收缴率,并且假设每一险种的收缴率未来各年也保持在2010年的水平。

3.3.2 失业保险缴费和失业保险金的核算

1. 失业保险费预测

根据《失业保险条例》(1999),我国失业保险覆盖城镇企事业单位职工。另外省、自治区、直辖市人民政府根据当地实际情况,可以决定本条例适用于本行政区域内的社会团体及其专职人员、民办非企业单位及其职工、有雇工的城镇个体工商户及其雇工。城镇企业事业单位按照本单位工资总额的百分之二缴纳失业保险费,城镇企业事业单位职工按照本人工资的百分之一缴纳失业保险费。

2010年年末全国参加失业保险人数为13 376万,其中,参加失业保险的农民工人数为1 990万。① 《走向和谐:中国社会保障发展60年》表5-4公布了2008年不同性质单位参加失业保险的情况,我们可以看到2008年企业的参保率为100%,事业单位参保率为85%,其他单位参保率为10.6%。我们假设2010年开始企事业单位失业保险参保率提高至100%,这样其他单位的参保率为16.3%,我们假定政府2020年解决全民社会保障问题,其他单位参保率2020年提高至100%。

2010年失业保险基金收入650亿元,其中失业保险缴费618.7亿元,参保人数13 376万,按照3%的缴费率计算,平均缴费工资为16 198元,2010年平均工资为37 147元,收缴率为43.6%。用人单位一般按照相同的缴费基数缴纳这三个险种,因此我们假设失业保险、工伤保险和生育保险的收缴率都为43.6%,且收缴率保持不变。

得出分年龄、性别的失业保险的参保人数后,乘以对应的工资水平,再乘以收缴率和失业保险的缴费率,就可以得到分年龄、性别的失业保险的缴费情况。

2. 失业保险金预测

2010年全国参加失业保险人数为13 376万,年末全国领取失业保险金人数为209万,由于没有全年领取失业保险金的总人数,我国城镇登记失业率一直维持在4%左右,我们假设全年领取失业保险金的人数是参加失业保险人数的4%。根据《中国2010年人口普查资料》表4-15公布的全国分年龄、性别、未工作原因的失业人口,可以得到失业人员的年龄构成。根据《失业保险条例》,失业人员失业前所在单位和本人按照规定累计缴费时间满1年不足5年的,领取失业保险金的期限最长为12个月;累计缴费时间满5年不足10年的,领取失业保险金的期限最长为18个月;累计缴费时间10年以上的,领取失业保险金的期限最长为24个月。我们

---

① 由于失业、工伤和生育保险三个险种基金收支规模较小,我们不把农民工单独考虑。

假设职工加入就业队伍就开始缴费,并且随着缴费年限的增加,领取失业保险金的月份也增加。表 3.7 的前两列是《失业保险条例》的规定,第三和第四列是我们假设职工从 16 岁开始缴费,由于 16 岁的职工缴费不足一年,因此如果失业不领取失业保险金;在 17 岁到 21 岁期间的职工缴费大于 1 年但不足 5 年,因此如果失业领取的失业保险金月份不超过 12 个月;在 22 岁到 26 岁期间的职工缴费大于 5 年而不足 10 年,因此如果失业领取的失业保险金月份不超过 18 个月;27 岁以上的职工缴费大于 10 年,因此如果失业领取的失业保险金月份不超过 24 个月。这样的假设与《失业保险条例》有一定差别。

表 3.7 本书假设的分年龄失业人口领取失业保险金月份表

缴纳失业保险费的年数	领取失业保险金的最大月份	年龄	领取的失业保险金的月份
不足 1 年	0	16 岁	0
大于 1 年不足 5 年	12 个月	17—21 岁	12 个月
大于 5 年不足 10 年	18 个月	22—26 岁	18 个月
大于 10 年	24 个月	27—59 岁	24 个月

我们假设缴费人口矩阵为 A,工资矩阵为 B

$$A = \begin{bmatrix} x_{16} & y_{16} \\ \vdots & \vdots \\ x_{60} & y_{60} \end{bmatrix}$$

其中 x_{16} 代表 16 岁年龄男性失业人口占比, y_{16} 代表 16 岁年龄女性失业人口占比,以此类推。

$$B = \begin{bmatrix} a_{16} & b_{16} \\ \vdots & \vdots \\ a_{60} & b_{60} \end{bmatrix}$$

其中 a_{16} 代表 16 岁年龄段男性领取失业保险金的月数, b_{16} 代表 16 岁年龄段女性领取失业保险金的月数,以此类推。

设 2010 年失业保险金总支出为 S_u,全年领取失业保险金的总人数为 M_u,40 岁男性领取失业保险金为 H_u,则

$$H_u \left(\frac{a_{16}}{a_{40}} M_u x_{16} + \cdots + \frac{a_{60}}{a_{40}} M_u x_{55} + \cdots + \frac{b_{60}}{a_{40}} M_u y_{55} \right) = S_u \qquad (3.8)$$

这样,我们可以推算出 2010 年分年龄、性别领取失业保险金的情况。17 岁到 21 岁的职工领取 4 702.11 元,22 岁到 26 岁的职工领取 7 053.16 元,27 岁及以上的职工领取 9 404.2 元。我们假设未来领取的失业保险金在 2010 年的基础上按照生长率增长率的速度增长。这样我们可以预测出未来各年分年龄、性别领取失业保险金的情况。

3. 失业保险费和失业保险金预测结果

表 3.8 给出了在失业率为 4% 的假设下,2011 年到 2110 年部分年份失业保险的缴费和失业保险金数据,我们可以看出按照现在的失业保险金发放标准和领取人数占比,失业保险费一直高于失业保险金。

表 3.8　2010—2110 年部分年份失业保险费和失业保险金预测表　（单位:亿元）

年份	2011	2015	2020	2025	2030	2035	2040
失业保险费	743.00	1 285.40	2 268.60	2 717.60	3 179.00	3 638.30	4 206.00
失业保险金	477.38	816.81	1 420.90	1 688.50	1 985.30	2 295.60	2 657.80
年份	2045	2050	2055	2060	2065	2070	2075
失业保险费	4 912.60	5 703.00	5 875.90	6 136.00	6 392.20	6 636.00	6 846.00
失业保险金	3 097.50	3 591.20	3 682.00	3 848.50	4 025.40	4 179.50	4 305.70
年份	2080	2085	2090	2095	2100	2105	
失业保险费	6 996.80	7 193.20	7 468.40	7 782.00	8 083.70	8 344.40	
失业保险金	4 393.70	4 516.80	4 698.30	4 905.40	5 098.50	5 260.20	

3.3.3　工伤保险缴费和工伤保险金的核算

工伤保险的缴费率与行业有关,根据劳动和社会保障部等颁布的[2003]29 号文件《关于工伤保险费率问题的通知》,将行业划分为三个类别:第一类为风险较小行业,第二类为中等风险行业,第三类为风险较大行业。三类行业分别实行三种不同的工伤保险缴费率。各省、自治区、直辖市工伤保险费平均缴费率原则上要控制在职工工资总额的 1.0% 左右。在这一总体水平下,各统筹地区三类行业的基准费率要分别控制在用人单位职工工资总额的 0.5% 左右、1.0% 左右、2.0% 左右。用人单位属一类行业的,按行业基准费率缴费,不实行费率浮动。用人单位属第二、三类行业的,费率实行浮动。用人单位的初次缴费费率,按行业基准费率确定,以后由统筹地区社会保险经办机构根据用人单位工伤保险费使用、工伤发生率、职业病危害程度等因素,一至三年浮动一次。在行业基准费率的基础上,可上下各浮动两档:上浮第一档到本行业基准费率的 120%,上浮第二档到本行业基准费率的 150%,下浮第一档到本行业基准费率的 80%,下浮第二档到本行业基准费率的 50%。虽然工伤保险的缴费与行业相关,但是由于工伤保险是社会保障体系中一个较小的险种,对整个代际核算体系影响不大,因此我们不再按照行业细分,统一假设费率是 1%。

2003 年国务院第 375 号文件颁布新的《工伤保险条例》,规定从 2004 年 1 月 1 日起,中华人民共和国境内的各类企业、有雇工的个体工商户(以下称"用人单位")应当依照本条例规定参加工伤保险,为本单位全部职工或者雇工(以下称"职工")缴纳工伤保险费。2010年12月8日通过的《国务院关于修改〈工伤保险条例〉的决定》规定中华人民共和国境内的企业、事业单位、社会团体、民办非企业单位、基金会、律师事务所、会计师事务所等组织和有雇工的个体工商户应当依照本条例规定参加工伤保险,为本单位全部职工或者雇工缴纳工伤保险费。2010年年末全国参加工伤保险人数为16 161万。我们假设2010年企业、事业单位和个体工商户的参保率为100%。①

我们前面已经得到2010—2110年企业、事业单位和个体工商户的人数,社会团体、民办非企业单位、基金会、律师事务所、会计师事务所等组织由于就业人数较少,我们这里忽略不计,就得到参加工伤保险的人数。得出分年龄、性别的工伤保险的参保人数后,乘以对应的工资水平,再乘以收缴率和工伤保险的缴费率,就可以得到分年龄、性别的工伤保险的缴费情况。

表3.9给出2001—2010年工伤保险的情况,我们假设未来各年领取工伤待遇的人数占参加工伤保险职工总数的1%,人均领取工伤保险金在2010年的基础上按生产率增长率增长。虽然每个行业都有发生工伤事故的可能,但不可否认第二类和第三类行业发生工伤事故的概率更大。我们从3.2.5节中可以得到每一行业的就业人数和每一行业职工的年龄构成数据,我们假设工伤事故只发生在采矿业,制造业,电力、燃气及水生产和供应业,建筑业,交通运输业和房地产业,并且同行业中每人发生工伤事故的概率相同。这样领取工伤保险金的职工分年龄、性别的构成情况完全由这六个行业职工的年龄、性别的构成情况决定。我们假设领取工伤保险金的人行业分布保持不变,这样根据领取工伤保险金的职工的总数、行业结构、人均工伤保险金可以计算出各年分年龄、性别职工领取的工伤保险金。

表3.9 2001—2010年工伤保险情况表

年份	2001	2002	2003	2004	2005
年末参保人数(万人)	4 345.35	4 405.60	4 574.80	6 845.17	8 477.80
全年享受工伤待遇(万人)	18.71	26.50	32.90	51.88	65.10
享受待遇占比(%)	0.43	0.60	0.72	0.76	0.77
基金支出(亿元)	16.50	19.90	27.10	33.30	47.50
人均工伤保险金(元)	8 815.68	7 506.38	8 237.08	6 418.56	7 296.47
年末参保人数(万人)	10 268.50	12 173.40	13 787.23	14 895.50	16 160.71
全年享受工伤待遇(万人)	77.80	96.00	117.77	129.57	147.45
享受待遇占比(%)	0.76	0.79	0.85	0.87	0.91
基金支出(亿元)	68.50	87.90	126.90	155.70	192.40
人均工伤保险金(元)	8 804.63	9 156.25	10 775.39	12 016.25	13 048.60

---

① 这样假设有些偏高,但由于工伤保险规模较小,对我们代际核算体系的结果影响很小。

本书预测的 2011—2110 年的工伤保险缴费和工伤保险金如表 3.10 所示。我们可以看到工伤保险的缴费一直高于工伤保险金。因此如果未来工伤事故率仍然保持在 1%，人均工伤保险金也没有大幅提升的话，我国应该存在调低工伤保险费率的可能性。

表 3.10   2010—2110 年部分年份工伤保险费和工伤保险金预测表   （单位：亿元）

年份	2011	2015	2020	2025	2030	2035	2040	2045	2050	2055
工伤保险费	278.50	388.36	551.86	661.12	773.30	885.26	1 024.10	1 195.60	1 387.10	1 429.10
工伤保险金	221.77	304.74	425.37	505.42	594.26	687.08	795.30	926.80	1 074.70	1 102.00
年份	2060	2065	2070	2075	2080	2085	2090	2095	2100	2105
工伤保险费	1 492.30	1 555.00	1 614.70	1 665.60	1 701.90	1 749.40	1 816.50	1 893.20	1 966.80	2 030.20
工伤保险金	1 151.80	1 204.70	1 250.70	1 288.30	1 314.80	1 351.80	1 406.20	1 468.10	1 525.80	1 574.80

3.3.4　生育保险缴费和生育保险金的核算

按照《中国妇女发展纲要》，2010 年前我国城镇妇女必须都参加生育保险。劳动和社会保障部[1994]504 号文件《企业职工生育保险试行办法》仅适用于城镇企业及其职工，之后全国有 15 个地方政策规定将机关、事业单位、社会团体、民办非企业、个体工商户等单位纳入生育保险覆盖范围。① 2010 年年末全国参加生育保险人数为 12 336 万，目前我国职工基本都享受生育保险待遇，只是部分由生育保险解决，部分由医疗保险解决。2008 年我国参加生育保险职工 9 794 万人，其中企业参保职工 7 622 万人，占企业总职工的 87.3%，机关、事业单位参保人数为 1 421 万，占机关、事业单位总职工的 34.5%②，其他人员 211 万。我们假设从 2010 年起企业生育保险参保率为 87%，事业单位参保率为 35%，其他企业、机关和事业单位职工的生育费用由医疗保险解决，假设 2010 年私营企业和个体工商户生育保险参保率为 35%，2020 年所有职工都有生育保险，私营企业和个体工商户的参保率提高到 100%。

根据劳动和社会保障部[1994]504 号文件《企业职工生育保险试行办法》，生育保险费的提取比例由当地人民政府根据计划内生育人数和生育津贴、生育医疗费等项费用确定，并可根据费用支出情况适时调整，但最高不得超过工资总额的 1%。因此我国现在没有统一的生育保险缴费费率。我国生育保险的覆盖范围现在为城镇各种企业，我们假设生育保险的收缴率和企业失业保险的收缴率一致，2010 年年末全国参加生育保险人数为 12 336 万，生育保险基金收入 160 亿元，我

---

① 胡晓义主编.走向和谐：中国社会保障发展 60 年[M].中国劳动社会保障出版社,2009:407.
② 同上。

们校准得到2010年生育保险平均缴费率为0.8%。根据规定,夫妻双方都可以获得生育保险的报销,我们这里简便起见,假设生育保险金只由女性领取。

我们根据企业、事业单位和其他单位的职工构成,乘以生育保险的参保率,就得到参加生育保险的人数及构成情况。得出分年龄、性别的生育保险的参保人数后,乘以对应的工资水平,再乘以收缴率和生育保险的缴费率,就可以得到分年龄、性别的生育保险的缴费情况。

2010年全年共有211万人次享受了生育保险待遇,全年生育保险基金支出110亿元,人均生育保险支出5 213.3元,我们假设每个生育妇女得到的生育保险金与年龄无关,这样生育率较高的一代获得的生育保险金也较多。在预测未来各年的生育保险金支出时,由于人们生活习惯的变化,原则上生育行为应该有所调整,生育率可能有所变化,但生育保险只是社会保障体系中的一个小险种,我们不考虑未来生育率的变化,并假设人均领取的生育保险金在2010年的基础上按照生产率增长率调整。

2010年年末全国参加生育保险人数为12 336人,占2010年城镇就业人数的35.6%,2010年全年共有211万人次享受了生育保险待遇,占2010年城镇生育妇女的33.4%。我们假设每一年龄妇女领取的生育保险金人数和生育率成正比,通过生育保险领取生育保险金的人数逐年增加,到2020年参加生育保险的人数占城镇就业人数的55%,我们假设领取生育保险金的人数也占生育妇女的55%,2020年后保持这个比例不变,得到2010年到2110年的生育保险金数额。

图3.3给出了我们的2010—2110年生育保险费和生育保险金预测,由于我国生育保险和工伤保险一样,也是遵循"以支定收"的原则来确定费率,因此我国未来生育保险的费率也存在下调的空间。

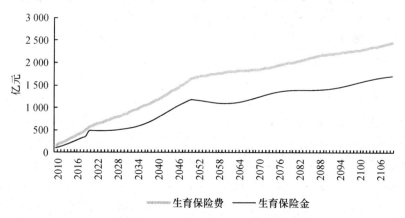

图3.3 2010—2110年生育保险费和生育保险金预测

3.4 代际核算体系中的税收模块研究

构建税收模块有两个关键工作,第一是计算基年分年龄城镇男性、城镇女性、乡村男性、乡村女性负担的各个税种的税负,第二是预测各个税种的增长率。我国正在税制改革的关键时期,增值税正在进行扩围改革,个人所得税和消费税正在讨论调整方案,不过本书主要利用代际核算体系讨论社会保障的改革,所以我们采用传统代际核算的做法,假设分年龄城镇男性、城镇女性、乡村男性、乡村女性负担的各个税种的税负未来按照生产率增长率增长。下面我们对各税种分年龄城镇男性、城镇女性、乡村男性、乡村女性负担的的税负进行测算。

3.4.1 增值税和营业税的税负测算

我国在增值税扩围前主要对采矿业,制造业,电力、煤气及水的生产供应业以及部分第三产业征收增值税,而对应税劳务(交通运输业、建筑业、金融保险业、邮电通信业、文化体育业、娱乐业、服务业)、转让无形资产和销售不动产征收营业税。但由于增值税和营业税都可以被转嫁,这些行业之外的人也会承担税负。传统的代际核算方法只考虑税负的名义归宿,而不考虑实际归宿,这在以所得税为主体的美国不会产生太大偏差,因为所得税作为直接税难以被转嫁出去。而我国现在增值税和营业税等间接税仍占很大比重,所以对于这些间接税我们应该考虑税负的实际归宿。

许多学者对增值税的税负归宿进行研究,但基本都是研究增值税在各行业的税负归宿。杨之刚等(2000)考察了 21 个行业 100 家企业的税收情况,比较了不同行业以及内外资企业税收负担的差异,分析了差异的数量和成因。在样本企业范围内研究工作证实资本构成高的企业增值税负担更重,内资企业的增值税负担高于外资企业的现象并不显著。任晓宇(2006)和萧艳汾(2008)对增值税的转嫁率进行了分析,但没有给出我国增值税转嫁的定量结论。刘肖红(1995)和范潇、姜丽艳(2010)等很多研究证明增值税并不是完全由消费者承担,大部分情况下企业也要承担一部分增值税。

增值税和营业税税负确实存在转嫁现象,但并不能完全转嫁给购买者。事实上,除需求完全无弹性和供给完全弹性的情况下由购买者负担全部税负,或者需求完全弹性和供给完全无弹性的情况下由销售者负担全部税负外,购买者和销售者均需负担部分税负,其负担的份额取决于商品的供给弹性和需求弹性的对比关系。当增值税完全转嫁时,我们假设分年龄、性别和城乡人口人均负担的增值税税额与其消费水平成正比。当增值税完全不转嫁时,增值税就由缴纳增值税的这些行业的员工来负担。由于增值税的转嫁受较多的因素影响,我们很难确定一个准确的转嫁率,因此在基准情形中我们假设城乡分年龄、性别人口人均负担的增值税和营业税税额是完全不转嫁与完全转嫁时负担的增值税及营业税税额的算术平均值,为了衡量增值税和营业税转嫁率对代际核算体系的影响,我们还进行了增值税和营业税转嫁率取值的敏感性分析。

我们利用2004年"城镇居民入户调查"公布的1万个家庭成员的年龄、性别和消费数据,采用和3.3.1节工资矩阵相同的方法得出2004年城镇分年龄、性别的消费数据。由于农村住户调查是按照家庭为单位统计消费,而没有细分到家庭成员,我们假设农村分年龄、性别人群的消费是城镇对应人群的1/3。《中国统计年鉴》公布了我国各年城镇居民人均消费性支出和农村居民人均生活消费支出的增长率,我们假设分年龄、性别的城乡人口的消费都分别按照城乡人均消费支出的增长率增长,这样得到2010年城乡分年龄、性别人口的人均消费数据(见表3.11)。2010年国内增值税总额为21 608.5772亿元,营业税总额为11 159.2385亿元,当增值税和营业税完全转嫁时,我们假设城乡分年龄、性别人口人均负担的增值税和营业税与其消费水平成正比,进而得到增值税和营业税完全转嫁时2010年分年龄、性别和城乡人口人均负担的增值税和营业税额(见表3.12和表3.13)。

表 3.11 2010 年城乡分年龄、性别人口的平均消费支出   (单位:元)

年龄	城镇男性	城镇女性	农村男性	农村女性	年龄	城镇男性	城镇女性	农村男性	农村女性
5	10 083.25	11 511.80	3 591.78	4 100.64	50	14 968.73	16 589.64	5 332.04	5 909.43
10	14 771.39	13 148.17	5 261.75	4 683.54	55	16 207.08	16 658.45	5 773.16	5 933.94
15	14 441.10	11 850.36	5 144.09	4 221.24	60	14 883.36	13 989.65	5 301.63	4 983.28
20	16 413.60	15 338.44	5 846.72	5 463.74	65	14 778.96	12 881.23	5 264.45	4 588.45
25	23 105.50	19 789.66	8 230.46	7 049.32	70	13 882.92	12 747.22	4 945.26	4 540.71
30	18 440.85	17 914.30	6 568.85	6 381.29	75	14 252.67	13 104.75	5 076.97	4 668.07
35	15 062.63	15 263.27	5 365.49	5 436.96	80	15 317.18	14 721.82	5 456.17	5 244.09
40	14 308.02	14 059.65	5 096.69	5 008.22	85	15 430.52	14 179.16	5 496.54	5 050.79
45	15 145.55	14 454.78	5 395.03	5 148.97	90	14 575.88	10 677.84	5 192.11	3 803.58

表 3.12 增值税完全转嫁情形下 2010 年城乡分年龄、性别人口人均增值税负担

(单位:元)

年龄	城镇男性	城镇女性	农村男性	农村女性	年龄	城镇男性	城镇女性	农村男性	农村女性
0	2 275.65	1 753.99	810.61	624.79	8	2 555.27	1 398.25	910.22	498.07
1	1 933.98	2 371.59	688.91	844.79	9	2 029.97	2 625.68	723.10	935.30
2	1 167.27	1 381.45	415.80	492.09	10	2 333.06	2 076.68	831.06	739.74
3	2 766.54	3 458.58	985.47	1 231.99	11	2 253.40	1 591.77	802.69	567.01
4	2 136.41	1 590.45	761.02	566.54	12	3 813.66	2 082.06	1 358.47	741.66
5	1 592.59	1 818.22	567.30	647.67	13	2 498.20	2 309.59	889.89	822.71
6	1 529.97	1 305.37	545.00	464.99	14	2 753.51	1 879.59	980.83	669.53
7	1 806.00	5 273.71	643.32	1 878.56	15	2 280.89	1 871.70	812.48	666.72

(续表)

年龄	城镇男性	城镇女性	农村男性	农村女性	年龄	城镇男性	城镇女性	农村男性	农村女性
16	1 790.36	1 627.63	637.75	579.78	54	2 327.68	2 722.85	829.15	969.91
17	2 270.36	2 064.44	808.73	735.38	55	2 559.81	2 631.11	911.84	937.23
18	1 979.48	2 034.25	705.12	724.63	56	2 620.58	2 688.76	933.48	957.77
19	2 482.72	1 593.22	884.38	567.53	57	2 443.03	2 404.09	870.24	856.36
20	2 592.43	2 422.62	923.46	862.97	58	2 346.51	2 455.99	835.85	874.85
21	2 400.11	2 213.75	854.95	788.57	59	2 525.09	2 479.69	899.47	883.30
22	2 695.48	1 818.94	960.16	647.93	60	2 350.74	2 209.58	837.36	787.08
23	3 560.75	2 192.32	1 268.38	780.93	61	2 368.59	1 898.83	843.72	676.39
24	3 286.32	2 876.40	1 170.63	1 024.61	62	2 245.14	2 345.41	799.75	835.46
25	3 649.38	3 125.66	1 299.95	1 113.40	63	2 412.68	2 326.65	859.42	828.78
26	2 728.47	3 595.37	971.91	1 280.71	64	2 345.39	2 127.43	835.46	757.82
27	2 555.95	2 468.95	910.46	879.47	65	2 334.25	2 034.52	831.49	724.72
28	3 349.51	3 045.69	1 193.13	1 084.91	66	2 197.56	1 939.82	782.80	690.99
29	2 460.87	2 494.09	876.59	888.43	67	2 253.67	2 182.43	802.78	777.41
30	2 912.63	2 829.46	1 037.51	1 007.89	68	2 291.43	1 888.94	816.23	672.86
31	2 238.83	2 181.79	797.50	777.18	69	2 282.45	2 292.97	813.04	816.78
32	2 240.77	2 224.59	798.19	792.43	70	2 192.73	2 013.35	781.08	717.18
33	2 429.73	2 282.86	865.50	813.18	71	2 308.00	1 839.84	822.14	655.37
34	2 415.21	2 292.38	860.33	816.57	72	2 183.05	1 831.85	777.63	652.53
35	2 379.06	2 410.75	847.45	858.74	73	2 334.21	2 102.21	831.47	748.83
36	2 432.52	2 349.36	866.49	836.87	74	2 460.98	1 797.20	876.63	640.18
37	2 326.16	2 216.51	828.61	789.55	75	2 251.13	2 069.82	801.88	737.29
38	2 469.99	2 270.54	879.84	808.79	76	2 536.47	1 965.91	903.52	700.28
39	2 227.10	2 126.67	793.32	757.55	77	2 360.18	2 110.80	840.73	751.89
40	2 259.87	2 220.64	804.99	791.02	78	2 321.27	2 040.53	826.87	726.86
41	2 203.80	2 401.21	785.02	855.34	79	2 864.17	1 811.54	1 020.25	645.29
42	2 254.06	2 116.99	803.07	754.10	80	2 419.26	2 325.23	861.77	828.27
43	2 460.57	2 609.60	876.49	929.57	81	2 817.23	2 123.73	1 003.53	756.50
44	2 303.69	2 574.68	820.60	917.13	82	2 464.99	2 662.69	878.06	948.48
45	2 392.15	2 283.05	852.11	813.25	83	2 420.81	2 041.99	862.32	727.38
46	2 295.73	2 506.26	817.77	892.76	84	2 331.56	1 872.21	830.53	666.90
47	2 268.71	2 563.58	808.14	913.18	85	2 437.16	2 239.52	868.15	797.74
48	2 460.57	2 415.50	876.49	860.43	86	2 343.31	2 484.70	834.71	885.08
49	2 407.65	2 604.20	857.63	927.65	87	2 750.22	1 793.14	979.66	638.74
50	2 364.22	2 620.24	842.17	933.36	88	2 586.11	2 097.03	921.20	746.99
51	2 592.45	2 542.13	923.46	905.54	89	2 891.66	1 617.83	1 030.05	576.29
52	2 786.52	2 727.47	992.59	971.56	90	2 302.18	1 686.50	820.06	600.75
53	2 570.76	2 587.65	915.74	921.75	91	2 137.41	1 559.37	761.37	555.47

表 3.13 营业税完全转嫁情形下 2010 年城乡分年龄、性别人口人均营业税负担

(单位:元)

年龄	城镇男性	城镇女性	农村男性	农村女性	年龄	城镇男性	城镇女性	农村男性	农村女性
0	1 175.21	905.81	418.62	322.66	46	1 185.58	1 294.30	422.32	461.04
1	998.76	1 224.75	355.77	436.27	47	1 171.62	1 323.90	417.35	471.59
2	602.81	713.42	214.73	254.13	48	1 270.70	1 247.43	452.64	444.35
3	1 428.71	1 786.10	508.92	636.23	49	1 243.37	1 344.88	442.91	479.06
4	1 103.30	821.35	393.01	292.58	50	1 220.95	1 353.16	434.92	482.01
5	822.46	938.98	292.97	334.48	51	1 338.81	1 312.82	476.90	467.64
6	790.12	674.12	281.45	240.13	52	1 439.03	1 408.54	512.60	501.74
7	932.67	2 723.48	332.23	970.14	53	1 327.61	1 336.33	472.91	476.02
8	1 319.61	722.09	470.06	257.22	54	1 202.08	1 406.15	428.19	500.89
9	1 048.33	1 355.97	373.43	483.01	55	1 321.96	1 358.77	470.90	484.01
10	1 204.85	1 072.45	429.18	382.02	56	1 353.34	1 388.55	482.07	494.62
11	1 163.71	822.03	414.53	292.82	57	1 261.65	1 241.53	449.41	442.25
12	1 969.48	1 075.23	701.55	383.01	58	1 211.80	1 268.34	431.66	451.80
13	1 290.14	1 192.74	459.56	424.87	59	1 304.02	1 280.58	464.51	456.16
14	1 421.98	970.67	506.53	345.76	60	1 213.98	1 141.09	432.44	406.47
15	1 177.91	966.59	419.59	344.31	61	1 223.20	980.60	435.72	349.30
16	924.59	840.55	329.35	299.41	62	1 159.67	1 211.23	413.01	431.46
17	1 172.47	1 066.13	417.65	379.77	63	1 245.97	1 201.54	443.83	428.00
18	1 022.26	1 050.54	364.14	374.22	64	1 211.22	1 098.66	431.45	391.36
19	1 282.14	822.78	456.71	293.09	65	1 205.45	1 050.68	429.40	374.26
20	1 338.80	1 251.10	476.90	445.66	66	1 134.88	1 001.77	404.26	356.84
21	1 239.48	1 143.24	441.52	407.24	67	1 163.85	1 127.07	414.58	401.47
22	1 392.02	939.35	495.85	334.61	68	1 183.35	975.50	421.53	347.48
23	1 838.86	1 132.17	655.03	403.29	69	1 178.72	1 184.15	419.87	421.81
24	1 697.14	1 485.45	604.54	529.13	70	1 132.38	1 039.75	403.37	370.37
25	1 884.64	1 614.17	671.33	574.99	71	1 191.91	950.14	424.57	338.45
26	1 409.05	1 856.74	501.92	661.39	72	1 127.39	946.02	401.59	336.98
27	1 319.96	1 275.03	470.19	454.18	73	1 205.45	1 085.64	429.39	386.72
28	1 729.77	1 572.87	616.17	560.28	74	1 270.91	928.12	452.72	330.61
29	1 270.86	1 288.02	452.70	458.81	75	1 162.54	1 068.91	414.11	380.76
30	1 504.16	1 461.21	535.80	520.50	76	1 309.90	1 015.25	466.60	361.64
31	1 156.19	1 126.73	411.85	401.36	77	1 218.86	1 090.07	434.17	388.30
32	1 157.19	1 148.84	412.21	409.23	78	1 198.77	1 053.78	427.02	375.37
33	1 254.77	1 178.93	446.97	419.95	79	1 479.13	935.53	526.89	333.25
34	1 247.28	1 183.85	444.30	421.70	80	1 249.37	1 200.81	445.04	427.74
35	1 228.61	1 244.97	437.64	443.47	81	1 454.89	1 096.75	518.25	390.68
36	1 256.22	1 213.27	447.48	432.18	82	1 272.98	1 375.08	453.45	489.82
37	1 201.29	1 144.66	427.91	407.74	83	1 250.17	1 054.54	445.33	375.64
38	1 275.57	1 172.57	454.37	417.68	84	1 204.08	966.86	428.91	344.41
39	1 150.13	1 098.27	409.69	391.22	85	1 258.61	1 156.54	448.33	411.98
40	1 167.06	1 146.80	415.72	408.50	86	1 210.64	1 283.17	431.07	457.08
41	1 138.10	1 240.05	405.41	441.72	87	1 420.28	926.03	505.92	329.86
42	1 164.26	1 093.27	414.73	389.44	88	1 335.54	1 082.96	475.73	385.76
43	1 270.71	1 347.67	452.64	480.06	89	1 493.33	835.49	531.94	297.61
44	1 189.69	1 329.63	423.78	473.63	90	1 188.90	870.95	423.50	310.24
45	1 235.37	1 179.03	440.05	419.98	91	1 103.81	805.30	393.19	286.86

《中国税务年鉴 2011》公布了 2010 年各行业增值税和营业税税收收入情况，我们假设当增值税和营业税完全不转嫁时，就由这些行业的职工来负担，并且行业内人均负担的税收相同，这样利用城乡各行业分年龄、性别就业人员数据就可以计算出完全不转嫁时城乡分年龄、性别人口增值税和营业税的税负（见表 3.14 和表 3.15）。

表 3.14　增值税完全不转嫁情形下 2010 年城乡分年龄、性别人口人均增值税负担

（单位：元）

年龄段	城镇男性	城镇女性	农村男性	农村女性
16—19	674.16	606.47	1 236.19	1 271.53
20—24	2 143.06	1 575.39	3 191.86	2 523.57
25—29	3 277.72	2 107.78	4 041.09	3 025.52
30—34	3 520.60	2 265.62	3 862.61	3 106.28
35—39	3 759.24	2 382.85	3 290.29	2 779.44
40—44	3 730.29	2 251.46	2 635.45	2 221.92
45—49	3 535.77	1 834.77	2 371.09	1 689.14
50—54	2 912.22	740.58	1 868.60	694.49
55—59	1 844.62	339.97	1 106.21	306.39
60—64	570.64	147.15	401.57	131.48
65—69	435.61	121.14	296.47	99.38

表 3.15　营业税完全不转嫁情形下 2010 年城乡分年龄、性别人口人均营业税负担

（单位：元）

年龄段	城镇男性	城镇女性	农村男性	农村女性
16—19	413.98	211.21	172.70	84.83
20—24	1 645.18	1 172.94	516.92	234.81
25—29	2 862.34	1 974.71	792.82	351.05
30—34	2 792.10	1 735.34	902.77	375.85
35—39	2 792.70	1 708.37	911.22	360.22
40—44	2 814.43	1 667.01	825.91	311.34
45—49	2 866.35	1 541.37	763.84	269.01
50—54	2 704.27	673.27	590.19	122.62
55—59	1 914.29	294.55	351.72	55.24
60—64	649.14	127.98	133.31	25.41
65—69	441.85	89.53	84.13	19.95

基准情形中我们假设城乡分年龄、性别人口人均负担的增值税和营业税数额是完全不转嫁与完全转嫁时负担的增值税及营业税税额的算术平均值，这样得出基准情形下我国城乡分年龄、性别人群的人均增值税和营业税税负（见表 3.16 和表 3.17）。

表 3.16　2010 年城乡分年龄、性别人口人均增值税负担　　（单位:元）

年龄	城镇男性	城镇女性	农村男性	农村女性	年龄	城镇男性	城镇女性	农村男性	农村女性
0	1 137.82	877.00	405.31	312.40	46	2 915.75	2 170.52	1 594.43	1 290.95
1	966.99	1 185.80	344.45	422.40	47	2 902.24	2 199.18	1 589.62	1 301.16
2	583.63	690.73	207.90	246.05	48	2 998.17	2 125.14	1 623.79	1 274.78
3	1 383.27	1 729.29	492.74	615.99	49	2 971.71	2 219.49	1 614.36	1 308.39
4	1 068.21	795.23	380.51	283.27	50	2 950.00	2 227.50	1 606.63	1 311.25
5	796.30	909.11	283.65	323.84	51	2 752.33	1 641.35	1 396.03	800.02
6	764.99	652.68	272.50	232.49	52	2 849.37	1 734.03	1 430.60	833.03
7	903.00	2 636.85	321.66	939.28	53	2 741.49	1 664.12	1 392.17	808.12
8	1 277.63	699.13	455.11	249.04	54	2 619.95	1 731.71	1 348.88	832.20
9	1 014.99	1 312.84	361.55	467.65	55	2 736.01	1 685.84	1 390.22	815.86
10	1 166.53	1 038.34	415.53	369.87	56	2 232.60	1 514.37	1 019.84	632.08
11	1 130.68	802.14	408.21	290.23	57	2 143.82	1 372.03	988.22	581.38
12	1 910.81	1 047.29	686.11	377.56	58	2 095.56	1 397.98	971.03	590.62
13	1 253.08	1 161.06	451.81	418.08	59	2 184.85	1 409.83	1 002.84	594.84
14	1 380.74	946.05	497.29	341.50	60	2 097.68	1 274.78	971.78	546.73
15	1 144.43	942.11	413.11	340.09	61	1 469.61	1 022.99	622.64	403.93
16	899.16	820.07	325.74	296.62	62	1 407.89	1 246.28	600.66	483.47
17	1 472.26	1 335.46	1 022.46	1 003.46	63	1 491.66	1 236.90	630.50	480.13
18	1 326.82	1 320.36	970.65	998.08	64	1 458.02	1 137.29	618.51	444.65
19	1 578.44	1 099.85	1 060.28	919.53	65	1 452.44	1 090.83	616.53	428.10
20	1 633.30	1 514.54	1 079.82	1 067.25	66	1 316.58	1 030.48	539.63	395.18
21	2 271.59	1 894.57	2 023.40	1 656.07	67	1 344.64	1 151.78	549.62	438.40
22	2 419.27	1 697.16	2 076.01	1 585.75	68	1 363.52	1 005.04	556.35	386.12
23	2 851.90	1 883.85	2 230.12	1 652.25	69	1 359.03	1 207.05	554.75	458.08
24	2 714.69	2 225.89	2 181.24	1 774.09	70	1 314.17	1 067.24	538.77	408.28
25	2 896.22	2 350.52	2 245.91	1 818.48	71	1 154.00	919.92	411.07	327.69
26	3 003.10	2 851.57	2 506.50	2 153.12	72	1 091.53	915.93	388.81	326.26
27	2 916.84	2 288.36	2 475.77	1 952.50	73	1 167.10	1 051.11	415.74	374.42
28	3 313.61	2 576.73	2 617.11	2 055.22	74	1 230.49	898.60	438.32	320.09
29	2 869.30	2 300.93	2 458.84	1 956.97	75	1 125.56	1 034.91	400.94	368.65
30	3 095.17	2 468.62	2 539.30	2 016.70	76	1 268.23	982.95	451.76	350.14
31	2 879.72	2 223.71	2 330.05	1 941.73	77	1 180.09	1 055.40	420.36	375.95
32	2 880.69	2 245.11	2 330.40	1 949.35	78	1 160.64	1 020.27	413.43	363.43
33	2 975.16	2 274.24	2 364.05	1 959.73	79	1 432.08	905.77	510.13	322.65
34	2 967.91	2 279.00	2 361.47	1 961.43	80	1 209.63	1 162.61	430.89	414.14
35	2 949.83	2 338.19	2 355.03	1 982.51	81	1 408.62	1 061.87	501.77	378.25
36	3 095.88	2 366.11	2 078.39	1 808.15	82	1 232.49	1 331.35	439.03	474.24
37	3 042.70	2 299.68	2 059.45	1 784.49	83	1 210.40	1 020.99	431.16	363.69
38	3 114.61	2 326.70	2 085.07	1 794.12	84	1 165.78	936.10	415.27	333.45
39	2 993.17	2 254.76	2 041.81	1 768.49	85	1 218.58	1 119.76	434.07	398.87
40	3 009.55	2 301.75	2 047.64	1 785.23	86	1 171.65	1 242.35	417.36	442.54
41	2 967.04	2 326.34	1 710.23	1 538.63	87	1 375.11	896.57	489.83	319.37
42	2 992.38	2 184.23	1 719.26	1 488.01	88	1 293.06	1 048.51	460.60	373.49
43	3 095.43	2 430.53	1 755.97	1 575.75	89	1 445.83	808.92	515.02	288.15
44	3 016.99	2 413.07	1 728.03	1 569.53	90	1 151.09	843.25	410.03	300.38
45	3 061.22	2 267.26	1 743.78	1 517.58	91	1 068.70	779.69	380.68	277.73

表 3.17　2010 年城乡分年龄、性别人口人均营业税负担　　（单位:元）

年龄	城镇男性	城镇女性	农村男性	农村女性	年龄	城镇男性	城镇女性	农村男性	农村女性
0	587.60	452.90	209.31	161.33	46	2 025.96	1 417.84	593.08	365.03
1	499.38	612.38	177.88	218.14	47	2 018.99	1 432.64	590.59	370.30
2	301.40	356.71	107.36	127.06	48	2 068.53	1 394.40	608.24	356.68
3	714.36	893.05	254.46	318.12	49	2 054.86	1 443.13	603.37	374.04
4	551.65	410.68	196.50	146.29	50	2 043.65	1 447.27	599.38	375.51
5	411.23	469.49	146.48	167.24	51	2 021.54	993.05	533.54	295.13
6	395.06	337.06	140.73	120.07	52	2 071.65	1 040.90	551.39	312.18
7	466.33	1 361.74	166.11	485.07	53	2 015.94	1 004.80	531.55	299.32
8	659.80	361.05	235.03	128.61	54	1 953.17	1 039.71	509.19	311.75
9	524.17	677.98	186.71	241.51	55	2 013.11	1 016.02	530.54	303.32
10	602.43	536.23	214.59	191.01	56	1 633.81	841.55	416.90	274.93
11	585.84	417.27	214.13	153.14	57	1 587.97	768.04	400.57	248.75
12	988.72	543.87	357.64	198.24	58	1 563.04	781.45	391.69	253.52
13	649.05	602.63	236.65	219.16	59	1 609.16	787.57	408.12	255.70
14	714.97	491.59	260.13	179.61	60	1 564.14	717.82	392.08	230.86
15	592.94	489.56	216.66	178.89	61	936.17	554.29	284.52	187.36
16	466.28	426.53	171.54	156.44	62	904.29	669.60	273.16	228.43
17	793.22	638.67	295.18	232.30	63	947.55	664.76	288.57	226.71
18	718.12	630.88	268.42	229.52	64	930.18	613.32	282.38	208.39
19	848.06	517.00	314.71	188.96	65	927.30	589.33	281.36	199.84
20	876.39	731.16	324.80	265.25	66	788.37	545.65	244.19	188.40
21	1 442.33	1 158.09	479.22	321.02	67	802.85	608.30	249.36	210.71
22	1 518.60	1 056.15	506.39	284.71	68	812.60	532.51	252.83	183.72
23	1 742.02	1 152.56	585.97	319.05	69	810.29	636.84	252.00	220.88
24	1 671.16	1 329.20	560.73	381.97	70	787.12	564.64	243.75	195.16
25	1 764.91	1 393.56	594.13	404.90	71	595.96	475.07	212.29	169.23
26	2 135.70	1 915.72	647.37	506.22	72	563.69	473.01	200.79	168.49
27	2 091.15	1 624.87	631.50	402.61	73	602.72	542.82	214.70	193.36
28	2 296.06	1 773.79	704.49	455.66	74	635.46	464.06	226.36	165.30
29	2 066.60	1 631.36	622.76	404.93	75	581.27	534.45	207.06	190.38
30	2 183.25	1 717.96	664.31	435.77	76	654.95	507.62	233.30	180.82
31	1 974.14	1 431.04	657.31	388.60	77	609.43	545.04	217.09	194.15
32	1 974.64	1 442.09	657.49	392.54	78	599.38	526.89	213.51	187.69
33	2 023.43	1 457.14	674.87	397.90	79	739.57	467.76	263.44	166.62
34	2 019.69	1 459.59	673.53	398.78	80	624.68	600.40	222.52	213.87
35	2 010.35	1 490.16	670.21	409.66	81	727.45	548.38	259.13	195.34
36	2 024.46	1 460.82	679.35	396.20	82	636.49	687.54	226.73	244.91
37	1 997.00	1 426.51	669.57	383.98	83	625.08	527.27	222.66	187.82
38	2 034.14	1 440.47	682.80	388.95	84	602.04	483.43	214.45	172.20
39	1 971.42	1 403.32	660.46	375.72	85	629.31	578.27	224.17	205.99
40	1 979.88	1 427.58	663.47	384.36	86	605.07	641.58	215.53	228.54
41	1 976.27	1 453.53	615.66	376.53	87	710.14	463.01	252.96	164.93
42	1 989.35	1 380.14	620.32	350.39	88	667.77	541.48	237.87	192.88
43	2 042.57	1 507.34	639.28	395.70	89	746.67	417.75	265.97	148.81
44	2 002.06	1 498.32	624.85	392.48	90	594.45	435.48	211.75	155.12
45	2 024.90	1 423.02	632.98	365.66	91	551.91	402.65	196.60	143.43

3.4.2 国内消费税的税负测算

我国 2010 年国内消费税总额 6 071.5396 亿元,其中饮料制造业 207.4148 亿元,烟草制造业 2 386.2242 亿元,烟草制品批发业 358.2772 亿元,交通运输设备制造业 667.9717 亿元,石油加工、炼焦及核燃料业 2 403.1463 亿元,其他各行业共 48.5054 亿元。

我们假设烟草制造业和烟草制品批发业的消费税全部由男性承担,其余的消费税在男性和女性中间平摊,《中国统计年鉴 2011》表 2-18 公布 2010 年居民消费 133 290.9 亿元,其中城镇消费 10 2393.9 亿元,农村消费 30 897 亿元,我们假设城镇人口负担的消费税和城镇消费占总居民消费的比例成正比,这样得到城镇男性负担的消费税是 3 386.2357 亿元,城镇女性 1 277.9133 亿元,农村男性 1 021.7848 亿元,农村女性 358.6058 亿元。我们再假设每个年龄的人口人均负担的消费税和这个年龄的消费水平成正比,这样得到城乡分年龄、性别人群的人均消费税税负(见表 3.18)。

3.4.3 个人所得税的税负测算

我国 2010 年来自大陆公民的个人所得税总额 4 490.5508 亿元(由于人口模块只包括大陆公民,因此我们这里只考虑大陆公民的个人所得税税负,来自港澳台同胞和外国人的个人所得税在其他政府收入中考虑),其中来自大陆公民的工资和薪金所得 2 828.0117 亿元,利息、股息和红利所得 535.7919 亿元(包含储蓄存款利息所得 32.2505 亿元)。

我们假设所有工资、薪金所得的个人所得税由城镇人口缴纳,并且每一年龄、性别人群缴纳的工资、薪金所得的个人所得税与其工薪收入成正比。

假设股息和红利所得的个人所得税也由城镇人口缴纳。储蓄存款利息所得的个人所得税由城乡居民共同缴纳,《中国金融年鉴 2011》公布 2010 年我国城乡居民储蓄存款共 303 302.49 亿元,其中城镇居民 244 222.14 亿元,这样城镇居民承担的储蓄存款利息所得的个人所得税 25.97 亿元。

个体工商户生产和经营所得、企事业单位承包和承租经营所得、劳务报酬所得、稿酬所得、特许权使用费所得、财产租赁所得、财产转让所得、偶然所得和其他所得没有明显的城乡属性,因此我们假设这些所得的个人所得税在城镇和农村间按照人口数分配。财产租赁所得、财产转让所得、股息和红利所得、个体工商户生产和经营所得,企事业单位承包和承租经营所得、劳务报酬所得、稿酬所得、特许权使用费所得的个人所得税和这一年龄、性别人群的收入成正比。偶然所得和其他所得在所有年龄、性别的人群间平均分配,这样得到城乡分年龄、性别人群的人均个人所得税税负(见表 3.19)。

表 3.18　2010 年城乡分年龄、性别人口人均消费税负担　　　　（单位：元）

年龄	城镇男性	城镇女性	农村男性	农村女性	年龄	城镇男性	城镇女性	农村男性	农村女性
0	917.44	294.09	283.41	90.40	46	925.53	420.23	285.91	129.17
1	779.69	397.65	240.86	122.23	47	914.64	429.84	282.55	132.12
2	470.59	231.63	145.37	71.20	48	991.99	405.01	306.44	124.49
3	1 115.34	579.90	344.55	178.24	49	970.66	436.65	299.85	134.21
4	861.30	266.67	266.07	81.97	50	953.15	439.34	294.44	135.04
5	642.06	304.86	198.34	93.71	51	1 045.16	426.24	322.87	131.01
6	616.82	218.87	190.55	67.27	52	1 123.40	457.32	347.04	140.57
7	728.10	884.25	224.92	271.79	53	1 036.41	433.88	320.17	133.36
8	1 030.17	234.45	318.24	72.06	54	938.42	456.54	289.89	140.33
9	818.39	440.25	252.82	135.32	55	1 032.00	441.16	318.80	135.60
10	940.58	348.20	290.56	107.03	56	1 056.50	450.83	326.37	138.57
11	908.47	266.89	280.64	82.04	57	984.92	403.10	304.26	123.90
12	1 537.50	349.10	474.96	107.30	58	946.00	411.80	292.24	126.57
13	1 007.16	387.25	311.13	119.03	59	1018.00	415.77	314.48	127.80
14	1 110.09	315.15	342.93	96.87	60	947.71	370.48	292.77	113.88
15	919.55	313.83	284.07	96.46	61	954.91	318.38	294.99	97.86
16	721.79	272.91	222.97	83.88	62	905.14	393.26	279.61	120.88
17	915.31	346.15	282.75	106.40	63	972.68	390.11	300.48	119.91
18	798.04	341.09	246.53	104.84	64	945.56	356.71	292.10	109.64
19	1 000.92	267.14	309.20	82.11	65	941.06	341.13	290.71	104.85
20	1 045.15	406.20	322.87	124.85	66	885.95	325.25	273.69	99.97
21	967.62	371.18	298.91	114.09	67	908.58	365.93	280.68	112.48
22	1 086.70	304.98	335.70	93.74	68	923.80	316.72	285.38	97.35
23	1 435.53	367.59	443.46	112.99	69	920.18	384.47	284.26	118.17
24	1 324.90	482.29	409.28	148.24	70	884.01	337.58	273.09	103.76
25	1 471.27	524.08	454.50	161.09	71	930.48	308.49	287.44	94.82
26	1 099.99	602.84	339.81	185.29	72	880.11	307.15	271.88	94.41
27	1 030.44	413.97	318.32	127.24	73	941.05	352.48	290.71	108.34
28	1 350.37	510.68	417.15	156.97	74	992.16	301.34	306.49	92.62
29	992.11	418.19	306.48	128.54	75	907.55	347.05	280.36	106.67
30	1 174.24	474.42	362.74	145.82	76	1022.59	329.63	315.90	101.32
31	902.60	365.82	278.83	112.44	77	951.52	353.92	293.94	108.78
32	903.38	373.00	279.07	114.65	78	935.83	342.14	289.10	105.16
33	979.56	382.77	302.60	117.65	79	1 154.70	303.74	356.71	93.36
34	973.70	384.37	300.79	118.14	80	975.34	389.87	301.30	119.84
35	959.13	404.21	296.29	124.24	81	1 135.78	356.09	350.86	109.45
36	980.68	393.92	302.95	121.08	82	993.77	446.46	306.99	137.23
37	937.80	371.65	289.70	114.24	83	975.96	342.38	301.49	105.24
38	995.79	380.70	307.62	117.02	84	939.98	313.92	290.38	96.49
39	897.87	356.58	277.37	109.60	85	982.55	375.50	303.53	115.42
40	911.08	372.34	281.45	114.45	86	944.71	416.61	291.84	128.05
41	888.47	402.61	274.47	123.75	87	1 108.76	300.66	342.52	92.41
42	908.90	354.96	280.78	109.10	88	1 042.60	351.61	322.08	108.07
43	991.99	437.56	306.44	134.49	89	1 165.79	271.26	360.13	83.38
44	928.74	431.70	286.91	132.69	90	928.13	282.78	286.72	86.92
45	964.41	382.80	297.92	117.66	91	861.71	261.46	266.20	80.37

表 3.19　2010 年城乡分年龄、性别人口人均个人所得税负担　　（单位：元）

年龄	城镇男性	城镇女性	农村男性	农村女性	年龄	城镇男性	城镇女性	农村男性	农村女性
0	5.54	16.25	1.84	5.38	46	1 184.32	661.98	65.33	44.84
1	5.69	18.05	1.89	5.98	47	1 175.21	637.98	64.52	44.35
2	6.03	19.26	2.00	6.38	48	1 164.44	611.54	63.64	43.75
3	6.19	19.87	2.05	6.58	49	1 152.73	583.07	62.72	43.05
4	6.31	20.05	2.09	6.64	50	1 140.21	553.69	61.75	42.29
5	6.47	19.93	2.14	6.60	51	1 126.83	523.51	60.75	41.50
6	6.68	19.60	2.21	6.49	52	1 111.31	492.89	59.59	40.60
7	7.09	19.81	2.35	6.57	53	1 095.06	462.13	58.53	39.72
8	8.11	20.38	2.69	6.75	54	1 078.07	431.90	57.50	38.91
9	9.62	21.49	3.19	7.12	55	1 060.49	402.49	56.39	38.04
10	12.16	23.70	4.03	7.85	56	1 043.13	112.20	55.24	37.18
11	15.83	26.35	5.24	8.73	57	1 026.04	109.69	54.00	36.34
12	20.45	29.55	6.78	9.79	58	1 008.89	107.22	52.75	35.53
13	26.07	33.67	8.64	11.16	59	991.69	105.06	51.46	34.81
14	32.79	38.44	10.87	12.74	60	975.77	103.16	50.23	34.18
15	40.84	43.94	13.53	14.56	61	148.03	101.51	49.05	33.63
16	258.91	189.26	16.50	16.79	62	144.64	100.19	47.93	33.20
17	349.01	289.00	19.70	19.33	63	141.73	99.18	46.96	32.86
18	434.40	378.98	23.10	22.88	64	139.09	98.41	46.09	32.61
19	514.02	457.44	26.63	26.49	65	137.36	98.07	45.51	32.50
20	589.41	525.48	30.56	30.05	66	135.77	97.94	44.99	32.45
21	658.96	584.18	34.46	33.47	67	134.35	97.87	44.52	32.43
22	723.74	633.97	38.43	36.72	68	133.58	97.79	44.26	32.40
23	784.65	676.57	42.28	39.67	69	133.56	97.98	44.26	32.46
24	841.37	712.00	45.84	42.23	70	134.04	98.38	44.41	32.60
25	894.63	741.16	49.19	44.32	71	135.36	98.72	44.85	32.71
26	943.66	765.07	52.16	45.91	72	136.49	99.15	45.23	32.85
27	988.02	783.89	54.76	47.19	73	138.09	99.50	45.76	32.97
28	1 027.47	798.50	57.05	48.04	74	139.72	100.26	46.30	33.22
29	1 062.10	809.83	59.00	48.48	75	141.24	100.72	46.80	33.37
30	1 092.43	819.15	60.76	48.73	76	142.52	100.94	47.22	33.44
31	1 118.61	826.00	62.27	48.69	77	143.97	100.85	47.70	33.42
32	1 140.73	829.72	63.50	48.35	78	145.03	101.34	48.05	33.58
33	1 159.07	830.98	64.60	47.95	79	145.31	102.14	48.15	33.84
34	1 175.24	830.02	65.60	47.52	80	145.30	102.21	48.14	33.87
35	1 188.67	827.05	66.45	47.06	81	144.21	101.69	47.78	33.70
36	1 198.62	822.36	67.10	46.85	82	142.47	100.98	47.21	33.46
37	1 205.23	814.69	67.48	46.71	83	140.15	99.82	46.44	33.07
38	1 208.65	803.51	67.65	46.51	84	137.81	98.63	45.66	32.68
39	1 209.84	790.47	67.57	46.38	85	133.80	96.40	44.33	31.94
40	1 209.94	776.18	67.55	46.28	86	129.73	92.92	42.99	30.79
41	1 208.39	760.90	67.36	46.17	87	124.28	88.30	41.18	29.26
42	1 205.66	743.56	67.12	46.04	88	118.92	82.74	39.40	27.41
43	1 201.78	725.22	66.86	45.87	89	114.58	76.54	37.97	25.36
44	1 196.73	705.79	66.39	45.60	90	109.50	69.95	36.28	23.18
45	1 191.33	684.49	65.96	45.26	91	105.30	63.66	34.89	21.10

3.4.4 企业所得税和外资企业所得税的税负测算

《中国税务年鉴2011》公布了2010年分行业企业所得税和外资企业所得税的数据,《中国劳动统计年鉴》公布了2010年各行业年龄构成,企业所得税是直接税,比较难以转嫁出去,因此我们假设各行业的企业所得税只有这个行业的就业人员承担,这样得到城乡分年龄、性别人群的人均企业所得税和人均外资企业所得税税负(见表3.20和表3.21)。①

表3.20 2010年城乡分年龄、性别人口人均企业所得税负担 (单位:元)

年龄段	城镇男性	城镇女性	农村男性	农村女性
16—19	285.20	196.45	238.09	219.01
20—24	1 314.54	1 131.09	654.76	481.15
25—29	2 412.80	1 971.04	896.44	619.26
30—34	2 349.88	1 790.74	909.29	641.40
35—39	2 472.06	1 852.00	817.52	575.41
40—44	2 470.80	1 735.75	682.00	463.18
45—49	2 463.82	1 515.09	621.92	365.63
50—54	2 130.49	617.14	487.30	156.46
55—59	1 371.57	231.60	288.65	70.17
60—64	408.85	93.78	107.18	31.06
65—69	296.71	70.09	77.50	24.08

表3.21 2010年城乡分年龄、性别人口人均外资企业所得税负担 (单位:元)

年龄段	城镇男性	城镇女性	农村男性	农村女性
16—19	138.83	117.83	201.40	202.38
20—24	512.52	406.14	516.88	396.12
25—29	850.98	589.48	655.06	472.18
30—34	785.63	516.46	628.42	483.35
35—39	719.49	478.82	537.23	435.37
40—44	670.46	443.58	431.33	351.34
45—49	652.72	379.63	389.68	269.09
50—54	578.39	158.21	308.84	110.15
55—59	389.51	72.17	182.16	48.42
60—64	124.71	31.89	65.12	21.03
65—69	93.74	24.40	47.91	15.98

3.4.5 其他税收的税负测算

2010年政府收入中证券交易印花税544.16亿元,城镇土地使用税1 004.01亿元,城市维护建设税1 887.11亿元,房产税894.07亿元,耕地占用税888.64亿元,我们假设这些税收由城镇人口负担。其他税收没有明显的地域,我们假设由城镇和农村人口共同负担。我们假设每一年龄、性别人群负担的这些税收和他们的总收入成正比,这样得到城乡分年龄、性别人群的人均其他税税负(见表3.22)。

---

① 外资企业的职工结构和内资企业应该有区别,我们忽略不计。

表 3.22　2010 年城乡分年龄、性别人口人均其他税收负担　　（单位:元）

年龄	城镇男性	城镇女性	农村男性	农村女性	年龄	城镇男性	城镇女性	农村男性	农村女性
0	83.02	243.53	15.91	46.68	47	2 918.96	2 006.41	559.52	384.60
1	85.29	270.56	16.35	51.86	48	2 879.10	1 979.15	551.88	379.37
2	90.44	288.67	17.34	55.33	49	2 837.42	1 947.56	543.89	373.32
3	92.79	297.82	17.79	57.09	50	2 793.64	1 913.34	535.50	366.76
4	94.54	300.52	18.12	57.61	51	2 748.06	1 877.47	526.76	359.88
5	96.92	298.75	18.58	57.27	52	2 695.68	1 836.92	516.72	352.11
6	100.14	293.78	19.20	56.31	53	2 647.80	1 796.81	507.55	344.42
7	106.32	296.97	20.38	56.93	54	2 601.09	1 760.09	498.59	337.38
8	121.49	305.53	23.29	58.57	55	2 551.08	1 721.04	489.00	329.90
9	144.21	322.05	27.64	61.73	56	2 498.81	1 681.86	478.99	322.39
10	182.25	355.20	34.94	68.09	57	2 443.11	1 644.18	468.31	315.17
11	237.22	395.03	45.47	75.72	58	2 386.51	1 607.24	457.46	308.08
12	306.55	442.87	58.76	84.89	59	2 328.15	1 574.81	446.27	301.87
13	390.83	504.64	74.92	96.73	60	2 272.34	1 546.36	435.57	296.41
14	491.58	576.25	94.23	110.46	61	2 218.99	1 521.56	425.35	291.66
15	612.17	658.59	117.34	126.24	62	2 168.10	1 501.85	415.59	287.88
16	746.36	759.39	143.07	145.56	63	2 124.44	1 486.62	407.22	284.96
17	891.07	874.43	170.81	167.62	64	2 084.97	1 475.09	399.66	282.75
18	1 045.20	1 034.85	200.35	198.37	65	2 058.99	1 470.08	394.68	281.79
19	1 204.61	1 198.44	230.91	229.72	66	2 035.21	1 468.15	390.12	281.42
20	1 382.41	1 359.44	264.99	260.58	67	2 013.83	1 467.00	386.02	281.20
21	1 559.03	1 514.07	298.84	290.23	68	2 002.34	1 465.84	383.82	280.98
22	1 738.60	1 661.04	333.26	318.40	69	2 002.09	1 468.64	383.77	281.52
23	1 912.68	1 794.74	366.63	344.03	70	2 009.29	1 474.64	385.15	282.67
24	2 073.97	1 910.34	397.55	366.18	71	2 028.97	1 479.76	388.92	283.65
25	2 225.10	2 005.12	426.52	384.35	72	2 045.95	1 486.26	392.18	284.89
26	2 359.77	2 076.98	452.33	398.13	73	2 069.98	1 491.55	396.78	285.91
27	2 477.48	2 134.97	474.90	409.24	74	2 094.42	1 502.90	401.47	288.08
28	2 581.07	2 173.35	494.75	416.60	75	2 117.15	1 509.76	405.83	289.40
29	2 669.16	2 193.30	511.64	420.42	76	2 136.38	1 513.01	409.51	290.02
30	2 748.84	2 204.63	526.91	422.60	77	2 158.12	1 511.77	413.68	289.78
31	2 817.18	2 202.87	540.01	422.26	78	2 173.91	1 519.09	416.71	291.19
32	2 872.63	2 187.21	550.64	419.26	79	2 178.16	1 531.04	417.52	293.48
33	2 922.64	2 169.00	560.23	415.77	80	2 178.02	1 532.09	417.49	293.68
34	2 967.71	2 149.67	568.87	412.06	81	2 161.61	1 524.37	414.35	292.20
35	3 006.30	2 129.10	576.26	408.12	82	2 135.53	1 513.61	409.35	290.14
36	3 035.35	2 119.54	581.83	406.29	83	2 100.89	1 496.26	402.71	286.81
37	3 052.54	2 113.25	585.13	405.08	84	2 065.77	1 478.39	395.98	283.39
38	3 060.28	2 104.10	586.61	403.33	85	2 005.66	1 444.96	384.46	276.98
39	3 056.81	2 098.28	585.95	402.21	86	1 944.62	1 392.80	372.76	266.98
40	3 056.07	2 093.66	585.81	401.32	87	1 862.89	1 323.66	357.09	253.73
41	3 047.28	2 088.83	584.12	400.40	88	1 782.60	1 240.20	341.70	237.73
42	3 036.67	2 082.91	582.08	399.26	89	1 717.55	1 147.37	329.23	219.93
43	3 024.87	2 074.99	579.82	397.75	90	1 641.44	1 048.59	314.64	201.00
44	3 003.25	2 062.71	575.68	395.39	91	1 578.44	954.31	302.56	182.93
45	2 983.79	2 047.36	571.95	392.45	92	1 517.11	865.32	290.81	165.87
46	2 955.36	2 028.45	566.50	388.82					

3.5 代际核算体系中的政府消费和转移支付模块研究

根据《中国统计年鉴2011》的表8-6《中央和地方财政主要支出项目(2010年)》,国家财政支出共有22项,其中教育、医疗卫生和社会保险支出与年龄及性别有关。我们把教育、医疗卫生以及社会保障和就业支出中的社会保险支出作为转移支付考虑,其他财政支出作为政府消费考虑。

3.5.1 教育支出的核算

《中国统计年鉴2011》表8-6公布政府支出中用于教育的支出12 550.02亿元。《中国教育经费统计年鉴2010》公布了2009年全国各级各类教育机构教育经费支出情况和全国各级各类学校基本数字情况,《中国统计年鉴2011》公布了各类学校在城镇和农村的招生人数以及各类学校中的女学生数。根据这些资料,我们把2010年的教育支出按照年龄和性别进行分摊。另外我们已经知道了2010年城镇、农村每一年龄、性别的人口数,这样我们就可以得出2010年城镇、农村每一适龄(这里取0—24岁,成人教育忽略不计)人口平均享受的国家教育支出(见表3.23)。

表3.23 本书假设的2010年城镇和农村适龄人口人均教育经费 (单位:元)

年龄	城镇 男	城镇 女	农村 男	农村 女	年龄	城镇 男	城镇 女	农村 男	农村 女
0	0.00	0.00	0.00	0.00	13	4 959.59	4 959.59	5 759.78	4 712.54
1	0.00	0.00	0.00	0.00	14	4 959.59	4 959.59	5 759.78	4 712.54
2	0.00	0.00	0.00	0.00	15	4 959.59	4 959.59	5 759.78	4 712.54
3	0.00	0.00	0.00	0.00	16	5 186.56	5 186.56	2 925.57	2 162.38
4	1 072.97	1 072.97	0.00	0.00	17	5 186.56	5 186.56	2 925.57	2 162.38
5	1 072.97	1 072.97	0.00	0.00	18	5 186.56	5 186.56	2 925.57	2 162.38
6	1 072.97	1 072.97	0.00	0.00	19	3 850.98	3 850.98	1 458.88	625.23
7	3 436.86	3 436.86	4 726.00	4 726.00	20	3 850.98	3 850.98	1 458.88	625.23
8	3 436.86	3 436.86	4 726.00	4 726.00	21	3 850.98	3 850.98	1 458.88	625.23
9	3 436.86	3 436.86	4 726.00	4 726.00	22	3 850.98	3 850.98	1 458.88	625.23
10	3 436.86	3 436.86	4 726.00	4 726.00	23	3 850.98	3 850.98	1 458.88	625.23
11	3 436.86	3 436.86	4 726.00	4 726.00	24	3 850.98	3 850.98	1 458.88	625.23
12	3 436.86	3 436.86	4 726.00	4 726.00					

从表3.24可以看出,我国20世纪财政支出中对教育投入过少。1993年2月中共中央和国务院联合发布的《中国教育改革和发展纲要》规定:"国家财政性教育经费支出占国内生产总值即GDP的比例本世纪末达到4%。"我国2010年财政

教育支出占GDP的比重为3.13%,2012年3月5日,国务院总理温家宝向十一届全国人大五次会议作政府工作报告时提出,2012年中央财政已按全国财政性教育经费支出占国内生产总值的4%编制预算,地方财政也要相应安排,确保实现这一目标。这意味着该目标自1993年提出以来我国有望首次实现这一承诺。我们假设从2012年起教育经费支出占GDP的比重达到4%,并且2013年起教育支出按照GDP的增长率增长。表3.25提供了我们预测的2011年到2110年部分总教育支出。

表3.24 财政性教育支出占GDP比重的国际比较 （单位:%）

年份	世界平均	发达国家	发展中国家	不发达国家	中国
1990	4.4	5.6	4.1	3.4	2.5
1995	5.2	5.5	4.5	5.5	2.3

数据来源:联合国教科文组织《1998年世界教育发展报告》。

表3.25 2011—2110年部分年份教育支出预测 （单位:亿元）

年份	2011	2015	2020	2025	2030	2035	2040	2045	2050	2055
教育支出	13 194	15 366	19 779	24 789	32 066	39 980	48 024	55 537	65 280	71 427
年份	2060	2065	2070	2075	2080	2085	2090	2095	2100	2105
教育支出	76 853	81 731	85 167	87 065	89 277	93 258	98 779	104 480	109 210	113 140

3.5.2 卫生支出的核算

2010年政府医疗卫生支出4 804.18亿元,《中国卫生统计年鉴2010》公布了我国1990—2009年城乡居民人均卫生总费用,城市人均卫生总费用平均是农村人均卫生总费用的3.7倍,我们按照这个关系将卫生事业费在城市和农村间区分开。而在城市和农村人口内部,我们假设每一年龄、性别获得的卫生支出和就诊概率成正比,这样得到城乡分年龄、性别人口享有的政府卫生支出的情况。我们假设未来分年龄、性别和城乡的人均卫生事业费在2010年的基础上按照生产率增长率增长,这样预测出来的2011—2110年的卫生事业费,表3.26给出了部分年份的预测结果。

表3.26 2011—2110年部分年份卫生支出预测 （单位:亿元）

年份	2011	2015	2020	2025	2030	2035	2040	2045	2050	2055
卫生支出	5 225	7 361	11 318	15 157	19 983	25 928	33 122	41 732	51 551	56 673
年份	2060	2065	2070	2075	2080	2085	2090	2095	2100	2105
卫生支出	60 479	62 870	64 799	66 733	68 853	71 536	74 337	77 035	79 696	82 311

3.5.3 其他政府消费核算

2010 年政府支出 89 874.16 亿元,其中教育支出 12 550 亿元,医疗卫生支出 4 804.18 亿元,社会保障与就业支出中行政事业单位离退休支出 2 351.59 亿元,财政对社会保险基金的补助 2 307.46 亿元,这些项目与年龄相关,我们在转移支付里考虑,2010 年非税收入 9 890.72 亿元,我们列为政府负消费,计算出 2010 年政府与年龄等无关的政府消费为 57 970.19 亿元。

3.5.4 政府净财富核算

2010 年国有企业所有者权益为 234 171.1 亿元,社会保险基金结余 22 902.7 亿元,全国社会保障基金权益总额为 8 375.58 亿元,中央财政债务余额为 67 548.11 亿元,可得 2010 年政府净财富为 189 525.7 亿元。

第4章 中国养老保险缴费和养老金预测

传统的代际核算方法计算出基年分年龄、性别的人均养老保险缴费和养老金后,假设人均缴费和养老金都按照一定增长率增长。由于美国的联邦老年、遗属和伤残保险(OASDI)基本覆盖全美除了公务员以外的所有人口,并且缴费和待遇支付标准统一,因此有了人口预测的结果就可以知道未来各年养老保险的缴费和养老金情况。我国自从20世纪90年代对养老保险进行改革以来,养老保险还处于不统一的局面,不但城乡的养老保险不统一,城镇和农村内部养老保险也处于各个系统割裂的局面,我国统筹城乡养老保险体系还需要较长的时间,因此传统的代际核算体系预测养老保险缴费和养老金支付的方法不适合我国,我们将采用自己的方法预测养老保险的缴费和养老金的支付。

本书需要预测未来100年分年龄、性别的养老保险缴费和养老金支付。我国20世纪90年代开始对养老保险制度进行改革,改革从企业职工开始,1991年国务院第33号文件提出要建立三支柱的养老保险体系:基本养老金,企业补充养老金和个人储蓄养老金;1995年国务院第6号文件提出两个模型供地方建设基本养老保险选择,两个模型都强调分别建立统筹账户和个人账户;1997年国务院第26号文件提出20世纪末建立社会统筹和个人账户相结合的基本养老保险体系,也就是所谓的部分积累制;2005年国务院第38号文件再次肯定我国企业基本养老保险将执行部分积累制。其他群体的养老保险改革也依据企业养老保险的模式依次展开,2008年《事业单位工作人员养老保险制度改革试点方案》颁布,2009年《农民工参加基本养老保险办法》和《国务院关于开展新型农村社会养老保险试点的指导意见》颁布,2011年《国务院关于开展城镇居民社会养老保险试点的指导意见》颁布。

根据上述养老保险相关办法的规定,我们可以看出城乡年满16岁的居民(不含在校学生)最后都会被相应的养老保险体系覆盖。简便起见,我们只考虑处于缴费年龄段的参保居民情况,我们认为 16 到 59 岁的人口[①]是养老保险应该覆盖的适龄人口,我们分别把城乡养老保险应该覆盖的适龄人口数减去 16 岁以上的在校学生数[②]得到城乡养老保险应该覆盖人口。城镇养老保险应该覆盖人数为 45 584 万,其中城镇职工 12 889 万人,城镇职工会被城镇职工养老保险或者由政府出资的养老体系覆盖,10 538 万私营和个体工作人员可以参加城镇职工养老保险,15 335 万外出农民工中的小部分已经被各种类型的养老保险覆盖[③],剩下的非就业城镇居民可以参加城镇居民养老保险;乡村养老保险应该覆盖人数为 39 170 万,最终被新型农村养老保险覆盖。

我们设定以下符号:

A_{ijn} 为 n 年度 i 岁 j 身份的男性人数(j = 企业(含其他),事业,机关,城镇居民、农村居民和农民工)

AM_{ijn} 为 n 年度 i 岁 j 身份的男性"中人"人数

B_{ijn} 为 n 年度 i 岁 j 身份的女性人数

BM_{ijn} 为 n 年度 i 岁 j 身份的女性"中人"人数

x_{ijn} 为 n 年度 i 岁 j 身份的男性平均工资

y_{ijn} 为 n 年度 i 岁 j 身份的女性平均工资

w_{jn} 为 n 年度 j 身份的缴费率

a_{jn} 为 n 年度 j 身份进入个人账户的比例

c_{jn} 为 n 年度 j 身份的参保率

h_n 为 n 年度收缴率

则:

n 年度 i 岁 j 身份的男性养老保险缴费 $Z_{ijn} = c_{jn} A_{ijn} x_{ijn} w_{jn} h_n$

n 年度 i 岁 j 身份的男性"中人"养老保险缴费 $ZM_{ijn} = c_{jn} AM_{ijn} x_{ijn} w_{jn} h_n$

n 年度 i 岁 j 身份的男性"新人"养老保险缴费 $ZN_{ijn} = c_{jn} (A_{ijn} - AM_{ijn}) x_{ijn} w_{jn} h_n$

n 年度 i 岁 j 身份的男性养老保险个人账户缴费 $M_{ijn} = c_{jn} A_{ijn} x_{ijn} a_{jn} h_n$

n 年度 i 岁 j 身份的男性"中人"养老保险个人账户缴费 $MM_{ijn} = c_{jn} AM_{ijn} x_{ijn} a_{jn} h_n$

n 年度 i 岁 j 身份的男性"新人"养老保险个人账户缴费 $MN_{ijn} = c_{jn} (A_{ijn} - AM_{ijn}) x_{ijn} a_{jn} h_n$

n 年度 i 岁 j 身份的男性养老保险统筹账户缴费 $N_{ijn} = c_{jn} A_{ijn} x_{ijn} (w_{jn} - a_{jn}) h_n$

n 年度 i 岁 j 身份的男性"中人"养老保险统筹账户缴费 $NM_{ijn} = c_{jn} AM_{ijn} x_{ijn} (w_{jn} - a_{jn}) h_n$

[①] 简便起见,不考虑参加城镇职工养老保险的女性退休年龄较早的情况。

[②] 《中国统计年鉴2011》表 20-2 公布了 2010 年各级各类学历教育学生情况,我们假设研究生、普通本专科和高中阶段教育的在校生为 16 岁以上的在校学生数,假设在校学生数在城乡平均分配。

[③] 由于第六次人口普查是按照居住地统计,因此大部分外出农民工会被统计为城镇人口。

n 年度 i 岁 j 身份男性"新人"养老保险统筹账户缴费 $NN_{ijn} = c_{jn}(A_{ijn} - AM_{ijn})x_{ijn}(w_{jn} - a_{jn})h_n$

n 年度 i 岁 j 身份的女性养老保险缴费 $K_{ijn} = c_{jn}B_{ijn}y_{ijn}w_{jn}h_n$

n 年度 i 岁 j 身份的女性"中人"养老保险缴费 $KM_{ijn} = c_{jn}BM_{ijn}y_{ijn}w_{jn}h_n$

n 年度 i 岁 j 身份的女性"新人"养老保险缴费 $KN_{ijn} = c_{jn}(B_{ijn} - BM_{ijn})y_{ijn}w_{jn}h_n$

n 年度 i 岁 j 身份的女性养老保险个人账户缴费 $O_{ijn} = c_{jn}B_{ijn}y_{ijn}a_{jn}h_n$

n 年度 i 岁 j 身份的女性"中人"养老保险个人账户缴费 $OM_{ijn} = c_{jn}BM_{ijn}y_{ijn}a_{jn}h_n$

n 年度 i 岁 j 身份的女性"新人"养老保险个人账户缴费 $ON_{ijn} = c_{jn}(B_{ijn} - BM_{ijn})y_{ijn}a_{jn}h_n$

n 年度 i 岁 j 身份的女性养老保险统筹账户缴费 $P_{ijn} = c_{jn}B_{ijn}y_{ijn}(w_{jn} - a_{jn})h_n$

n 年度 i 岁 j 身份的女性"中人"养老保险统筹账户缴费 $PM_{ijn} = c_{jn}BM_{ijn}y_{ijn}(w_{jn} - a_{jn})h_n$

n 年度 i 岁 j 身份女性"新人"养老保险统筹账户缴费 $PN_{ijn} = c_{jn}(B_{ijn} - BM_{ijn})y_{ijn}(w_{jn} - a_{jn})h_n$

4.1 企业(含其他)养老保险缴费和养老金预测

4.1.1 企业(含其他)养老保险缴费预测

我国从2003年起不再分别公布"企业"和"其他"参加企业基本养老保险的人数,主要原因是20世纪90年代下岗的一些企业员工在21世纪以私营或者个体的方式就业,但是关系还挂靠在以前的企业,还有一些员工部分时间在企业参保、部分时间以个体就业人员身份参保,因此很难区分企业和其他身份的人参加企业基本养老保险的人数,我们这里也一起对"企业"和"其他"人员参加企业基本养老保险的情况进行预测。

2005年国务院第38号文件再次明确我国企业采用社会统筹和个人账户相结合的养老保险体系,企业缴费的比例一般不得超过企业工资总额的20%,个人缴费的比例为本人缴费工资的8%,个人缴费全部进入个人账户。按《国务院关于深化企业职工养老保险制度改革的通知》,职工个人缴费工资基数是职工本人上一年度的月平均工资,在计算个人缴费时,职工个人月平均工资超过当地职工平均工资200%或300%以上的部分,不计入个人缴费工资基数;低于当地职工平均工资60%的,按60%计入。这样它和工资总额之间就有差别。但是我们这里把企业作为一个整体考虑,所以不用考虑这个条件。

根据《中国统计年鉴》的定义,我国参加基本养老保险人数是指报告期末按照国家法律、法规和有关政策规定参加基本养老保险的职工人数,包括不能正常缴费、已中断缴费但未终止保险关系的职工人数。由于包括了不能正常缴费、已中断缴费但未终止保险关系的职工,因此从 1998 年起我国参加养老保险的国有企业职工人数就超过了国有企业的职工人数,从 2001 年起参加养老保险的企业职工更是超过了企业职工人数。因此企业的参保率基本已经达到 100%。

我国从 1999 年起将个体就业人员等纳入基本养老保险的范畴,1999 年个体就业人员的参保率为 5.9%,2000 年为 10.1%,2001 年为 14.6%,2002 年达到 19.7%,2003 年后不再分别公布参保"企业"和"其他"人数,因此我们一起计算"企业"和"其他"身份人群的参保率,2010 年我国企业职工为 8 734 万,城镇私营和个体就业人员总共 10 538 万,2010 年参加城镇职工基本养老保险的企业(含其他)职工人数为 17 822.7 万。假设企业参保率为 100%,我们计算出城镇私营和个体就业人员的参保率为 86.2%,我们假设 2020 年城镇私营和个体就业人员参加职工基本养老保险的参保率提高到 100%。

国务院 1997 年第 26 号文件规定,在此文件颁布前参加工作、颁布后退休的人为"中人",在此文件颁布后参加工作的人为"新人","中人"和"新人"的养老金计算方式不同,因此我们需要把在职职工区分为"中人"和"新人"。根据劳动和社会保障部(现人力资源和社会保障部)1997 年①和世界银行 2001 年②进行的调查,男性平均来说工作期为 27 年 56 岁退休,女性平均工作期为 20 年 50 岁退休。我们假设新人平均 29 岁开始工作,并且一旦开始工作就不间断工作至法定退休年龄。这样 2010 年 41 岁及以下的职工为"新人",其他的职工为"中人"。

根据 3.3.1 节的企业分年龄、性别的企业工资数据乘以分年龄、性别的企业(含其他)参保人数,到 2010 年的理论缴费是 17 720 亿元。2010 年城镇基本养老保险基金总收入 13 420 亿元,其中征缴收入 11 110 亿元,各级财政补贴基本养老保险基金 1 954 亿元。我们假设人均获得的政府补贴额相同,2010 年企业(含其他)参保人数为 17 822.7 万,机关、事业参保职工为 1 579.6 万,这样企业(含其他)获得的补贴额为 1 794.9 亿元。而 2010 年企业(含其他)基本养老保险的基金收入为 12 218.4 亿元,扣除政府补贴后③实际缴费收入为 10 423.5 亿元,收缴率为 58.8%。由于我们这里把企业和其他人员一起考虑,根据国发[2005]38 号文我国现在对个体就业人员的缴费比例为 20%,缴费基数一般在上年这一地区平均工资的 60% 至 300%,根据自己的实际情况申报。因此个体就业人员的缴费基数与年龄无关,缴费比例比企业参保职工低,但是由于我国部分个体和私营就业人员身份在"企业"和"其他"之间转换,很难进行清晰区分,而且根据国发[2005]38 号文,

---

① 劳动保障部法制司和社会保险研究所,博时基金管理有限公司. 中国养老保险基金测算与管理[M]. 经济科学出版社,2001.

② Yvonne Sin. China Pension Liabilities and Reform Options for Old Age Insurance. World Bank Working Paper 33116,2005.

③ 不考虑滞纳金等收入。

参保城镇个体工商户和灵活就业人员退休后按企业职工基本养老金计发办法计发基本养老金。因此我们统一采用校准后的分年龄、性别的企业(含其他)缴费工资。因此计算出来的收缴率偏低。我们假设收缴率维持不变。

得到了各年分年龄、性别的参保人数后,再乘以分年龄、性别的平均工资以及收缴率和缴费率,就可以得到未来各年分年龄、性别的养老金缴费情况。

4.1.2 企业(含其他)养老金预测

1. 企业"老人"和"中人"养老金预测

根据国务院1997年第26号文件,在此文件颁布前退休的人为"老人",仍按国家原来的规定发给养老金,同时执行养老金调整办法。我们假设1996年年底前退休的人属于"老人"。1996年全部退休人数为2935.7万,其中企业人数为2312.1万,我们需要预测各年"老人"分年龄、分性别的人数。1995年的1%的人口抽样调查公布了离退休人口分年龄、性别的分布,我们假设1996年退休人员也服从这一分布。调查数据中没有对65岁以上的退休人员再进行细分,由于65岁以上的退休人员基本属于正常退休,我们假设退休人员的分布服从人口结构的分布。(2000年人口普查显示退休人员从31岁开始,因此我们认为1996年退休人员从25岁开始,25岁以前的退休人员忽略不计)。这样我们可以得到1996年"老人"的分布,此后"老人"数量随着死亡的因素而下降。

根据国务院1997年第26号文件,在此文件颁布前参加工作、颁布后退休的人为"中人","中人"个人缴费和视同缴费年限累计满15年的,退休后按月发给基本养老金。基本养老金由基础养老金和个人账户养老金组成。另外本决定实施前参加工作、实施后退休且个人缴费和视同缴费年限累计满15年的人员在发给基础养老金及个人账户养老金的基础上再确定过渡性养老金,过渡性养老金从养老保险基金中解决。过渡性养老金各省、市和自治区的方法不同。根据世界银行2001年的调查,在很多省和直辖市,实际上给退休"中人"提供的是按照1997年第26号文件计算出来和根据养老保险改革前旧公式计算出来的养老金中较高的一项,往往用后者计算出来的养老金更高。因此我们假设"中人"养老金与同年份、同年龄的"老人"的养老金相等。

"新人"1997年开始参加工作,2010年还未满足15年的缴费要求进入退休队伍,因此2010年参加基本养老保险的企业(含其他)的退休人员都是"老人"和"中人",上文已经得到"老人"的人数,总退休人数减去"老人"人数就是"中人"人数,《中国2010年人口普查资料》表B8-7公布了城市、镇和乡村分年龄、性别领取离退休养老金的人数,我们假设"中人"符合这个分布,得到了2010年已经退休的分年龄、性别领取养老金的"中人"人数。我们根据4.1.1节得到的仍然工作的"中人"分年龄、性别的分布,考虑到男性60岁、女干部55岁、女工人50岁的条件,得到每年新退休中人人数。分年龄、性别退休中人人数乘以对应的分年龄、性别的养老金就得到"中人"退休金数额。

3.3.1 节中我们利用城镇居民入户调查的原始数据得到的分年龄、性别的工薪收入数据包含了退休以后的工薪收入数据（退休后的工薪收入即为退休金），2010 年企业（含其他）的基本养老保险的基金支出为 9 409.9 亿元，我们利用分年龄、性别的退休人数对 3.3.1 节得到的退休金矩阵进行校准，得到了 2010 年企业（含其他）分年龄、性别的退休金。我们假设 2010 年起分年龄、性别的退休金按照生产率增长率增长。

2. 企业"新人"养老金预测

根据国务院 1997 年第 26 号文件，在此文件颁布后参加工作的人为"新人"，"新人"个人缴费和视同缴费年限累计满 15 年的，退休后按月发给基本养老金。基本养老金由基础养老金和个人账户养老金组成。2005 年第 38 号文件对基础养老金和个人账户养老金的标准都进行了修改，退休时的基础养老金月标准以当地上年度在岗职工月平均工资和本人指数化月平均缴费工资的平均值为基数，缴费每满 1 年发给 1%。由于我们计算的是企业所有参保人员的养老金收支，因此不考虑个人指数化月平均缴费工资和平均缴费工资的差别，这样可以获得的基础养老金的年份就只与缴费年限有关。根据劳动和社会保障部（现人力资源和社会保障部）1997 年和世界银行 2001 年进行的调查，男性平均来说工作期为 27 年 56 岁退休，女性平均工作期为 20 年 50 岁退休。而我国已经大力禁止提前退休，我们假设新人平均 29 岁开始工作，并且一旦开始工作就不间断工作至法定退休年龄。这样男性可以领取的基础养老金为上年度在岗职工平均工资的 31%，女干部为 26%，女工人为 21%。个人账户养老金月标准为个人账户储存额除以计发月数，国发[2005]38 号文公布了各退休年龄的计发月数。

我们根据"新人"职工的分布，考虑法定退休年龄和死亡率，得到新人退休人员的分布。2010 年我国平均工资为 37 147 元，我们假设未来平均工资按照生产率增长率增长。国务院 1995 年第 6 号文件规定基本养老保险个人账户的储存额按"养老基金保值率"计算利息。这里的保值率不是银行实际利率，而是一种为最终计算养老待遇金额所设定的"虚拟利率"，其确定区间大致为"中国人民银行同期城乡居民储蓄定期存款利率≤养老基金保值率≤平均工资增长率"，我们这里假设个人账户增长率也按照生产率增长率增长。这样我们可以求出新人的退休金。

4.1.3 企业（含其他）养老保险缴费和养老金计算结果

图 4.1 描述了企业（含其他）在 2010—2110 年参加基本养老保险的缴费和得到的养老金情况，我们可以发现在 2026 年以前，由于覆盖面的扩大，企业（含其他）养老保险的缴费大于养老金支出，但是 2027 年起，覆盖面扩大的负效应开始显现，养老金支付开始超过了养老保险缴费，并且差距不断加大。2110 年时，企业养老金支付达到 41 422 亿元，但是企业养老保险缴费只有 30 233 亿元，缺口为 11 189 亿元。

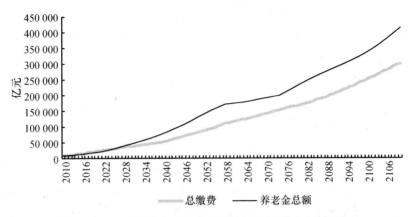

图 4.1　2010—2110 年企业养老保险缴费和养老金支付数额

4.2　事业和机关单位养老保险缴费和养老金预测

我国 1999 年将事业和机关单位纳入养老保险改革的范畴,但参保对象只包括机关事业单位的合同制工人、乡镇聘用制干部和自收自支事业单位的全体工作人员。《事业单位工作人员养老保险制度改革试点方案》(国发[2008]10 号)决定在上海、浙江、广东、山西、重庆五省市的公益类事业单位进行试点,实行社会统筹与个人账户相结合的基本养老保险制度。而行政类事业单位要与国家机关合并,经营服务类事业单位将改制成为企业。我国机关单位和行政类事业单位仍在执行 1955 年开始实行、经过多次补充和修改的离退休制度,实行现收现付的融资模式,费用全部由国家财政负担,养老保险按照月发放,离退休人员由原单位管理。我们可以看见发达国家大多有针对公务员的特殊养老保险体系,例如美国联邦公务员,少数州及地方政府雇员有自己独立的养老计划,不参加美国的 OASDI,德国公务员和法官是国家终身雇佣人员,不参加法定养老保险,有自己独立的养老保险制度。我们假设中国将和这些国家类似,对机关单位和行政类事业单位的公务员继续沿袭现收现付的养老保险体系,不会参与城镇职工养老保险改革。而经营服务类事业单位基本已经参加了企业职工养老保险体系,因此随着改革的进一步深化,机关和行政类事业单位会继续现在由财政支持的现收现付制,经营服务类事业单位也将继续已经执行的企业职工基本养老保险体系,而公益类事业单位的覆盖面不断加大,最终会全部加入统筹账户和个人账户相结合的基本养老保险制度。

4.2.1 事业和机关单位养老保险缴费预测

为了得到分年龄、性别的机关和事业单位基本养老保险的缴费,我们需要得到分年龄、性别的机关和事业单位的人口数(3.2.5 节已经得到),机关和事业单位的参保率,分年龄、性别的工资水平(3.3.1 节已经得到)等参数。

我们根据 20 世纪 90 年代以来机关和事业单位养老保险改革的趋势来预测未来机关和事业单位的参保率。为配合 1991 年《国务院关于企业职工养老保险制度改革的决定》,1992 年原人事部就曾下发《人事部关于机关、事业单位养老保险制度改革有关问题的通知》,在云南、江苏、福建、山东、辽宁、山西等省开始局部试点,但由于没有进一步政策出台,这一通知未能落实。在 1997 年《国务院关于建立统一的企业职工基本养老保险制度的决定》颁布后,企业的基本养老保险改革在全国范围内展开,为了与之配合,1999 年一些地区开始将事业和机关单位的合同制工人、乡镇聘用制干部及自收自支事业单位的全体工作人员纳入养老保险统筹范畴。从 2003 年开始,事业单位职工参保率提升速度放慢,且基本稳定在 35%—38%,图 4.2 给出了 1999—2010 年机关事业单位参加基本养老保险人数和参保率。2008 年《事业单位工作人员养老保险制度改革试点方案》(以下简称《试点方案》)出台后,由于没有事业单位改革的配套措施出台,参保率也没有显著提升,因此如果没有强有力的政策出台,机关和事业单位的参保率不会有明显的提高。2012 年 4 月 16 日,《中共中央国务院关于分类推进事业单位改革指导意见》发布,指出此后 5 年,在清理规范基础上完成事业单位分类,承担行政职能事业单位和从事生产经营活动事业单位的改革基本完成,从事公益服务事业单位在人事管理、收入分配、社会保险、财税政策和机构编制等方面改革取得明显进展,管办分离、完善治理结构等改革取得较大突破。公益服务类事业单位工作人员基本养老保险实行社会统筹和个人账户相结合。我国 2010 年有事业单位职工 2 921 万,假设公益性和经营服务类事业单位大约占 70%[①],我们做如下假设:2011—2017 年间,全国参保率维持不变;2018 年正式方案落实,全国所有的公益性事业单位都参保。在这个假设下,分年龄、性别的事业单位的人口乘以对应的参保率,就可以得到分年龄、性别参加养老保险的事业单位的人数。

我们利用实际事业单位基金收入与我们计算出来的理论缴费额计算机关和事业单位养老保险收缴率,再利用 3.3.1 节得到的机关和事业单位分年龄、性别的工资矩阵得到 2010 年机关和事业单位应缴纳基本养老保险费 1 708.4 亿元,而 2010 年机关和事业单位基本养老保险的基金收入为 1 201.1 亿元,扣除政府补贴后(不考虑滞纳金等收入)实际缴费收入为 1 042 亿元,收缴率为 61%,机关和事业单位

---

① 数据假设来自:劳动保障部法制司和社会保险研究所,博时基金管理有限公司.中国养老保险基金测算与管理[M].经济科学出版社,2001:107.

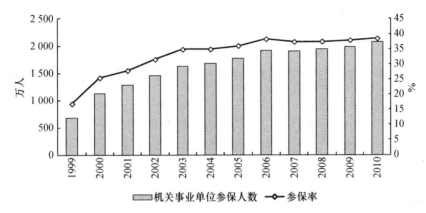

图 4.2　1999—2010 年机关事业单位参加基本养老保险人数、参保率

瞒报工资,不按照工资总额缴费的现象更加严重。我们基准假设里假定收缴率不变。

最后,根据计算出未来 100 年中各年度分年龄、性别的参保人数,再乘以分年龄、性别的平均工资以及缴费率和收缴率,就可以得到分年龄、性别机关和事业单位职工的养老金缴费情况。

4.2.2　事业和机关单位养老金预测

我们以 2010 年为基年,对机关和事业单位分年龄、性别职工的退休金进行预测,退休人群包括两部分:2010 年退休的人员,2011 年及以后退休的人员。

1. 2010 年退休的人员

2010 年退休的人员可分为两类:一些人退休前已纳入养老保险统筹,另一些人未纳入统筹,从老体系退休。下面,我们将分别对这两类人的分年龄、性别的退休金数额进行推测。

(1) 已纳入基本养老保险统筹的退休人员。2010 年纳入统筹的机关和事业单位退休人员一共是 493.4 万人,基金支出是 1 145 亿元。2010 年人口普查公布了领取退休金的人员年龄分布情况,我们采用经过 3.3.1 节中核平滑处理的城镇分年龄、性别的工薪收入数据(职工退休后的收入默认为领取的养老金),计算出来的退休金支付额是 1 231.1 亿元。实际基金支出 1 145 亿元,占我们计算出来的理论值 93%。我们假设纳入统筹的机关和事业单位退休人员分年龄、性别的退休金分别是我们用工薪收入数据计算出的每个理论值的 93%,这样我们用退休人员的人口结构分布乘以对应的退休金,就可以得到 2010 年机关和事业单位纳入统筹的退休人员分年龄、性别的退休金数额,我们假设未来这些人按照死亡率不断下降,而分年龄、性别的退休金在 2010 年的基础上按照生产率增长率增长。

（2）老体系的退休人员（"老人"）。由于公开数据从2006年开始只提供机关事业单位纳入统筹的退休人数，而不提供机关和事业单位的总退休人数，因此我们只有根据前者来推算后者。2010年我国机关和事业单位职工的参保率为38.4%，我们假设机关和事业单位退休人员的参保率也等于38.4%，这样我们计算出2010年在老体系里退休的机关和事业单位人数为791.2万。

我们利用第六次人口普查公布的领取退休金的人口结构和3.3.1节的机关和事业单位的工资数据，得到理论上应该发放的退休金是1974.6亿元，《中国财政年鉴2011》公布2010年行政事业单位离退休支出2 351.59亿元，是我们计算出来的理论值的1.2倍。我们假设纳入未统筹的机关和事业单位退休人员分年龄、性别的退休金分别是我们用工薪收入数据计算出的每个理论值的1.2倍。假设未来这些人按照死亡率不断下降而分年龄、性别的退休金在2010年的基础上按照生产率增长率增长。

2. 2011年及以后的退休人员

2009年《试点方案》在五个试点省市实施，按照我们的基准假设，2018年全国其他地区的事业单位开始实施改革方案，而行政性事业单位和机关单位一直按照老办法退休。下面我们将分别对老、中、新这三类人的分年龄、性别的退休金数额进行推测。

（1）在方案实施后参加工作的人员（"新人"）。根据《试点方案》，"新人"个人缴费年限（含视同缴费年限）累计满15年，退休后按月发给基本养老金，基本养老金由基础养老金和个人账户养老金组成。

首先，让我们来看基础养老金。退休时的基础养老金月标准以当地上年度在岗职工月平均工资和本人指数化月平均缴费工资的平均值为基数，缴费每满1年发给1%。由于我们计算的是机关和事业单位所有参保人员的养老金收支，因此不用考虑"个人指数化月平均缴费工资"和"当地上年度在岗职工月平均工资"的差别，这样退休后可以获得的基础养老金就只与缴费年限和当地上年度在岗职工平均工资有关。我们假设机关和事业单位职工与企业一样参加工作年龄为29岁，并且持续缴费直到法定退休年龄退休，这样男职工可以领取的基础养老金为上年度在岗职工平均工资的31%，女干部为27%，女职工为21%。

其次，我们来计算个人账户养老金。个人账户养老金月标准为个人账户储存额除以计发月数，计发月数根据本人退休时城镇人口平均预期寿命、本人退休年龄、利息等因素确定。我们根据"新人"职工的分布，考虑死亡率，得到新人退休人员的分布。我们这里假设基本养老保险个人账户按照生产率增长率增长，便可求出未来新人的退休金支付。

我们根据参保"新人"职工的分布，考虑死亡率，得到新人退休人员的分布。国务院1995年第6号文件规定基本养老保险个人账户的储存额按"养老基金保值率"计算利息。这里的保值率不是银行实际利率,而是一种为最终计算养老待遇金额所设定的"虚拟利率",其确定区间大致为"中国人民银行同期城乡居民储蓄定期存款利率≤养老基金保值率≤平均工资增长率",我们这里假设个人账户增长率也按照生产率增长率增长。这样我们可以求出新人的退休金。

(2) 在方案实施前参加工作、实施后退休的人员("中人")。"中人"在退休前已经被纳入统筹。根据《试点方案》,"中人"个人缴费(含视同缴费年限)累计满15年的,"按照合理衔接、平稳过渡的原则,在发给基础养老金和个人账户养老金的基础上,再发给过渡性养老金。具体标准由各试点省(市)人民政府确定"。由于各地在设计"中人"养老保险过渡办法时,力图能和"老人"及"新人"的养老金有较好的衔接,另外过渡性养老金在不同省市的计算方法差别较大,因此我们假设"中人"的养老金与2010年已纳入统筹的"老人"的养老金水平相同。①

(3) 方案实施前已经退休的人员("老人")。2009—2017年间,非试点地区的退休人员有一部分是从老体系退休的"老人",还有按照基准假设不会参与改革的机关单位和行政类事业单位退休职工。对他们养老金的计算同前述2010年从老体系退休人员的计算方法。

4.2.3 事业单位养老保险缴费和养老金预测计算结果

图4.3描述的是2010—2110年机关和事业单位在职人数和退休人数的情况。由于我们假设2011—2017年间,全国参保率维持不变;2018年正式方案落实,全国所有的公益性事业单位都参保,因此2018年参保的机关和事业单位人数会大幅上升。由图可见,机关和事业单位在职人数由2010年的4113万逐步上升至2021年的4820万,然后随着全国总人口的下降而下降;而机关和事业单位的退休人数由2010年的1285万逐步上升至2053年的2850万,后来随着全国总人口的下降退休人数也逐步下降。由于老龄化的作用,在职人数比退休人数下降速度更快,最后机关和事业单位的在职人数和退休人数基本接近,机关和事业单位的赡养率将接近1∶1。

图4.4反映的是2010—2110年事业单位养老保险缴费和养老金的情况,以及在政府不补助情况下的养老金缺口。由于政府承担(不参与统筹的)机关和事业单位的养老金,不纳入统筹的机关和事业单位职工不需要缴费,因此机关和事业单位养老保险的缴费一直不足以支付养老金,2010年缺口是2470亿元。随着老龄化的加剧,缺口逐年上升,2110年扩大到44500亿元。

---

① 这样假设和实际略有出入,但是对结果的影响不大。参见:The World Bank. Pension Liabilities and Reform Options for Old Age Insurance[A]. Working Paper No. 2005-1:37.

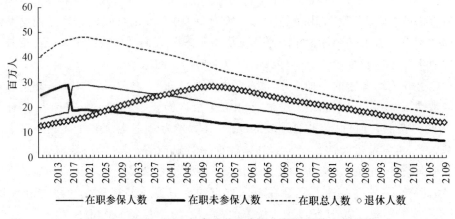

图 4.3 2010—2110 年事业单位在职人数和退休人数预测

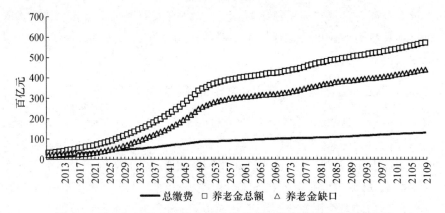

图 4.4 2010—2110 年机关和事业单位养老保险缴费和养老金预测

4.3 农民养老保险缴费和养老金预测

1991 年,跟随城镇企业基本养老保险改革的脚步,原民政部农村养老办公室在部分地区开展试点的基础上制定了《县级农村社会养老保险基本方案》,确定了以县为基本单位开展农村社会养老保险的原则。这套以个人缴纳为主的农村养老保险体系由于得不到政府的资金支持,一直没有对农民起到真正的保障作用,1999 年 7 月,国务院更指出我国农村尚不具备普遍实行社会养老保险的条件,决定对已有的业务实行清理整顿,停止接受新业务,有条件的地区应逐步向商业保险过渡。当时部分学者的研究也认为我国不具备在农村开展养老保险的条件,陈平(2002)指出我国当时建立统一社会保障体系是短视国策和"洋跃进"。2006 年起,在中国部分省区市实行一种新型农村养老保险体制,将原来的"个人缴费为主、集体补助为辅"的筹资办法变为"个人、集体和政府"三方共同筹资,2009年国务院颁布《关于开展新型农村社会养老保险试点的指导意见》,决定开始进行新型农村养老保险(简称"新农保")试点,2009年试点覆盖面为全国10%的县(市、区、旗),以后逐步扩大试点,在全国普遍实施,2020年之前基本实现对农村适龄居民的全覆盖。①"新农保"与"老农保"最大的区别就是增加了政府责任,政府承诺全额支付达到退休年龄的参保农民的基础养老金和承担个人账户养老金的长寿风险。

4.3.1 "新农保"养老保险缴费预测

根据国务院《关于开展新型农村社会养老保险试点的指导意见》(国发[2009]32号),年满16周岁(不含在校学生)、未参加城镇职工基本养老保险的农村居民,可以在户籍地自愿参加"新农保"。"新农保"养老基金由个人缴费、集体补助和政府补贴构成。个人缴费标准目前设为每年100元、200元、300元、400元、500元5个档次,参保人自主选择档次缴费,遵从多缴多得原则,地方政府可以根据实际情况增设缴费档次和调整缴费档次;集体补助则由有条件的村集体对参保人缴费给予补助,补助标准由村民会议确定;地方政府应对参保人参与缴费给予补贴,补贴标准不低于每人每年30元,并可对选择较高档次标准缴费的参保人给予适当激励,包括提高缴费补贴。

我们利用人口预测得到的分年龄、性别农村人口人数,根据"新农保"的参保率、平均个人缴费规模得到分年龄、性别"新农保"的缴费情况。

2010年年末全国参保未到退休年龄农村居民7 414万人,领取养老金2 863万人;2011年年末全国参保未到退休年龄农村居民24 118万人,领取养老金8 525万人。2012年年底实现了"新农保"的制度全覆盖。

根据《关于开展新型农村社会养老保险试点的指导意见》的规定,"个人缴费标准目前设为每年100元、200元、300元、400元、500元5个档次,地方可以根据实际情况增设缴费档次"。2010年个人缴费225亿元,其中参保7 414万人,计算得人均缴纳300元,因此基准情形中我们假设2010年个人缴费为每年300元,并假设2011年起个人缴费按照生产率增长率增长。②

4.3.2 "新农保"养老金预测

根据《关于开展新型农村社会养老保险试点的指导意见》的规定,年满60周岁、未享受城镇职工基本养老保险待遇的具有农村户籍的老年人,可以按月领取养

---

① 人力资源和社会保障部新闻发言人尹成基在2011年第四季度新闻发布会上表示,"新农保"和城镇居民社会养老保险2012年将全覆盖。

② 实际上,2011年个人缴费415亿元,参保缴费人数24 118万,人均缴纳172元,我们可以看出由于覆盖面提高过快,有些人以较低个人缴费水平被吸纳进体系。我们假设随着经济发展和宣传到位,缴费水平会上升。

老金。在缴费责任上,"新农保"制度实施时,已年满60周岁、未享受城镇职工基本养老保险待遇的,可以不用缴费;距离领取年龄不足15年的,应按年缴费,累计缴费可以不超过15年;距离领取年龄超过15年的,应按年缴费,累计缴费不少于15年。养老金待遇由基础养老金和个人账户养老金组成,支付终身。中央确定的基础养老金标准为每人每月55元。地方政府可根据实际情况,提高基础养老金标准,对于长期缴费的农村居民,可适当加发基础养老金,提高和加发部分的资金由地方政府支出;个人账户养老金的月计发标准则以个人账户全部储存额除以139来确定。我们假设2010年基础养老金为每个月55元,并假设2011年起基础养老金按照生产率增长率增长。个人账户储存额目前每年参考中国人民银行公布的金融机构人民币一年期存款利率计息,基准情形中我们假设个人账户基金保值率为目前的一年期定期存款利率3%。①

图4.5反映的是2010—2110年参加"新农保"的农民养老保险缴费和养老金的情况。由于"新农保"采用全家参保的方式,开始吸纳了大量的就业段人口,养老保险的缴费会高于养老金支出,但由于"新农保"的个人缴费全部进入个人账户,政府完全承担基础养老金的支出和个人账户的长寿风险,2022年起"新农保"养老金支出开始高过"新农保"的缴费。

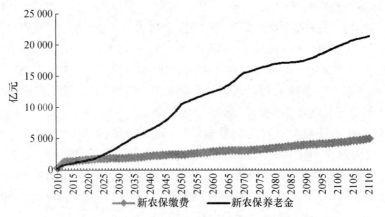

图4.5 2010—2110年新型农村养老保险缴费和养老金预测

4.4 城镇居民养老保险缴费和养老金预测

《国务院关于开展城镇居民社会养老保险试点的指导意见》(国发[2011]18号)规定年满16周岁(不含在校学生)、不符合职工基本养老保险参保条件的城镇非从业居民,可以在户籍地自愿参加城镇居民养老保险。城镇居民养老保险的方

---

① 2012年7月6日起下调金融机构人民币存贷款基准利率,将一年期定期存款基准利率下调至3%。

案和"新农保"的方案类似,我们按照和"新农保"一样的方法对城镇居民医疗保险的缴费和养老金进行预测。

4.4.1 城镇居民养老保险缴费预测

根据国务院《关于开展城镇居民社会养老保险试点的指导意见》,城镇居民社会养老保险2011年7月1日启动试点工作,2012年基本实现城镇居民养老保险制度全覆盖。我们假设城镇居民养老保险从2012年开始,并且直接覆盖所有应覆盖人群。

城镇16—59岁人口减去在校学生,再减去城镇就业人口就是城镇居民养老保险应该覆盖人口。[①] 我们假设16—24岁的人口如果没有就业,就是在求学,这样25—60岁的城镇人口减去就业人口就是城镇居民养老保险覆盖的缴费人口。

城镇居民养老保险缴费标准目前设为每年100元、200元、300元、400元、500元、600元、700元、800元、900元、1 000元10个档次。2011年年末国家城镇居民社会养老保险试点地区参保人数539万,其中缴费人数304万。全年城镇居民社会养老保险基金收入40亿元,其中个人缴费6亿元,平均个人缴费197元。我们假设2012年个人缴费为200元,以后随着生产率增长率增长。

我们根据城镇居民养老保险的参保人数,平均个人缴费规模得到分年龄、性别城镇居民养老保险的缴费情况。

4.4.2 城镇居民养老保险养老金预测

我们根据人口预测的结果可以得到城镇60岁以上人口数,4.1和4.2节计算出了参加企业(含其他)、事业和机关养老保险的退休人数(包括城镇职工养老保险和由财政负担的老体系),剩下的就是城镇居民养老保险应该覆盖的60岁以上人口数。

根据《关于开展城镇居民社会养老保险试点的指导意见》的规定,城镇居民养老保险养老金的领取条件和计算方式与"新农保"类似,我们按照"新农保"养老金的计算方式进行计算。

图4.6反映的是2010—2110年参加城镇居民养老保险的人口养老保险缴费和养老金的情况。和"新农保"一样,开始"城居保"的缴费会高于养老金支出,2023年起"城居保"养老金支出开始高过缴费。

---

① 这样计算的误差在于:我们的人口预测是基于第六次人口普查,而人口普查是以居住地为依据的,但是城镇居民养老保险是以户籍所在地参保。这样居住在城镇的农村户籍人口实际上不能参加城镇居民养老保险。但是我国计划2012年年底实现城镇居民养老保险和"新农保"的全覆盖,并且两个体系差异较小,因此我们这样假设的误差可以接受。

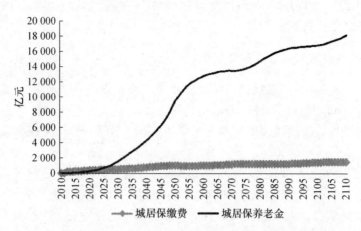

图4.6 2010—2110年城镇居民养老保险缴费和养老金预测

4.5 农民工养老保险缴费和养老金预测

2001年12月,劳动和社会保障部发布的《关于完善城镇职工基本养老保险政策有关问题的通知》规定参加养老保险的农民合同制职工,在与企业终止或解除劳动关系后,由社会保险经办机构保留其养老保险关系,保管其个人账户并计息,凡重新就业的,应接续或转移养老保险关系;也可按照省级政府的规定,根据农民合同制职工本人申请,将其个人账户个人缴费部分一次性支付给本人。由于我国农民工工作地点具有不确定性,绝大多数参保农民工都选择在春节返家前退保,因此过去的农民工养老保险反而变成了农民工和参保企业对养老保险统筹账户的贡献。政府注意到农民工养老保险的特殊性,2009年《农民工参加基本养老保险办法(摘要)》(以下简称《摘要》)向社会征求意见,《摘要》对缴费基数和基础养老金的计算方式都没有明晰,该政策经过一年征求意见,并没有颁布执行。而2009年12月28日,人力资源和社会保障部正式颁布施行了《城镇企业职工基本养老保险关系转移接续暂行办法》,将农民工参加基本养老保险问题一并涵盖进来,意味着农民工可以参加城镇职工养老保险体系。2012年11月26日,人力资源和社会保障部公布《城乡养老保险制度衔接暂行办法(征求意见稿)》,向社会公开征求意见,继续将农民工养老保险放到城镇职工养老保险体系考虑。这两个暂行办法试图将农民工纳入城镇基本养老保险体系,并没有取得预期效果。农民工养老保险至今仍是我国养老保险体系中最薄弱的环节。

农民工参加养老保险可以有两种选择,一是在农村原籍参加"全国新农保",二是在务工地区参加城镇职工基本养老保险,后者也可以分为自己全额缴纳保险费并与城镇职工同等享受养老金与依托单位较低水平缴纳保险费并较低水平享受养老金两种情况,农民工养老保险可随地区转移,也可以向"全国新农保"转换。

我国 2006 年起开始单独公布参加基本养老保险的农民工数量,2006 年年末参加基本养老保险的农民工人数为 1 417 万。我国目前已经参保的农民工多数分散在各个养老保险体系中,2010 年已经参保的 4 140 万农民工我们已经在前面各个系统里一起考虑。2009 年年底颁布施行的《城镇企业职工基本养老保险关系转移接续暂行办法》和 2012 年 11 月 26 日公布的《城乡养老保险制度衔接暂行办法(征求意见稿)》,试图将农民工纳入城镇基本养老保险体系,但没有取得预期效果。2011 年起新增的参保农民工我们不考虑差异性,统一假设按照《摘要》参保,主要参数如下:

缴费率:按照《摘要》的规定,我们假设单位缴费比例为 12%,农民工个人缴费比例为 8%。

个人账户比例:8%。

退休年龄:目前我国城镇职工法定退休年龄为男性 60 岁,女干部 55 岁,女工人 50 岁,而"新农保"政策规定的退休年龄统一为 60 岁,目前实际操作中女性 55 岁退休。按照《摘要》的规定,农民工养老保险要遵循"低费率、广覆盖、可转移和能衔接"的原则,退休年龄的设计我们也力主和城镇职工养老保险以及"新农保"衔接,假设男性农民工 60 岁退休,女性农民工 55 岁退休。

农民工缴费工资:卢锋(2012)[①]整理了农民工 1979—2010 年的工资水平,指出农民工 2010 年月均工资水平为 1 690 元,而 2010 年职工年平均工资为 37 147元,农民工平均工资略低于城镇职工平均缴费工资的 60%,我们假设农民工按照城镇职工平均工资的 60% 缴费。

农民工基础养老金发放标准:《摘要》对农民工基础养老金的计算并没有详细规定,我们按照国发[2005]38 号文假设农民工的基础养老金月标准等于上年度在岗职工月平均工资和农民工月平均缴费工资的算数平均值。由于我们假设农民工月平均缴费工资等于上年度在岗职工月平均工资的 60%,这样农民工基础养老金的标准实际上等于上年度在岗职工月平均工资的 80%。

图 4.7 是我们计算的如果农民工按照《摘要》参加农民工养老保险,2011—2110 年各年农民工的缴费和养老金。2041 年起农民工的养老金开始大于养老保险缴费,2050 年农民工养老保险的收支缺口是 2.47 万亿元。

---

① 卢锋.中国农民工工资走势:1979—2010[J].中国社会科学 2012 年第 7 期.

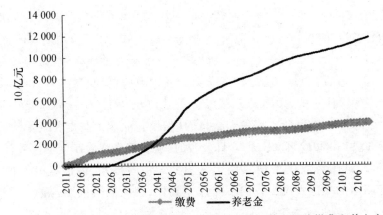

图 4.7 农民工按照《摘要》参保时 2011—2110 年农民工养老保险缴费和养老金预测

4.6 养老保险缴费和养老金总额

图 4.8 给出了 2010—2110 年养老保险缴费和养老金情况,2028 年前由于"城居保""新农保"等很多参保人员处于缴费期,因此总养老保险缴费大于养老金支付。随着"城居保""新农保"等缴费期人口进入退休年龄段和老龄化的进一步加深,养老金开始大于养老保险缴费,到 2110 年时,养老保险缴费为 151 940 亿元,养老金为 405 170 亿元,缺口高达 253 230 亿元。

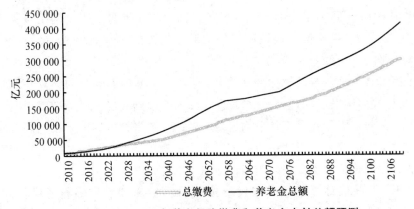

图 4.8 2010—2110 年养老保险缴费和养老金支付总额预测

第5章 中国医疗保险缴费和医疗保险金预测

新中国成立后,我们逐步在城镇建立了针对国家机关、事业单位工作人员、革命伤残军人和高校学生的公费医疗体系,以及针对企业职工及企业职工供养的直系亲属和离退休人员的劳保医疗体系,解决了当时中国城镇人口的医疗问题;在农村建立农村合作医疗保险体系也基本解决了农村人口的医疗需求,被世界卫生组织誉为"发展中国家解决卫生经费的唯一典范"。但是我国公费医疗体系的资金大部分来自地方政府,劳保医疗体系的开支由企业自己负担,改革开放后,部分困难企业无法支付庞大的医疗开支,而部分欠发达地区的地方政府也无法承受医疗支出,1994年的分税制改革使地方收入大幅下降,更加使经济欠发达地区和困难企业的医疗体系无法支撑。而家庭联产承包责任制在农村的推行更使农村合作医疗失去了存在的基础。在这种情况下,我们选择了把医疗保险体系交给市场。1985年《国务院批转卫生部关于卫生工作改革若干政策问题的报告的通知》指出必须进行改革,放宽政策,简政放权,多方集资,国家对医院的补助经费,除大修理和大型设备购置外,实行定额包干,对其他卫生机构则实行预算包干的办法。1994年,国家体改委、财政部、劳动部和卫生部共同制定《关于职工医疗制度改革的试点意见》,指出目标是建立社会统筹医疗基金与个人医疗账户相结合的社会保险制度,并经国务院批准,在江苏省镇江市和江西省九江市进行试点。1998年12月,国务院颁布了《关于建立城镇职工基本医疗保险制度的规定》,根据财政、企业和个人的承受能力,建立保障职工基本医疗需求的社会医疗保险制度,基本医疗保险费由用人单位和职工双方共同负担,基本医疗保险基金实行社会统筹和个人账户相结合。近二十年市场化的结果使得政府的投入越来越少,政府卫生投入在卫生总费用中所占的比重逐年下降,由高峰期1986年的38.7%降至21世纪初的15.7%左右;相应的,个人支出比例在不断上升,在2001年达到顶峰60%。2003年的"非典"使我们意识到市场化后中国医疗体制的薄弱,2005年国务院发展研究中心的报告指出"中国医疗卫生体制改革总体上讲不成功",引发了中国新一轮医疗体制改革。2006年9月,16个部委组成的医改协调小组成立,2007年医改协调小组委托包括北京大学、世界卫生组织等在内的多家海内外机构提交、讨论医改方案。2009年4月6日,《中共中央国务院关于深化医药卫生体制改革的意见》正式出台。医改方案的主要内容可以概括为"一个目标,四梁八柱"。"一个目标"是建立覆盖城乡居民的基本医疗卫生服务制度。"四梁"即四大体系,包括公共卫生体系的建设、医疗服务体系的建设、医疗保障体系的建设,以及药品保障供应体系的建设。"八柱"则为八项配套支撑机制,是指建立协调统一的医药卫生管理体系、规范高效的运行机制、政府主导的多元投入机制、科学合理的医药价格形成机制,以及监管体制、人才保障机制、信息系统、法律制度八项内容。并提出加快推进医疗保障制度的建设,2010年要使城镇职工基本医疗保险、新型农村合作医疗和城镇居民基本医疗保险三大保险目标人口覆盖率达到90%以上。

2010年年底我国总人口133 509万,其中城镇人口67 231万,乡村人口66 278万,2010年年末全国参加城镇基本医疗保险人数为43 263万,其中,参加城镇职工基本医疗保险人数23 735万,参加城镇居民基本医疗保险人数19 528万,参加新型农村合作医疗人数83 560万,我国94.6%的人口享有医疗保险。参加新型农村合作医疗保险的人数多过乡村人口,主要是因为我国2010年第六次人口普查是按照常居住地统计,因此24 223万农民工多被统计为城镇人口,但是在户籍所在地参加新型农村合作医疗保险。我国绝大多数人口已经分别被城镇职工医疗保险、城镇居民医疗保险和新型农村合作医疗保险覆盖,我们分别对这三大体系的缴费和支付情况进行预测。

5.1 我国医疗保险缴费预测

在人口预测结果的基础上,我们可以进一步对医疗保险的基金收入进行预测。我们首先要对人口进行参保、参合结构的测算和假设,在此基础上结合各类医保的缴费比例进行收入预测。

5.1.1 收入预测模型

1. 城镇职工医疗保险

预测未来城镇职工医疗保险基金收入的公式为:

$$I_1(t) = N^1_{x,k}(t) \times C(t) \times W^1_{X,K}(t) \times (J(t) + K(t)) \times S(t) \quad (5.1)$$

预测未来城镇职工医疗保险基金统筹账户收入的公式为:

$$IT_1(t) = N^1_{x,k}(t) \times C(t) \times W^1_{X,K}(t) \times J(t) \times R(t) \times S(t) \quad (5.2)$$

各符号含义解释如下:

$I_1(t)$:t年城镇职工医疗保险基金收入

$IT_1(t)$:t年城镇职工医疗保险基金统筹账户收入

$N_{x,k}^1(t)$：t 年分年龄、性别的人口数

$C(t)$：t 年城镇职工医保参保率（参保职工/就业年龄段人口总数）

$W_{X,K}^1$：t 年分年龄、性别的平均工资

$J(t)$：t 年城镇职工医保单位缴费率

$K(t)$：t 年城镇职工医保个人缴费率

$R(t)$：t 年城镇职工医保缴费进入统筹账户的比例

$S(t)$：t 年城镇职工医保保费收缴率

我们根据计算出的未来 100 年中城镇分年龄、性别的人数，乘以城镇职工医疗保险的参保率，再乘以分年龄、性别的平均工资以及缴费率和收缴率，就可以得到分年龄、性别城镇职工医疗保险的缴费情况。

2. 城镇居民医疗保险

$$I_2(t) = N_2(t) \times [G_2(t) + P_2(t)] \tag{5.3}$$

$I_2(t)$：t 年城镇居民医疗保险基金收入

$N_2(t)$：t 年城镇居民医疗保险参保人数

$G_2(t)$：t 年城镇居民医疗保险人均政府补助

$P_2(t)$：t 年城镇居民医疗保险人均个人缴费

城镇居民医疗保险的参保人数乘以人均筹资额（等于政府补助加上个人缴费）就得到城镇居民医疗保险的基金收入。

3. 新型农村合作医疗保险

$$I_3(t) = N_3(t) \times [G_3(t) + P_3(t)] \tag{5.4}$$

$I_3(t)$：t 年"新农合"基金收入

$N_3(t)$：t 年"新农合"参合人数

$G_3(t)$：t 年"新农合"人均政府补助

$P_3(t)$：t 年"新农合"人均个人缴费

各年"新农合"的参合人数乘以人均筹资额（等于政府补助加上个人缴费）就得到各年"新农合"的基金收入。

5.1.2 模型参数假设

1. 三项医疗保险的人口构成

2010 年，我国参加城镇职工基本医疗保险人数 23 735 万，其中参保职工 17 791 万，参保退休人员 5 944 万，2010 年城镇 16 岁以上的人口总共 56 944.9 万，其中处于就业年龄段的人口数为 47 968.6 万，处于退休年龄段的人口数为 8 976.3 万，城镇职工医疗保险参保职工人数占就业年龄段人口数的 37.1%，参保退休人员人数占退休年龄段人口数的 66.2%。我们用分年龄、性别参保职工人数乘以分年龄、性别的在岗职工平均工资数据，再乘以城镇职工医疗保险的缴费率，得到理

论上城镇职工医疗保险的缴费额是 4 698.4 亿元,实际上城镇职工基本医疗保险费收入为 3 576.04 亿元①,收缴率为 76.1%。

2011 年,我国参加城镇职工基本医疗保险人数 25 227 万,其中参保职工 18 948 万,城镇职工医疗保险参保职工人数占就业年龄段人口数的 38.66%,参保退休人员 6 279 万,参保退休人员人数占退休年龄段人口数的 66.05%。

2010 年,我国城镇居民医疗保险参保 19 528.3 万人,我们假设城镇 0—15 岁的人口和未被城镇职工医疗保险覆盖的退休年龄段城镇人口都参加城镇居民医疗保险,这样参加城镇居民医疗保险的 0—15 岁城镇人口为 10 285.7 万,参加城镇居民医疗保险的退休年龄段人口占城镇退休年龄段人口(8 976.3 万)的 33.8%,为 3 032.3 万,所以参加城镇居民医疗保险的就业年龄段人口为 6 210.3 万,占城镇就业年龄段人口(47 968.6 万)的 12.9%。

2011 年,我国城镇居民医疗保险参保 22 116 万人,参加城镇居民医疗保险的 0—15 岁城镇人口为 10 214.4 万,参加城镇居民医疗保险的退休年龄段人口占城镇退休年龄段人口(95 069.3 万)的 33.95%,为 3 227.9 万,所以参加城镇居民医疗保险的就业年龄段人口为 8 673.7 万,占城镇就业年龄段人口(49 010.2 万)的 17.7%(见表 5.1)。

表 5.1　2010—2012 年我国城镇就业年龄段人口医疗保险的参保/参合结构

(单位:%)

年份	未被覆盖	居民医保	职工医保	"新农合"	合计
2010	13.97	12.90	37.10	36.03	100
2011	6.94	17.70	38.66	36.70	100
2012	0.00	22.44	40.20	37.36	100

首先,我们假设从 2010 年起所有城镇 0—15 岁人口都参加居民医疗保险,所有农村人口都参加新农合;其次,从以上叙述可以看出,2010 年和 2011 年城镇退休年龄段人口参加职工医保和居民医保的比例变动不大,因此我们假设从 2010 年起所有年份的城镇退休年龄段人口参保构成都与 2010 年相同;最后,关于城镇就业年龄段人口的参保构成,我们的计算和假设过程如下:计算未被医保覆盖的人口数。既有数据显示,2009 年,我国医疗保险覆盖率为 93%,2010 年,该数据为 95%,2011 年,该数据为 97.5%。我们简单假设从 2012 年起我国达到医疗保险全覆盖。② 我们根据这一假设,将每年总人口减去被覆盖人口,即为每年未被医保覆盖的人口数。我们假设未被医保覆盖的人口都属于城镇就业年龄段。③ 我们将未

---

① 数据来源:《中国财政年鉴 2011》第 479 页"2010 年全国'五项基金'收支决算情况表"。
② 我们假设 100%参保,实际上总会有一些人游离在国家提供的医疗保险体系之外,参保率不可能达到 100%,但由于差别较小,对我们的研究结果影响不大。
③ 按照相关规定,我们假设全国所有男性 60 岁退休,女性 55 岁退休。

被医保覆盖的人口比上城镇就业年龄段人口数,得出未被医保覆盖人口占城镇就业年龄段人口的比例,再结合已知的居民医保参保人口占城镇就业年龄段人口的比例和职工医保的参保率,计算出"新农合"参合人口占城镇就业年龄段人口的比例。[①] 我们假设 2012 年实现医疗保险的全覆盖,每一部分增加的比率和 2010—2011 年增加比率相同。

2. 缴费率、政府补助以及个人缴费

《国务院关于建立城镇职工基本医疗保险制度的决定》规定:"基本医疗保险费由用人单位和职工共同缴纳。用人单位缴费率应控制在职工工资总额的 6% 左右,职工缴费率一般为本人工资收入的 2%。随着经济发展,用人单位和职工缴费率可作相应调整。""基本医疗保险基金由统筹基金和个人账户构成。职工个人缴纳的基本医疗保险费,全部计入个人账户。用人单位缴纳的基本医疗保险费分为两部分,一部分用于建立统筹基金,一部分划入个人账户。划入个人账户的比例一般为用人单位缴费的 30% 左右,具体比例由统筹地区根据个人账户的支付范围和职工年龄等因素确定。"

从各地的实践来看,城镇职工医疗保险缴费基本遵循了上述办法,职工缴费为本人工资收入的 2%,用人单位缴纳在职工工资总额的 6% 左右,也有部分地区调高了用人单位的缴费比率,例如杭州市的用人单位缴费比率高达 11.5%。

个人缴纳的 2% 全部纳入个人账户,统筹基金划入个人账户的比例根据个人账户的支付范围和职工年龄等因素确定,地区之间有差异。一般而言,年龄越大的职工,其个人账户的规模也越大,即用人单位的缴费划入个人账户的比例越高。从所考察的地区来看,对于退休年龄以下人员,个人账户的规模在 2.4%—3.5%,对于退休年龄以上人员,个人账户的规模在 3.5%—6.8%。

我们在预测城镇职工医疗保险缴费时,统一假设单位缴费率为 6%,个人缴费率为 2%。2010 年城镇职工医疗保险总保费收入 3 576 亿元,统筹账户基金收入为 2 103.9 亿元,由于退休年龄段的人口不需要向统筹账户作贡献,我们利用 2010 年的数据校准得到就业年龄段缴费划入统筹账户的比例为 77%,我们假设单位缴费的 77% 划入统筹账户,这一比例维持不变。

2010 年"城居保"基金收入 353.5 亿元,人均筹资额为 181 元,2011 年基金收入 594.2 亿元,人均筹资额为 268.7 元,2012 年基金收入 876.8 亿元,人均筹资额为 322.9 元,而政府补助平均为 2010 年 120 元,2011 年 200 元,2012 年 240 元,个人筹资额与政府补助的差额就是个人缴费。我们假设 2013 年起政府和个人的筹资额按照生产率增长率增长。"城居保"的参保人数乘以人均筹资额就得到"城居保"的基金收入。

我国 2010 年乡村人口 67 113 万,外出农民工 15 335 万,参加新型农村合作医

[①] 人口统计时,有一部分农民工被统计成城镇人口,但他们按照户籍归属参加"新农合"。

疗的人数为83 560万,我们假设农村人口和外出农民工都参加"新农合"。① 2010年新农合的人均筹资额为156.6元,2011年为246.2元,2012年为308.5元,而政府补助平均为2010年120元,2011年200元,2012年240元,个人筹资额与政府补助的差额就是个人缴费。我们假设"新农合"的参保率不变,而2013年起政府和个人的筹资额按照生产率增长率增长。"新农合"的参保人数乘以人均筹资额就得到"新农合"基金收入。

5.1.3 预测结果

根据上文阐述的收入预测模型和参数假设,计算出三项医疗保险2011—2050年的基金收入(见表5.2至表5.4)。我国大部分城市按照《关于建立城镇职工基本医疗保险制度的规定》建立了板块式的基本医疗保险基金支付模式,即门诊和住院分开,个人账户用于门诊费用的支付,个人账户用完后,除规定的若干种慢性病和特殊病,统筹基金在一定额度内给予支付外,其余费用全部由个人负担,统筹基金主要用于支付住院费用。因此个人账户的资金由职工个人支配,不影响政府的财政状况,政府的主要责任是保证统筹账户资金的收支平衡,而随着老龄化的逐渐加剧,即使保持现有的支付水平,统筹基金支出也会不断增加,而统筹收支的缺口需要政府来负责,这会影响政府的财政状况。因此,本节主要是预测城镇职工基本医疗保险统筹基金的收支。

表5.2 2011—2050年我国城镇职工医疗保险统筹基金收入 (单位:百亿元)

年份	基金收入	年份	基金收入	年份	基金收入	年份	基金收入
2011	26.65	2021	56.47	2031	79.60	2041	109.01
2012	30.14	2022	58.96	2032	81.98	2042	112.47
2013	32.68	2023	61.28	2033	84.47	2043	115.72
2014	35.38	2024	63.33	2034	87.06	2044	119.29
2015	38.21	2025	65.58	2035	89.80	2045	122.88
2016	41.09	2026	67.80	2036	92.73	2046	126.54
2017	44.17	2027	70.12	2037	95.76	2047	130.24
2018	47.30	2028	72.60	2038	98.95	2048	133.77
2019	50.56	2029	74.92	2039	102.21	2049	137.41
2020	54.14	2030	77.38	2040	105.53	2050	140.98

---

① 我国2010年"新农合"的参保率为96%,因此还有一些本地就业的农民工被统计成城镇人口,也参加"新农合"。由于数量较小,我们不考虑。

表 5.3 2011—2050 年我国城镇居民医疗保险基金收入   (单位:百亿元)

年份	基金收入	年份	基金收入	年份	基金收入	年份	基金收入
2011	5.94	2021	16.48	2031	26.88	2041	38.79
2012	8.05	2022	17.41	2032	27.93	2042	40.36
2013	8.73	2023	18.37	2033	28.99	2043	42.03
2014	9.47	2024	19.37	2034	30.06	2044	43.78
2015	10.30	2025	20.39	2035	31.14	2045	45.63
2016	11.18	2026	21.49	2036	32.25	2046	47.59
2017	12.13	2027	22.56	2037	33.42	2047	49.61
2018	13.19	2028	23.64	2038	34.65	2048	51.73
2019	14.35	2029	24.73	2039	35.95	2049	53.93
2020	15.57	2030	25.82	2040	37.32	2050	56.20

表 5.4 2011—2050 年我国新型农村合作医疗缴费收入   (单位:百亿元)

年份	基金收入	年份	基金收入	年份	基金收入	年份	基金收入
2011	20.46	2021	38.54	2031	50.51	2041	65.34
2012	25.52	2022	39.73	2032	51.92	2042	66.80
2013	26.78	2023	40.91	2033	53.36	2043	68.17
2014	28.10	2024	42.03	2034	54.81	2044	69.55
2015	29.46	2025	43.18	2035	56.28	2045	70.88
2016	30.95	2026	44.31	2036	57.81	2046	72.17
2017	32.50	2027	45.49	2037	59.32	2047	73.49
2018	34.08	2028	46.71	2038	60.82	2048	74.74
2019	35.68	2029	47.91	2039	62.33	2049	75.96
2020	37.38	2030	49.15	2040	63.82	2050	77.16

5.2 我国医疗保险基金支出预测

5.2.1 基本模型

以人口预测结果为基础,分别预测城镇职工医疗保险、城镇居民医疗保险、新型农村合作医疗保险的未来基金支出。基本计算方法:将各个医疗保险类型分性别、年龄、城乡的参保人口数,乘以分性别、年龄、城乡的住院率或就诊率,乘以次均住院费用或次均就诊费用,再将二者相加,得出各个医保类型的参保人员总医疗支出,在此基础上,按照三大体系的不同补偿比例,计算出各个类型医疗保险的补偿支出数额。基本计算公式为:

$$G^i(t) = \sum_{k=1}^{2}\sum_{l=1}^{2}\sum_{x=1}^{100} N_{x,k,l}^i(t) \cdot H_{x,k,l}(t) \cdot C_{x,k,l}(t) \cdot R^i(t)$$
$$+ \sum_{k=1}^{2}\sum_{l=1}^{2}\sum_{x=1}^{100} N_{x,k,l}^i(t) \cdot J_{x,k,l}(t) \cdot P_{x,k,l}(t) \cdot B^i(t) \quad (5.5)$$

其中，$G^i(t)$ 表示 t 年 i 型医疗保险基金支出；$i:i=1,2,3$，分别表示城镇职工医疗保险、城镇居民医疗保险、新型农村合作医疗保险；x 表示年龄；k 表示性别；l 表示城乡；N 表示人口数；H 表示住院率；C 表示次均住院费用；R 表示住院补偿比例；J 表示就诊率；P 表示次均就诊费用；B 表示门诊补偿比例。本模型中，住院率、就诊率、次均住院费用和次均就诊费用是关键变量，我们将对住院率、就诊率、次均住院费用和次均就诊费用的可能影响因素进行计量分析。

国内外现有的研究医保基金未来收支的文献大多采用直接假设法，即直接假定医疗费用和就医率的未来增长率，这种做法虽然较为方便简洁，但缺乏一定的科学依据，可能会影响预测结果的准确性，因此，我们在研究这个问题时，将进行一定的改进。在使用该模型进行预测前，我们将采用计量经济学方法，分别考虑影响分城乡、性别、年龄别的住院率、就诊率、次均住院费用、次均就诊费用的可能因素，得出以这几个因素为被解释变量的回归方程，并以其获得的系数结果为依据，对这几个因变量的未来增长率进行假设，结合人口预测数据，得出较为精确的未来医疗支出。

此外，虽然国内外有一些使用计量方法研究医疗支出问题的文献，但这些文献都从宏观层面研究医疗总费用和经济水平的关系，一般都是将医疗总费用作为因变量，经济水平和其他相关指标作为自变量，得出医疗总费用的收入弹性后再从宏观层面展开预测。我们借鉴这一研究方法，但是进行了改进，从微观层面（即次均层面）对医疗费用和医疗行为进行计量分析，在此基础上结合上述精算模型和人口数据，可以得出更为精确的预测结果。

5.2.2 对住院率、就诊率、住院费用和就诊费用影响因素的计量分析

在预测医疗保险未来支出时，对住院率、就诊率、次均住院费用和次均就诊费用未来增长率的假设直接影响了最终的预测结果，为了更科学地对这四个变量的增长率进行设定，我们拟采用计量经济学的方法，从实证层面探究其内在的变化规律，研究可能的客观因素对其影响以及影响程度，以此为依据假设未来增长率。

1. 可能的影响因素

参考经典文献的研究，我们认为影响住院率、就诊率、住院费用和就诊费用的可能因素有经济发展水平、技术进步、自然环境、社会环境和人口老龄化。

（1）经济水平对各因变量的影响：

• **住院率和就诊率** 经济发展使可支配收入增加，对医疗的消费需求也增加，释放以往因贫穷而抑制的需求，故住院率和就诊率可能上升；此外，经济发展也

提高了医疗卫生服务的可及性,满足以往无法满足的需求,故住院率和就诊率可能上升。但随着经济水平发展到一定程度,此时已不存在被抑制的需求,人群的住院率和就诊率只取决于本身的身体状况,因此便不再与经济水平有相关关系。

- **次均住院费和次均就诊费** 经济发展引起医疗行业工资水平提高,其成本最终转移到患者身上,表现为次均住院费和次均就诊费的增加。

(2) 技术进步对各因变量的影响:

- **住院率** 医疗技术的提高使以往需要住院治疗的疾病"去住院化",通过门诊与家庭治疗即可治愈,故住院率可能下降。
- **就诊率** 就诊率取决于人们的身体健康状况,医疗技术的进步提高了人们的期望寿命,可理解为医疗技术进步改善了人们的身体健康状况,故就诊率也可能下降。
- **次均医疗费用** 影响方向不确定。首先,医疗技术进步可能减少次均医疗费用的原因:低成本的新技术替代了原有的昂贵医疗技术。其次,医疗技术进步可能增加次均医疗费用的原因:一是对以往不能治疗的疾病提供一种新的治疗方法,或使特定疾病的治疗密集度(treatment intensity)增加,或者提供更广泛的治疗,但在治疗过程中使用的医疗器材与方法可能相当昂贵;二是即使一种新的技术减少了对一种特定疾病的治疗成本,并且这种技术的使用改善了身体健康状况,延长了寿命,但也可能使患者感染新的疾病,进而使医疗费用增加。

(3) 自然环境对各因变量的影响:空气、水、噪音的污染,将给人的身体健康带来极大的负面影响,故住院率和就诊率将上升。

(4) 社会环境对各因变量的影响:随着经济的发展,工业化和城市化步伐加快,生活节奏加快,工作压力增大,导致疾病谱的变化,循环系统、呼吸系统疾病以及恶性肿瘤等发病率上升,导致住院率和就诊率上升。

(5) 人口老龄化对各因变量的影响:由于老年人身体状况较差,患病和就诊的概率较高,因此,随着人口老龄化的程度加剧,次均就诊和住院费用可能上升。

(6) 医疗卫生服务供给对医疗费用的影响:随着医疗卫生服务供给的增加,医疗费用的价格应当下降,因此该变量与次均就诊费和住院费应当是负相关的。

以上几种影响因素的量化指标分别设定为:

影响因素	量化指标
经济水平	人均可支配收入/人均 GDP
技术进步	医疗技术研发支出/人均寿命
自然环境	空气指数/人均绿地面积
社会环境	人口密度/城市化率
人口老龄化	65 岁及以上人口占总人口的比重
医疗卫生服务供给	每千人的卫生技术人员数

2. 数据

(1) 因变量数据:因变量为分城乡、年龄别①的就诊率、住院率(千分数),以及分城乡的次均就诊费用和次均住院费用,采用卫生部统计信息中心1993年、1998年、2003年、2008年公布的《中国卫生服务调查研究》中的相关数据。该调查每五年进行一次,迄今为止共进行了四次,是国内最权威的医疗卫生服务数据之一。考虑到可获得的时间序列数据有限且不连续,拟采用省际面板数据进行回归分析,因此,因变量为全国31个省、自治区、直辖市分城乡、年龄别的就诊率、住院率,以及分城乡的次均就诊费用和次均住院费用。考虑到各个省份处于不同的发展阶段,因此从面板回归分析中得到的有效结果将可以近似为全国的时间序列分析结果,以此为依据做出未来时间层面的假设。

(2) 自变量数据:本回归分析涉及的自变量有1993年、1998年、2003年、2008年各地区的人均国内生产总值、各地区分城乡的人均可支配收入、各地区分城乡的人均年消费支出和分城乡的消费水平、各地区分城乡的老龄化率以及总老龄化率(小数)、各地区的人均寿命、各地区的空气污染综合指数②、各地区的人均绿地面积、各地区城市人口密度以及各地区城市化率、各地区每千人的卫生技术人员数。其中,人均GDP、人均可支配收入、人均年消费支出和消费水平、人均绿地面积、城市人口密度、每千人的卫生技术人员数据来自1993年、1998年、2003年、2008年的《中国统计年鉴》;研究年份中各地区的预期寿命则是根据《中国统计年鉴》中公布的1990年、2000年、2010年人口普查的预期寿命数据插值得出;老龄化率以及分城乡的老龄化率、城市化率是对《中国人口年鉴》《中国人口统计年鉴》和《中国人口和就业统计年鉴》中各地区城市、镇、乡村的人口年龄结构数据、人口城乡数据进行处理后得出的;而空气污染综合指数则出自《中国环境年鉴》。

3. 实证分析结果

(1) 次均医疗费用:

首先,我们采用省际面板数据,选择固定效应模型,对城镇、农村次均住院费用进行回归分析,结果如表5.5所示。

---

① 年龄别共分八组,即0—4岁、5—14岁、15—24岁、25—34岁、35—44岁、45—54岁、55—64岁、64岁及以上。

② 空气污染综合指数(P)是各项空气污染物的单项指数的加和,可用于评价城市空气质量整体水平、年际及季节变化情况。空气污染综合指数数值越大,表示空气污染程度越严重,空气质量越差。计入空气污染综合指数的参数为空气质量常规监测的二氧化硫、二氧化氮、总悬浮颗粒物或可吸入颗粒物。

表 5.5　城镇、农村次均住院(直接)费用的计量分析结果

变量	(1) loguhf1	(2) logrhf1	(3) logrhf1
logudi	0.709*** (0.0776)		0.715*** (0.111)
ms	−0.0830 (0.102)	−0.327*** (0.0974)	−0.191** (0.0904)
uaging	2.102 (3.015)		
logrdi		0.814*** (0.143)	
raging		9.260** (3.899)	5.867 (3.805)
Constant	2.226*** (0.669)	1.882* (0.962)	1.677* (0.874)
Observations	92	93	92
R-squared	0.686	0.734	0.760
Number of province	31	31	31

注:括号中是标准差。

*** $p<0.01$, ** $p<0.05$, * $p<0.1$。

表 5.5 中,uhf1 表示城镇次均住院直接费用,rhf1 表示农村次均住院直接费用,udi 表示城镇人均可支配收入,rdi 表示农村人均可支配收入,uaging 表示城镇老龄化率,raging 表示农村老龄化率,ms 表示每千人的卫生技术人员数。三个模型的拟合系数都较高,说明我们的模型较好地解释了现实。为了下文的支出预测,我们重点关注各因变量与可支配收入这一变量的相关关系。

模型(1)显示,城镇次均住院费用与城镇人均可支配收入的弹性为 0.709,即城镇人均可支配收入每增长 1%,城镇次均住院费用就增长 0.709%。此外,虽然该模型中的医疗卫生服务供给变量和老龄化变量的系数并不十分显著,但从其系数符号可以看出,每千人的卫生技术人员数越多,即医疗供给越充分,次均医疗费用将降低,且老龄化程度越高,次均医疗费用将越高,这与我们的经验感受相同。

模型(2)显示,农村次均住院费用与农村人均可支配收入的弹性为 0.814,即农村人均可支配收入每增长 1%,农村次均住院费用就增长 0.814%。在该模型中,我们可以更显著地看到,医疗卫生服务的供给越多,农村次均住院费用就越低,老龄化程度越高,农村次均住院费用就越高。

模型(3)将农村次均住院费用与城镇人均可支配收入纳入同一个回归模型中,原因是我们计划参照上文使用的城镇人均可支配收入的未来增长率对医疗费用的未来增长率进行预测。结果显示,城镇人均可支配收入与农村次均住院费用显著正相关,弹性为 0.715,即城镇人均可支配收入每增长 1%,农村次均住院费用

就增长 0.715%。

其次,我们采用省际面板数据,选择固定效应模型,对城镇、农村次均就诊费用进行回归分析,结果如表 5.6 所示。

表 5.6 城镇、农村次均就诊(直接)费用的计量分析结果

变量	(4) logucf1	(5) logrcf1	(6) logrcf1
logudi	1.114***		0.770***
	(0.100)		(0.113)
ms	−0.282**	−0.571***	−0.438***
	(0.132)	(0.0988)	(0.0922)
uaging	0.284		
	(3.891)		
logrdi		0.845***	
		(0.145)	
raging		20.08***	16.03***
		(3.957)	(3.880)
Constant	−3.865***	−1.676*	−2.059**
	(0.863)	(0.976)	(0.892)
Observations	92	93	92
R-squared	0.751	0.834	0.853
Number of province	31	31	31

注:括号中是标准差。
*** $p<0.01$, ** $p<0.05$, * $p<0.1$。

上表中,ucf1 表示城镇次均就诊直接费用,rcf1 表示农村次均就诊直接费用,其他变量与住院费用的模型相同。三个模型的拟合系数都较高,说明我们的模型较好地解释了现实。为了下文的支出预测,我们重点关注各因变量与可支配收入这一变量的相关关系。

模型(4)显示,城镇次均就诊费用与城镇人均可支配收入的弹性为 1.11,即城镇人均可支配收入每增长 1%,城镇次均就诊费用就增长 1.11%。这说明城镇次均就诊费用的增长速度较经济发展速度更快。此外该模型中的医疗卫生服务供给变量也十分显著地影响了城镇次均就诊费用,每千人的卫生技术人员数每增加一人,次均就诊医疗费用将降低 0.28%。

模型(5)显示,农村次均就诊费用与农村人均可支配收入的弹性为 0.845,即农村可支配收入每增长 1%,农村次均就诊费用就增长 0.845%,该弹性与农村住院费用和农村可支配收入之间的弹性相当,只高出 0.03,这从侧面印证了回归模型的适当性。同样,在该模型中,我们可以更显著地看到,医疗卫生服务的供给越

多,农村次均就诊费用就越低,也就是每千人的卫生技术人员数每增加一人,农村次均就诊费用就降低 0.57%,这比城镇的下降幅度更大,说明医疗服务的供给水平对农村人口的就医负担影响更大一些。此外,老龄化程度越高,农村次均就诊费用就越高,从模型结果来看就是老龄化程度每增长 1%,农村次均就诊费用就增加 2%(我们使用的老龄化数据是小数形式)。

模型(6)将农村次均就诊费用与城镇人均可支配收入纳入同一个回归模型,原因同样是我们计划参照上文使用的城镇人均可支配收入的未来增长率对医疗费用的未来增长率进行预测。结果显示,城镇人均可支配收入与农村次均就诊费用显著正相关,弹性为 0.77,即城镇可支配收入每增长 1%,农村次均就诊费用就增长 0.77%。这比农村住院费用与城镇人均可支配收入之间的弹性高出 0.06,同时说明了就诊费用的增长速度较快以及本模型较为科学。

我们假设城镇次均住院费用受城镇可支配收入影响,城镇可支配收入每增长 1%,城镇次均住院费用就增长 0.709%;城镇次均就诊费用受城镇可支配收入和每千人的卫生技术人员数影响,城镇可支配收入每增长 1%,城镇次均就诊费用就增长 1.114%,每千人的卫生技术人员数每增加一人,城镇次均就诊费用就下降 0.282%;农村次均住院费用受农村可支配收入、每千人的卫生技术人员数和农村老龄化率的影响,农村可支配收入每增长 1%,农村次均住院费用就增长 0.814%,每千人的卫生技术人员数每增加一人,农村次均住院费用就下降 0.327%,农村老龄化率每增长 1%,农村次均住院费用就增加 0.092%;农村次均就诊费用受农村可支配收入、每千人的卫生技术人员数和农村老龄化率的影响,农村可支配收入每增长 1%,农村次均就诊费用就增长 0.845%,每千人的卫生技术人员数每增加一人,农村次均就诊费用就下降 0.571%,农村老龄化率每增长 1%,农村次均就诊费用就增加 0.2%。我们假设城镇和农村可支配收入都按照生产率增长率增长,根据队列要素法进行人口预测,可以求出农村老龄化率的增长率。我国每千人卫生技术人员数 1980—2011 年从 2.85 人增加到 4.58 人,增加了 1.73 人,我们假设 2011 年前每千人卫生技术人员数仍然按照这个速度增长,每年增长 0.056 人。

(2) 就诊率和住院率:

首先,我们试图考察经济发展水平、技术进步、社会环境、自然环境对人们住院率的影响,采用 1993 年、1998 年、2003 年、2008 年的省际面板数据,选择固定效应模型,对城镇分年龄别的住院率进行回归分析,我们发现并不是每个年龄别的住院率都与经济发展水平相关,并不是每个年龄别的住院率都与城市人口密度相关,同时,并不是每个年龄别的住院率都与预期寿命相关。为了节省篇幅,我们只展示其中几个年龄别住院率的回归结果,这些结果并不尽如人意(见表 5.7 至表 5.9)。

表 5.7　城市 15—24 岁人口住院率的计量分析结果 1

变量	(1) uh3	(2) uh3	(3) uh3	(4) uh3	(5) uh3	(6) uh3	(7) uh3	(8) uh3
logudi	9.623***	8.672***	8.430**	9.324***	−4.249	−1.678	−1.518	−0.263
	(1.900)	(2.781)	(3.276)	(2.481)	(6.426)	(5.567)	(5.652)	(5.753)
urb		0.107	0.108		0.203			
		(0.227)	(0.228)		(0.227)			
air			−0.251	0.102	0.344		0.361	0.524
			(1.764)	(1.752)	(1.741)		(1.739)	(1.742)
elife					4.200**	3.835**	3.894**	3.421*
					(1.847)	(1.781)	(1.813)	(1.858)
popd				0.00161				0.00118
				(0.00104)				(0.00105)
Constant	−60.80***	−56.83***	−53.97*	−61.50***	−249.7***	−236.7***	−243.4***	−223.3**
	(16.60)	(18.69)	(27.54)	(25.66)	(90.18)	(83.27)	(89.80)	(91.43)
Observations	116	116	116	116	116	116	116	116
R-squared	0.234	0.236	0.236	0.256	0.282	0.274	0.275	0.286
Number of province	31	31	31	31	31	31	31	31

注:括号中是标准差。
*** $p<0.01$, ** $p<0.05$, * $p<0.1$。

表 5.8　城市 25—34 岁人口住院率的计量分析结果 1

变量	(1) uh4	(2) uh4	(3) uh4	(4) uh4	(5) uh4	(6) uh4	(7) uh4	(8) uh4
logudi	3.633	2.907	2.577	−16.41	−13.26	−13.02	2.953	−8.039
	(3.357)	(4.954)	(5.854)	(11.67)	(9.949)	(10.12)	(4.236)	(9.918)
urb		0.0805	0.0826	0.240				
		(0.402)	(0.405)	(0.408)				
air			−0.333	0.453		0.489	0.578	1.034
			(3.100)	(3.086)		(3.073)	(2.954)	(2.969)
elife				6.246*	5.766*	5.840*		3.933
				(3.337)	(3.201)	(3.253)		(3.210)
popd							0.00548***	0.00500***
							(0.00177)	(0.00181)
Constant	13.37	16.46	20.32	−269.5	−251.5*	−260.4	7.488	−178.4
	(29.40)	(33.35)	(49.11)	(162.2)	(149.9)	(160.9)	(43.76)	(157.9)
Observations	121	121	121	121	121	121	121	121

（续表）

变量	(1) uh4	(2) uh4	(3) uh4	(4) uh4	(5) uh4	(6) uh4	(7) uh4	(8) uh4
R-squared	0.013	0.013	0.014	0.052	0.048	0.048	0.111	0.126
Number of province	31	31	31	31	31	31	31	31

注：括号中是标准差。
*** $p<0.01$，** $p<0.05$，* $p<0.1$。

表5.9　城市35—44岁人口住院率的计量分析结果1

变量	(1) uh5	(2) uh5	(3) uh5	(4) uh5	(5) uh5	(6) uh5	(7) uh5	(8) uh5
logudi	−0.251 (2.517)	−0.994 (3.689)	0.332 (4.354)	−5.295 (8.846)	−4.392 (7.583)	−3.614 (7.691)	0.695 (3.076)	1.552 (7.270)
urb		0.0827 (0.299)	0.0746 (0.301)	0.120 (0.308)				
air			1.343 (2.321)	1.579 (2.349)		1.595 (2.337)	2.196 (2.147)	2.161 (2.177)
elife				1.856 (2.538)	1.413 (2.441)	1.656 (2.474)		−0.307 (2.354)
popd							0.00508*** (0.00129)	0.00512*** (0.00133)
Constant	36.99* (22.05)	40.12 (24.89)	24.60 (36.65)	−61.68 (123.6)	−27.99 (114.4)	−57.19 (122.4)	12.54 (31.81)	27.04 (115.8)
Observations	122	122	122	122	122	122	122	122
R-squared	0.000	0.001	0.005	0.011	0.004	0.009	0.154	0.154
Number of province	31	31	31	31	31	31	31	31

注：括号中是标准差。
*** $p<0.01$，** $p<0.05$，* $p<0.1$。

以上三个表中，uh3、uh4、uh5分别表示15—24岁、25—34岁、35—44岁城镇人口的住院率。计量结果显示，一方面，虽然15—24岁人群的住院率与经济发展水平显著正相关（前提是不将代表技术进步的预期寿命这一变量放入回归方程中），但其他年龄别的住院率就与经济发展水平不相关；另一方面，虽然25—34岁以及35—44岁人群的住院率与城市人口密度显著正相关，即社会环境造成的压力会对这两个年龄段的人群身体产生负面影响，但15—24岁人群却没有发现这一规律。

我们可以通过描述经济发展水平与各个年龄别住院率的散点图进一步认识这个结果(见图5.1)。

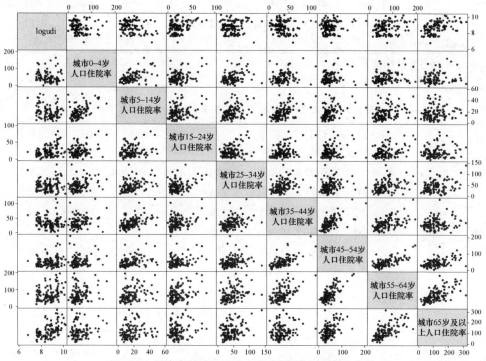

图5.1 经济发展水平与各年龄别城镇住院率的关系

我们重点观察第一行散点图,该行表示各年龄别城镇住院率与经济发展水平的关系,散点图并没有呈现出明显的规律。

认识到经济发展水平与住院率不显著相关后,我们试图将其从回归方程中删去,以观察其他变量对住院率的影响,但结果仍然不十分理想(见表5.10至表5.12)。

表5.10 城市15—24岁人口住院率的计量分析结果2

变量	(1) uh3	(2) uh3	(3) uh3	(4) uh3
urb	0.449**	0.104		
	(0.178)	(0.193)		
air	−2.626*	0.560	−4.028***	0.604
	(1.558)	(1.710)	(1.441)	(1.698)
elife		3.220***		3.355***
		(0.902)		(0.781)

（续表）

变量	(1) uh3	(2) uh3	(3) uh3	(4) uh3
popd			0.00170	0.00118
			(0.00111)	(0.00102)
Constant	13.41	-213.0***	32.83***	-220.8***
	(10.49)	(64.19)	(5.514)	(59.26)
Observations	117	117	117	117
R-squared	0.164	0.275	0.125	0.284
Number of province	31	31	31	31

表5.11 城市25—34岁人口住院率的计量分析结果2

变量	(1) uh4	(2) uh4	(3) uh4	(4) uh4
urb	0.200	-0.0239		
	(0.300)	(0.345)		
air	-1.049	1.010	-0.768	1.377
	(2.612)	(3.049)	(2.237)	(2.900)
elife		2.115		1.572
		(1.634)		(1.356)
popd			0.00552***	0.00528***
			(0.00176)	(0.00177)
Constant	40.50**	-108.1	37.67***	-81.05
	(17.59)	(116.2)	(8.482)	(102.8)
Observations	122	122	122	122
R-squared	0.012	0.030	0.106	0.120
Number of province	31	31	31	31

表5.12 城市35—44岁人口住院率的计量分析结果2

变量	(1) uh5	(2) uh5	(3) uh5	(4) uh5
urb	0.0995	0.0486		
	(0.224)	(0.259)		
air	1.254	1.728	1.847	2.039
	(1.952)	(2.301)	(1.623)	(2.120)
elife		0.484		0.140
		(1.229)		(0.991)
popd			0.00510***	0.00508***
			(0.00127)	(0.00129)

(续表)

变量	(1) uh5	(2) uh5	(3) uh5	(4) uh5
Constant	26.78**	-7.291	19.72***	9.120
	(13.17)	(87.51)	(6.141)	(75.10)
Observations	123	123	123	123
R-squared	0.005	0.007	0.154	0.154
Number of province	31	31	31	31

结果仍然是,空气质量、人口密度、预期寿命分别与不同的年龄别住院率显著相关,不存在任何一个与所有年龄别住院率都显著相关的变量,因此无法根据某一个自变量的未来增长率来估计各年龄别住院率的未来增长率,这对我们关注的医疗保险支出预测并没有太大帮助。(即便是所有年龄别住院率都与空气质量相关,我们也无法据此做出预测,因为空气质量只在城市和省份层面有效,并没有一个全国统一的空气指标。)

同时,农村分年龄别的住院率与各个自变量的关系和城镇住院率的计量回归分析结果相似,此处不赘述。

其次,我们试图考察经济发展水平、技术进步、社会环境、自然环境对人们就诊率的影响,采用1993年、1998年、2003年、2008年的省际面板数据,选择固定效应模型,对城镇分年龄别的就诊率进行回归分析。我们发现,虽然有7个年龄别的城镇就诊率都与经济发展水平显著负相关,但65岁及以上的城镇就诊率并没有与经济发展水平的显著相关关系;此外,所有年龄别的就诊率都不同时与同一个自变量显著相关。与前文关于住院率的研究一样,为了做出合理的预测,我们需要统一的假设依据,但本部分计量回归并没有实现这一条件,因此我们无法从本部分计量分析中获得未来增长率假设的帮助(见表5.13至表5.20)。

表5.13 城市0—4岁人口就诊率的计量分析结果

变量	(1) uc1	(2) uc1	(3) uc1	(4) uc1	(5) uc1	(6) uc1	(7) uc1	(8) uc1
logudi	-101.4***	-67.28**	-57.97*	-2.680	-59.41	-56.70	-93.35***	-57.09
	(17.60)	(25.75)	(30.05)	(60.33)	(53.84)	(54.49)	(23.25)	(55.35)
urb			-3.712*	-3.751*	-4.105*			
			(2.065)	(2.073)	(2.099)			
air				9.428	6.719		6.596	8.236	6.511
				(15.51)	(15.71)		(15.96)	(15.91)	(16.13)
elife					-18.83	-14.50	-13.27		-13.13
					(17.83)	(17.55)	(17.88)		(18.18)

（续表）

变量	(1) uc1	(2) uc1	(3) uc1	(4) uc1	(5) uc1	(6) uc1	(7) uc1	(8) uc1
popd							-0.00163	-0.000526
							(0.0101)	(0.0103)
Constant	1 116***	968.1***	858.4***	1 747**	1 787**	1 655*	1 022***	1 649*
	(154.1)	(173.1)	(250.5)	(877.4)	(826.5)	(890.1)	(240.3)	(901.0)
Observations	122	122	122	122	122	122	122	122
R-squared	0.270	0.295	0.298	0.307	0.275	0.277	0.272	0.277
Number of province	31	31	31	31	31	31	31	31

表5.14 城市5—14岁人口就诊率的计量分析结果

变量	(1) uc2	(2) uc2	(3) uc2	(4) uc2	(5) uc2	(6) uc2	(7) uc2	(8) uc2
logudi	-68.30***	-78.63***	-82.65***	-66.56**	-50.10**	-52.67**	-72.36***	-43.65*
	(7.734)	(11.30)	(13.03)	(26.65)	(23.01)	(23.32)	(9.959)	(23.34)
urb		1.135	1.136	1.003				
		(0.907)	(0.911)	(0.933)				
air			-4.277	-4.958		-5.164	-2.986	-4.093
			(6.841)	(6.932)		(6.935)	(6.818)	(6.834)
elife				-5.308	-6.226	-7.004		-10.25
				(7.663)	(7.413)	(7.505)		(7.544)
popd							0.00757*	0.00881**
							(0.00426)	(0.00434)
Constant	701.9***	746.5***	795.1***	1 042***	988.4***	1 083***	733.4***	1 217***
	(67.65)	(76.27)	(109.2)	(372.7)	(347.8)	(371.1)	(102.6)	(370.5)
Observations	121	121	121	121	121	121	121	121
R-squared	0.467	0.476	0.479	0.482	0.471	0.475	0.488	0.499
Number of province	31	31	31	31	31	31	31	31

表5.15 城市15—24岁人口就诊率的计量分析结果

变量	(1) uc3	(2) uc3	(3) uc3	(4) uc3	(5) uc3	(6) uc3	(7) uc3	(8) uc3
logudi	-35.87***	-37.08***	-36.62***	-41.12***	-39.37***	-39.09***	-35.27***	-37.43***
	(4.296)	(6.444)	(7.509)	(14.93)	(13.01)	(13.18)	(5.618)	(13.32)
urb		0.129	0.126	0.154				
		(0.512)	(0.516)	(0.525)				
air			0.451	0.673		0.687	0.956	1.061
			(3.794)	(3.867)		(3.845)	(3.806)	(3.872)

(续表)

变量	(1) uc3	(2) uc3	(3) uc3	(4) uc3	(5) uc3	(6) uc3	(7) uc3	(8) uc3
elife				1.551	1.220	1.351		0.792
				(4.448)	(4.286)	(4.372)		(4.421)
popd							0.00230	0.00224
							(0.00245)	(0.00249)
Constant	367.6***	372.9***	367.6***	294.0	310.8	296.8	355.2***	317.1
	(37.55)	(43.15)	(62.06)	(220.2)	(203.1)	(218.8)	(57.92)	(220.2)
Observations	119	119	119	119	119	119	119	119
R-squared	0.445	0.445	0.445	0.446	0.445	0.446	0.451	0.451
Number of province	31	31	31	31	31	31	31	31

表 5.16　城市 25—34 岁人口就诊率的计量分析结果

变量	(1) uc4	(2) uc4	(3) uc4	(4) uc4	(5) uc4	(6) uc4	(7) uc4	(8) uc4
logudi	−33.65***	−32.53***	−26.97***	−23.47	−27.83*	−25.53*	−28.28***	−26.73*
	(4.866)	(7.340)	(8.427)	(16.97)	(14.91)	(14.97)	(6.357)	(15.18)
urb		−0.121	−0.134	−0.157				
		(0.590)	(0.587)	(0.598)				
air			5.744	5.571		5.582	5.398	5.324
			(4.336)	(4.420)		(4.396)	(4.364)	(4.437)
elife				−1.193	−2.009	−0.982		−0.563
				(5.002)	(4.861)	(4.911)		(4.986)
popd							−0.00163	−0.00159
							(0.00277)	(0.00281)
Constant	366.1***	361.1***	294.9***	351.1	459.0**	347.7	305.0***	331.8
	(42.57)	(49.10)	(69.91)	(246.0)	(228.9)	(244.3)	(65.67)	(246.9)
Observations	121	121	121	121	121	121	121	121
R-squared	0.350	0.350	0.363	0.363	0.351	0.363	0.365	0.365
Number of province	31	31	31	31	31	31	31	31

表 5.17　城市 35—44 岁人口就诊率的计量分析结果

变量	(1) uc5	(2) uc5	(3) uc5	(4) uc5	(5) uc5	(6) uc5	(7) uc5	(8) uc5
logudi	−42.03***	−45.45***	−36.18***	−21.63	−22.75	−18.27	−32.86***	−18.18
	(6.503)	(9.499)	(10.91)	(22.45)	(19.52)	(19.58)	(8.450)	(20.03)
urb		0.379	0.360	0.242				
		(0.765)	(0.758)	(0.776)				

（续表）

变量	(1) uc5	(2) uc5	(3) uc5	(4) uc5	(5) uc5	(6) uc5	(7) uc5	(8) uc5
air			9.669*	9.064		9.038	9.620	9.049
			(5.764)	(5.836)		(5.805)	(5.800)	(5.854)
elife				−4.796	−6.581	−5.209		−5.242
				(6.465)	(6.283)	(6.296)		(6.484)
popd							−0.000549	8.72e-05
							(0.00356)	(0.00365)
Constant	478.1***	492.6***	381.6***	604.5*	780.7***	614.5*	368.3***	616.0*
	(56.97)	(64.28)	(91.82)	(314.3)	(294.5)	(311.1)	(87.10)	(318.5)
Observations	123	123	123	123	123	123	123	123
R-squared	0.315	0.316	0.337	0.342	0.323	0.341	0.336	0.341
Number of province	31	31	31	31	31	31	31	31

表 5.18 城市 45—54 岁人口就诊率的计量分析结果

变量	(1) uc6	(2) uc6	(3) uc6	(4) uc6	(5) uc6	(6) uc6	(7) uc6	(8) uc6
logudi	−51.42***	−62.96***	−50.57***	−37.66	−27.76	−21.67	−39.06***	−22.06
	(8.268)	(11.98)	(13.73)	(28.30)	(24.83)	(24.86)	(10.72)	(25.43)
urb		1.280	1.254	1.149				
		(0.965)	(0.954)	(0.978)				
air			12.92*	12.38*		12.27*	12.88*	12.22
			(7.253)	(7.355)		(7.370)	(7.358)	(7.431)
elife				−4.256	−8.078	−6.217		−6.070
				(8.149)	(7.992)	(7.993)		(8.231)
popd							−0.00112	−0.000384
							(0.00452)	(0.00464)
Constant	612.8***	661.8***	513.4***	711.3*	984.3**	758.8*	465.7***	752.5*
	(72.43)	(81.04)	(115.5)	(396.2)	(374.6)	(395.0)	(110.5)	(404.4)
Observations	123	123	123	123	123	123	123	123
R-squared	0.298	0.312	0.335	0.337	0.306	0.327	0.323	0.327
Number of province	31	31	31	31	31	31	31	31

表 5.19 城市 55—64 岁人口就诊率的计量分析结果

变量	(1) uc7	(2) uc7	(3) uc7	(4) uc7	(5) uc7	(6) uc7	(7) uc7	(8) uc7
logudi	-52.77***	-87.05***	-64.49***	-50.41	-10.93	0.261	-29.79*	-5.617
	(13.09)	(18.49)	(21.04)	(43.40)	(39.25)	(39.08)	(16.78)	(39.84)
Urb		3.803**	3.756**	3.642**				
		(1.489)	(1.462)	(1.501)				
Air			23.53**	22.95**		22.57*	22.83*	21.89*
			(11.12)	(11.28)		(11.59)	(11.52)	(11.64)
Elife				-4.642	-14.28	-10.86		-8.633
				(12.50)	(12.63)	(12.56)		(12.89)
Popd							-0.00686	-0.00581
							(0.00707)	(0.00726)
Constant	696.3***	841.9***	571.6***	787.4	1 353**	938.1	435.1**	842.9
	(114.7)	(125.1)	(177.1)	(607.6)	(592.1)	(620.8)	(173.0)	(633.4)
Observations	123	123	123	123	123	123	123	123
R-squared	0.152	0.209	0.247	0.248	0.163	0.198	0.199	0.203
Number of province	31	31	31	31	31	31	31	31

表 5.20 城市 65 岁及以上人口就诊率的计量分析结果

变量	(1) uc8	(2) uc8	(3) uc8	(4) uc8	(5) uc8	(6) uc8	(7) uc8	(8) uc8
logudi	-19.18	-43.34	-29.84	-32.81	-2.882	4.024	-4.662	-9.831
	(14.96)	(31.65)	(25.45)	(51.88)	(45.12)	(45.61)	(19.45)	(45.96)
urb		2.691	2.608	2.633				
		(1.755)	(1.757)	(1.804)				
air			13.68	13.81		14.15	12.42	12.64
			(13.57)	(13.78)		(13.86)	(13.58)	(13.76)
elife				0.982	-5.565	-3.414		1.849
				(14.88)	(14.52)	(14.67)		(14.88)
popd							-0.0135	-0.0137
							(0.00813)	(0.00838)
Constant	460.0***	561.9***	403.8*	358.2	715.8	456.6	318.2	230.7
	(131.0)	(146.1)	(214.3)	(724.6)	(680.4)	(726.1)	(201.1)	(732.3)
Observations	122	122	122	122	122	122	122	122
R-squared	0.018	0.043	0.054	0.054	0.020	0.031	0.060	0.060
Number of province	31	31	31	31	31	31	31	31

农村分年龄别的就诊率与城镇年龄别就诊率的回归分析结果相似,此处不赘述。

4. 住院率、就诊率的历史数据分析及对未来的预测

由于计量回归分析中未能得出影响住院率、就诊率变化情况的统一变量,我们需要对住院率、就诊率的历史数据进行分析,以此为基础得出对其未来值的预测。从医学角度来看,住院与否、就诊与否,直接取决于不同年龄段人口的身体健康状况,有其自身内在规律,不会随着经济发展而永久上升或永久下降,因此,从住院率与就诊率的历史数据中直接推算出未来的变化规律,将会是一个更科学的方法。

我们将 1993 年、1998 年、2003 年、2008 年《中国卫生服务调查研究》中全国层面分城乡和年龄别的就诊率、住院率汇总,结果如图 5.2 至图 5.6 所示。

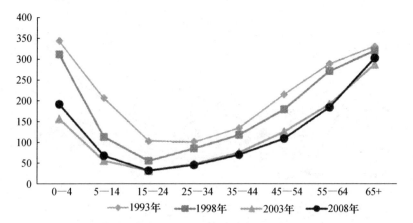

图 5.2　1993 年、1998 年、2003 年、2008 年城镇分年龄别的就诊率

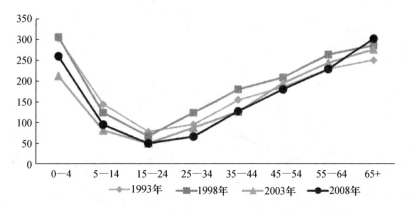

图 5.3　1993 年、1998 年、2003 年、2008 年农村分年龄别的就诊率

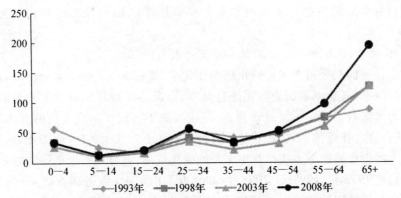

图 5.4　1993 年、1998 年、2003 年、2008 年城镇分年龄别的住院率

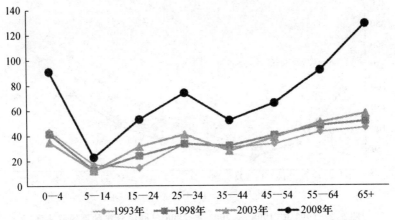

图 5.5　1993 年、1998 年、2003 年、2008 年农村分年龄别的住院率

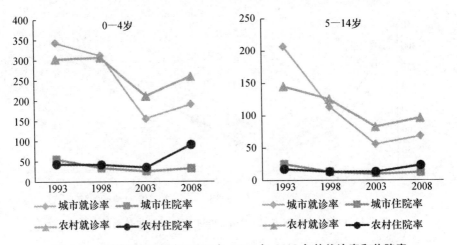

图 5.6　各年龄别 1993 年、1998 年、2003 年、2008 年的就诊率和住院率

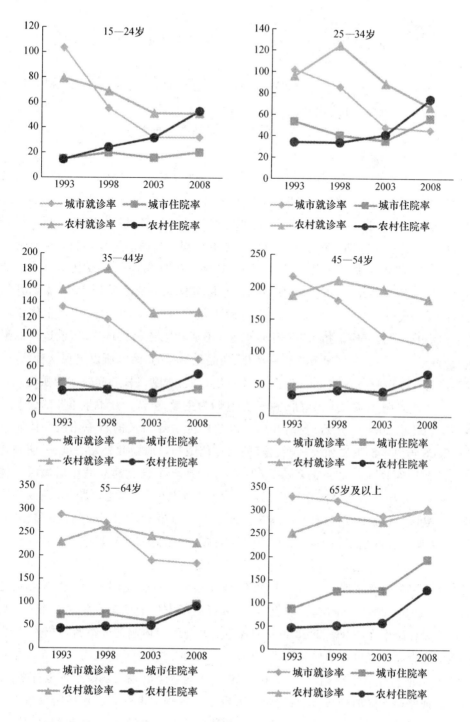

图 5.6(续) 各年龄别 1993 年、1998 年、2003 年、2008 年的就诊率和住院率

观察以上数据,得出结论如下:

(1) 老年人的住院率和就诊率较高,儿童的就诊率较高但住院率较低,中青年人的住院率和就诊率都较低。

(2) 各个年龄别就诊率在1993—2003年间逐年降低的趋势较明显,但老龄人口(尤其是农村老龄人口)除外,这从侧面印证了上文计量回归分析中除老年人外的就诊率与经济发展水平负相关的结论。说明随着时间的推移,我国非老年人口的健康状况在不断改善。

(3) 城镇大多数年龄别的住院率在1993—2003年间呈缓慢下降或持平趋势,但所有年龄别的住院率都在2003—2008年间有一定程度的上升;农村大多数年龄别的住院率在1993—2003年间呈持平或缓慢上升的趋势,但在2003—2008年间所有年龄别的住院率都大幅上升。这一现象的出现与我国的医疗体制改革有密切关系。虽然1985年是我国的医改元年,但1985—2005年间的医改基本上是不成功的。2003年肆虐全国的SARS使我国医疗服务体系的弊端暴露无遗,人们开始思考医改的成效;2005年7月8日,国务院发展研究中心"中国医疗卫生体制改革"课题组研究报告明确指出"我国医改基本不成功",该报告认为,医改困局的形成,是将近二十年来医疗服务逐渐市场化、商品化引起的,而之所以出现这种情况,和政府对卫生医疗事业的主导不足、拨款不足有关,所以,"核心问题在于强化政府责任",医改路向选择上应以政府主导,公有制为主导,坚持医疗卫生事业的公共品属性。因此从2005年开始,我国开始了以政府为主导力量的新一轮医疗体制改革。2006年卫生部下文加大"新农合"的试点范围和政府财政补贴力度,并明确建立城镇居民医疗保险体系的目标,2007年开始在多个试点建立城镇居民医保体系,2008年开始城镇居民医疗保险试点扩容和"新农合"全覆盖,使得新医改的进程大大提速。从我们上文收入预测部分的数据不难发现,城镇居民医保和"新农合"的参保人数占据了所有参保人数的绝大多数,因此,2005年开始的新一轮医改,是使得人们(尤其是农村人口)住院率上升的直接因素。这也从另一个侧面证明了住院率与经济发展水平不显著相关,但在很大程度上受到医疗保险体制的影响。Wagstaff(2009)也指出"新农合"的开展提高了农村的就诊率和住院率。因此我们假设住院率在2003—2008年间的普遍上升与医疗体制的改革密切相关,医保体系的完善释放了以往的住院需求,并在一定程度上诱导了住院需求。就诊率在2003年以前有显著下降趋势,但2003—2008年间各年龄别的就诊率都呈持平、略微上升或略微下降的趋势,说明就诊行为也在一定程度上受到医疗体制改革的影响,人们身体状况的改善和医保报销政策的诱导这两种力量中和,导致就诊率出现2003—2008年间持平或略微变动的现象。考虑到我国2008年医保覆盖率已经高达 90%,"城职保""城居保"和"新农保"三大体系已基本稳定,我们假设,从 2008 年起,城乡分年龄别的就诊率和住院率保持不变。

5.2.3 各类型医疗保险的补偿比例

《2008 年中国卫生服务调查研究》公布了 2008 年"城职保"次均就诊费用是 350 元、次均住院费用是 10 783 元;"城居保"次均就诊费用是 242 元、次均住院费用是 5 020 元;"新农合"次均就诊费用是 163 元,次均住院费用是 3 412 元。《2008 年中国卫生服务调查研究》的调查结果显示:"2008 年城镇职工基本医疗保险参保人口住院费用报销比为 63.2%,城镇居民基本医疗保险参保人口住院费用平均报销比为 49.3%,新型农村合作医疗参合人口住院费用报销比为 26.6%。城镇居民基本医疗保险以报销住院费用为主,大部分地区病人的门诊费用仍然需要自付,同样情况也出现于新农合。"我们假设"城职保"和"城居保"的次均就诊费用和次均住院费用按照城镇次均就诊费用与住院费用的增长率增长,"新农合"的次均就诊费用和次均住院费用按照农村次均就诊费用与住院费用的增长率增长,计算出 2010 年、2011 年和 2012 年"城职保""城居保"和"新农合"的次均就诊费用和次均住院费用。2011 年,"城职保""城居保"和"新农合"的实际报销比分别提高到 68.3%、52.28% 和 49.2%。[①] 我们利用上述数据插值得出 2010 年"城职保""城居保"和"新农保"住院的报销比例,并假设 2012 年住院报销比例和 2011 年相同,再通过 2010 年、2011 年和 2012 年已知的基金总支出数据和住院报销比例校准得出门诊费用报销比例,结果显示,2010 年"城职保"统筹账户的就诊费用报销比例为 24.2%,"城居保"的就诊费用报销比例为 0.6%,"新农合"的就诊费用报销比例为 6.32%;2011 年"城职保"统筹账户的就诊费用报销比例为 32.5%,"城居保"的就诊费用报销比例为 5.4%,"新农合"的就诊费用报销比例为 10.88%;2012 年"城居保"的就诊费用报销比例为 13.93%,"新农合"的就诊费用报销比例为 20.92%。

5.2.4 支出预测结果

根据本章各小节对住院费用、就诊费用、住院率、就诊率、报销比例的假设,结合第 3 章和第 4 章的人口预测结果及三种医保类型参保人口的假设,我们进行了 2011—2050 年三种类型医疗保险支出的预测,结果如表 5.21 至表 5.23 所示。

---

① 数据来自《全国社会保障资金审计结果(审计署审计结果公告 2012 年第 34 号)》。

表 5.21 城镇职工医疗保险统筹账户 2011—2050 年支出预测结果

(单位:百亿元)

年份	基金支出	年份	基金支出	年份	基金支出	年份	基金支出
2011	24.09	2021	59.39	2031	113.13	2041	200.94
2012	26.91	2022	63.33	2032	120.03	2042	211.31
2013	29.53	2023	67.61	2033	127.78	2043	222.40
2014	32.37	2024	72.04	2034	135.81	2044	233.91
2015	35.47	2025	76.73	2035	144.40	2045	245.79
2016	38.66	2026	81.46	2036	153.13	2046	258.07
2017	42.25	2027	87.01	2037	162.31	2047	270.95
2018	46.37	2028	93.29	2038	171.72	2048	283.77
2019	50.88	2029	99.67	2039	181.22	2049	296.77
2020	55.58	2030	106.26	2040	190.86	2050	309.90

表 5.22 城镇居民医疗保险 2011—2050 年支出预测结果 (单位:百亿元)

年份	基金支出	年份	基金支出	年份	基金支出	年份	基金支出
2011	4.13	2021	14.78	2031	25.59	2041	42.05
2012	6.75	2022	15.67	2032	26.88	2042	44.09
2013	7.38	2023	16.60	2033	28.31	2043	46.27
2014	8.08	2024	17.53	2034	29.79	2044	48.56
2015	8.88	2025	18.50	2035	31.36	2045	50.93
2016	9.70	2026	19.48	2036	32.97	2046	53.38
2017	10.61	2027	20.58	2037	34.67	2047	55.95
2018	11.63	2028	21.81	2038	36.43	2048	58.52
2019	12.74	2029	23.03	2039	38.23	2049	61.12
2020	13.89	2030	24.30	2040	40.09	2050	63.74

表 5.23 新型农村合作医疗 2011—2050 年支出预测结果 (单位:百亿元)

年份	基金支出	年份	基金支出	年份	基金支出	年份	基金支出
2011	17.11	2021	35.91	2031	47.04	2041	58.36
2012	24.11	2022	37.02	2032	48.27	2042	59.28
2013	25.22	2023	38.17	2033	49.58	2043	60.05
2014	26.35	2024	39.14	2034	50.85	2044	60.85
2015	27.59	2025	40.19	2035	52.11	2045	61.60
2016	28.90	2026	41.16	2036	53.28	2046	62.20
2017	30.36	2027	42.29	2037	54.41	2047	62.87
2018	31.86	2028	43.50	2038	55.44	2048	63.38
2019	33.30	2029	44.62	2039	56.44	2049	63.88
2020	34.83	2030	45.78	2040	57.38	2050	64.39

5.3 我国三大医疗保险体系未来基金收支平衡分析

5.3.1 城镇职工医保的统筹账户收支平衡分析

图 5.7 给出了我们预测的 2010—2050 年城镇职工医疗保险统筹基金收支情况。我们发现,在维持现有缴费水平和补偿比例的情况下,随着时间的推移、经济水平的发展,城镇职工医疗保险统筹基金支出在 2019 年起开始超过统筹基金收入,统筹基金开始收不抵支,2022 年起统筹基金结余转为负值,2050 年累计结余赤字 219 560 亿元。

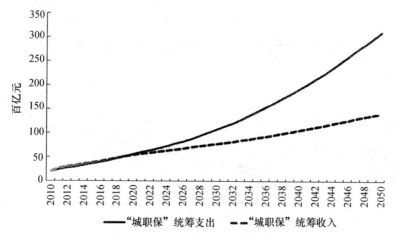

图 5.7　2010—2050 年城镇职工医疗保险统筹基金收支预测

5.3.2 城镇居民医保基金收支平衡分析

图 5.8 给出了我们预测的 2010—2050 年城镇居民医疗保险基金收支情况。我们发现,若缴费水平按照生产率增长率增长,且保持现有的补偿比例,城镇居民医保支出 2035 年开始超过"城居保"基金收入,但是"城居保"基金的累计结余在 2050 年前还能够维持,2050 年"城居保"基金仍然有结余 2051 亿元。

5.3.3 新型农村合作医疗保险基金收支平衡分析

图 5.9 给出了我们预测的 2010—2050 年新型农村合作医疗保险基金收支情况。如果缴费水平按照收入预测时的假设增长,且保持现有的补偿比例,"新农合"基金收入会一直超过基金支出,"新农合"基金累计结余不断增加,到 2050 年累计结余 31 640 亿元。

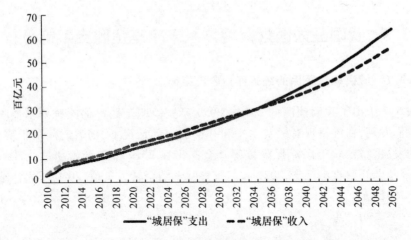

图 5.8　2010—2050 年城镇居民医疗保险基金收支预测

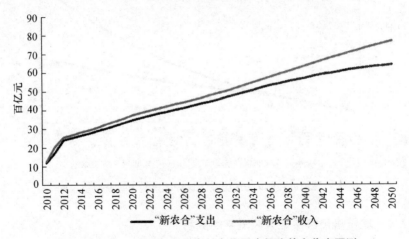

图 5.9　2010—2050 年新型农村合作医疗保险基金收支预测

第6章 代际核算体系中的生长率增长率和贴现率研究

6.1 生产率增长率

生产率增长率是代际核算系统中的一个重要参数,基准情形中我们假设工资、社会保险的缴费和保险金支付、人均税收与人均政府消费都按照生产率的增长率增长。传统的代际核算方法一般会假设一系列的生产率增长率,并选择一个作为基准假设,本书也将参考这种方法,在选择一个基准的生产率增长率假设后,将进行生产率增长率的敏感性分析。

我国已经确定了到2020年国内生产总值翻两番的战略目标,根据这个目标,我国21世纪前20年的GDP增长率要保持在7%左右,由于我国在前20年人口还是正增长,因此本书假设2020年前的生长率增长率为6%,2020年到2050年为4%,2050年后生产率增长率保持在2%,并把这个作为基准假设。除了上述基准假设以外,本书也会进一步进行生产率增长率的敏感性分析。

6.2 贴 现 率

代际账户是某年出生的一代在基年及以后各年的所有剩余生命周期内净税支付额的精算现值,税收、转移支付和政府消费都需要折现到基年,因此贴现率是代际核算方法中一个很重要的指标。如果政府的税收、转移支付和政府消费的时间与数量是确定的,那么理论上我们所用的贴现率应该是政府债券的利率。但这些项目显然是不确定的,因此我们应该采用一个高出政府债券收益率的贴现率。但是税收、转移支付和政府消费又是受到一定的法律或者预算的约束的,因此一般它们的贴现率应该低于资本收益率。各国在应用代际核算方法时一般采用一系列的贴现率,但是基准的贴现率往往定在政府债券的利率和实际的资本收益率之间。因此,我们需要预测中国的资本收益率,并且将我们代际核算体系的基准贴现率设定在无风险利率和资本收益率之间。

研究资本收益率主要有两种方法,一是通过分析统计数据,用相应的指标来反映资本收益的"指标法";二是通过对总量生产函数的计量回归和推导得到资本收益率的"函数法"。在进行社会保障等福利政策的研究时,国外往往采用指标法测算的资本收益率的数据。代际核算体系是一套研究财政问题的方法,因此本书用Feldstein(1977)提出的指标法估计中国的资本收益率。

6.2.1 方法分析

Feldstein(1977)在分析美国国民储蓄时提出一种测算资本收益率的方法。Feldstein用非金融部门的税前资本收入与相应的资本存量相比得到所需的收益率。后来这一方法获得了广泛的应用。Feldstein(1996)用这种收益率的测算方法分析美国建立完全积累社会保障制度的影响。Feldstein and Ranguelova(1998)用Poterba(1997)的美国非金融部门的资本收益率作为个人退休账户(PRA)的收益率,并估算出在积累制下,人们只要将现在缴纳的工资税的1/3进行投资,就可以提供比现在还高的养老金。我们试着用这种方法测算中国的投资收益率。

这种资本收益率测算方法的思想是用资本的产出除以对应的有形资产的资本存量。常用的是用税前利润与净利息支出之和与有形资产的资本存量作比。利润不论是以红利形式,还是未分配利润形式,最终都成为股东的收益,而利息是债权人的收益,因此它们都是投资收益的一部分。这种收益率的测算方法在求资产的社会收益率时经常被使用。Feldstein and Poterba(1980)和Poterba(1997)计算资本收益率时,又对以求资本收益率的公式进行了修正。以前的公式是用税前利润与净利息支出之和除以对应的资本存量,Feldstein和Poterba认为这降低了资本收益率,他们认为应该把财产税加入税前利润中。Feldstein and Poterba(1980),Feldstein, Poterba and Mireanx(1983)和Poterba(1997)的观点都是如果把财产税视为政府向企业提供服务所收取的报酬,那么财产税可以视为企业的支出在计算税前利润时扣除,但财产税本质上是可以看作投资的收益的,因此资本收益率的计算公式可以写成:

$$资本收益率 = (税前利润 + 净利息支出 + 财产税)/ 有形资产 \quad (6.1)$$

理论上说,在分析养老资金的投资时,我们应该采用一个全社会的资本收益率。但由于数据缺乏,Feldstein等人现在也只测算了一个部门的资本收益率:Nordhaus(1974),Feldstein and Summers(1977),Holland and Myers(1979),Feldstein, Poterba and Mireanx(1983),Rippe and Lavin(1995)和Poterba(1997)都仅计算非金融部门的资本收益率,因为尽管金融部门的利润在利润总额中的比重迅速上升,但由于金融部门的资本收益率不好测算,因此美国现在仅有非金融部门的资本收益率。非金融部门来源于一种常见的分类方法,这种分类方法将社会分为政府部门、个人部门、非金融部门、金融部门和国外部门五个部门,美国 NIPA 的很多数据是基于这个口径进行统计的。而我国除了资金流量表以外,别的数据都不是按照五部门划分法统计的,即使是使用这一分类方法的资金流量表也与美国有一个显著不同:因为美国国有企业的比重很小,而且大多数国有企业由国家财政补贴,因此国有企业归于政府部门;而我国却未将国有企业归于政府部门,而是分散在非金融部门和金融部门中。因此我们无法准确地计算出中国私人非金融部门的资本收益率,并且由于非金融部门这一口径在中国很少使用,计算出中国非金融部门的资本收益率意义也不大。我国数据的常用分类方法是产业和行业分类,由于工业在我国经济中还是占有很重要的地位,并且工业部门的资料比较完备,因此我们决定估算中国工业的资本收益率。

另外,在用 Feldstein 等人的方法计算中国有形资产的资本收益率时,我们做了以下调整:

第一,不向资本的产出补充财产税。比较中美税制我们会发现,美国的财产税又叫不动产税,是对个人和公司等的全部不动产征收的税,反映的是对存量资本征税的概念。而中国财产税还在试点阶段,因此文中的资本产出中不包括财产税。

第二,中国的《工业统计年报》上公布了 1982—1984 年、1991—1992 年和 1996—2003 年的利息支出数据,1995 年的利息支出数据可以从第三次全国工业普查数据中得到。1982—1984 年、1991—1992 年的利息支出数据是列在工业净产值项下,从理论上说,工业净产值中的利息数据应该是企业的利息支出总额,不能用利息收入冲减。但是,我国为了和成本核算一致,工业净产值的利息支出数据是减去利息收入的,因此,1982—1984 年、1991—1992 年的利息支出数据实际上是净利息支出。1995 年后的利息支出数据是列在财务费用项下,财务费用中的利息支出也是指净利息支出。① 因此我们只需要推算出 1985—1990 年和 1993—1994 年的净利息支出额。

(1) 1985—1990 年有工业净产值的数据,因此我们从工业净产值数据中获得工业净利息支出的数据:

净利息支出 = 工业净产值 - 应得产品销售利润 - 应缴纳产品销售税金和附加
    - 工资 - 提取职工福利 - 其他   (6.2)

(6.2)式中,工业净产值和工资的数据可以直接从《中国统计年鉴》中得到(其中工资数据要进行一些调整),因此关键是推算出应得产品销售利润、应缴纳产品销售税金和附加、提取职工福利基金和其他非物耗。应得产品销售利润不是销售产品的实现利润,也不是利润总额,因为利润总额还包括一部分同工业生产相关的营业外收支净额和其他销售利润,而实际销售产品包括上期生产本期销售的产品,

---

① 国家统计局制定.工业统计主要指标解释[M].中国城市出版社,1993.

不包括本期生产下期销售的产品。应缴纳产品销售税金也不是会计报表中报告期实际销售产品已缴纳的销售税金。应得产品销售利润和应缴纳的产品销售税金可用以下公式计算求得：

  应得产品销售利润 + 应缴纳的产品销售税金
   = 现价工业总产值
    -（生产费用合计数 + 产品销售费用 + 订货者来料价值）
    - 技术转让费   (6.3)

  由于数据缺乏，我们无法用(6.3)式准确地推导出应得产品销售利润和应缴纳的产品销售税金，因此我们用实际产品销售利润和实际产品销售税金代替应得产品销售利润与应缴纳的产品销售税金，肯定会存在差距，一般情况下实际产品销售利润和实际产品销售税金小于应得产品销售利润与应缴纳的产品销售税金，但是由于1985—1990年我国基本上还是卖方市场，因此产品生产量和销售量之间的差距还不是太大，这样的假设不会造成太大的误差。1982—1984年同时公布了实际产品销售利润和实际产品销售税金以及应得产品销售利润和应缴纳的产品销售税金的数据，我们可以发现数据的差距不到1%。

  1992年以前我国提取职工福利基金是按企业职工工资总额扣除副食品价格补贴和各种奖金（包括超过标准工资的计件工资、浮动工资、提成工资等）后的11%提取，我们依此计算出1985—1990年的提取职工福利基金。

  其他项目是指属于国民收入初次分配性质，列入企业"生产费用"中开支的，除工资、福利基金、净利息支出以外的其他非物耗支出，主要包括计入生产费用"其他支出"中的非物耗部分，税前支付财政的部分，如电费附加、集资办电和排污费等。我们可以得到1982—1984年和1991—1992年的其他非物耗值，可以看出其他非物耗项占工业净产值的比重逐年上升。因此我们假设1984—1991年其他非物耗项占工业净产值的比重按照等比级数增加，这样估算出其他非物耗项的数值。

  (2) 1993—1994年没有工业净产值的数据，但是我国从1992年起开始编制资金流量表，表中有非金融部门的净利息支出数据，因此我们从资金流量表中获得1993—1994年的工业净利息支出数据。其中1993—1994年工业企业的净利息支出占整个非金融部门净利息支出的比重是1992年和1995—1999年的平均数，因为我们可以发现根据这些年份数据计算出来的工业企业的净利息支出占整个非金融部门净利息支出的比重较为稳定，而在一定的时间段内，这个比重不会发生剧烈的变化，因此这样假设具有一定的合理性。

  (3) 从2001年起，《中国工业经济统计年鉴》开始公布国有工业企业和规模以上工业企业的利息支出数据。

6.2.2 数据计算

1. 全国独立核算工业企业的净利息支出

按 6.2.1 节中的方法计算的我国独立核算工业企业的净利息支出数据如表 6.1 和表 6.2 所示。

表 6.1　1985—1990 年全国独立核算工业企业的净利息支出　　（单位：亿元）

年份	工业净产值(1)	应得产品销售利润(2)	应缴纳产品销售税金(3)	工资(4)	提取职工福利基金(5)	其他(6)	利息=(1)-(2)-(3)-(4)-(5)-(6)
1985	2 767.3700	979.9073	719.9344	624.6000	56.8886	213.6176	172.4221
1986	2 978.7000	944.0600	787.5200	749.7000	68.2827	302.3361	126.8012
1987	3 487.7100	1 765.8099		857.3000	76.2911	418.7379	369.5711
1988	4 301.4300	2 266.7878		1 062.5000	91.7469	536.0525	344.3428
1989	4 903.4100	2 157.6996		1 222.8000	104.9162	625.2935	792.7007
1990	5 093.2500	1 900.9803		1 373.0000	119.6158	815.5127	884.1413

表 6.2　1993—1994 年全国独立核算工业企业的净利息支出　　（单位：亿元）

年份	非金融部门利息运用(1)	非金融部门利息来源(2)	非金融部门净利息支出(3)=(1)-(2)	全国工业净利息/非金融部门净利息(4)	全国工业净利息(5)=(3)×(4)
1993	3 015.7200	1 368.4600	1 647.2600	0.7682	1 265.3988
1994	4 448.9500	1 939.4800	2 509.4700	0.7682	1 927.7347

2. 全国独立核算工业企业的资本收益率

表 6.3 计算了我国 1982—2010 年工业企业的资本收益率,我们可以看出改革开放后这 29 年扣除通货膨胀的实际资本收益率变化幅度较大,最低值是 1994 年的 -8.9%,1982 年高达 16.27%,平均的实际资本收益率为 7.42%。1997 年后我国资本收益率水平较为稳定,1997—2010 年工业企业平均实际资本收益率为 10.18%,2000 年后的平均实际资本收益率为 10.83%。

表 6.3　1982—2010 年全国独立核算工业企业的资本收益率

年份	利润总额(亿元)	净利息支出(亿元)	资本存量(亿元)	资本收益率(%)	通货膨胀率(%)	实际资本收益率(%)
1982	704.20	43.37	4 641.84	16.10	-0.17	16.27
1983	772.10	50.33	4 841.53	16.99	1.01	15.98
1984	852.40	62.80	5 235.32	17.48	4.96	12.52
1985	944.10	172.42	5 900.38	18.92	10.23	8.69
1986	877.58	126.80	6 796.31	14.78	4.69	10.09
1987	1 004.96	369.57	8 055.08	17.06	5.19	11.88

(续表)

年份	利润总额 (亿元)	净利息支出 (亿元)	资本存量 (亿元)	资本收益率 (%)	通货膨胀率 (%)	实际资本收益率 (%)
1988	1 189.91	344.34	10 029.44	15.30	12.11	3.18
1989	1 000.34	792.70	12 030.01	14.90	8.55	6.36
1990	559.81	884.14	15 087.35	9.57	5.80	3.77
1991	642.78	614.70	17 097.80	7.35	6.85	0.50
1992	972.35	726.02	20 581.46	8.25	8.20	0.05
1993	1 602.47	1 265.40	27 624.27	10.38	15.18	−4.80
1994	1 796.75	1 927.73	31 781.44	11.72	20.62	−8.90
1995	1 634.93	2 229.76	35 273.29	10.96	13.70	−2.75
1996	1 489.74	2 470.28	44 452.79	8.91	6.42	2.49
1997	1 703.48	2 400.38	48 115.61	8.53	1.53	7.00
1998	1 458.11	2 228.36	51 908.91	7.10	−0.89	7.99
1999	2 288.24	2 008.54	55 757.03	7.71	−1.28	8.99
2000	4 393.48	1 841.40	67 237.12	9.27	2.05	7.23
2001	4 733.43	1 757.89	64 968.18	9.99	2.05	7.94
2002	5 784.48	1 793.41	69 261.94	10.94	0.59	10.35
2003	8 337.24	1 855.92	73 161.03	13.93	2.59	11.34
2004	11 929.30		91 313.03		6.93	
2005	14 802.54	2 601.94	110 354.25	15.77	3.92	11.85
2006	19 504.44	3 151.75	114 701.93	19.75	3.81	15.94
2007	27 155.18	4 163.31	160 010.14	19.57	7.63	11.94
2008	30 562.37	5 664.16	229 016.87	15.82	7.76	8.05
2009	34 542.22	5 323.01	284 552.79	14.01	−0.61	14.62
2010	53 049.66	6 274.20	377 971.68	15.70	6.64	9.05

注:利润总额的统计口径从1998年起变为"国有控股企业及规模以上非国有企业",口径有所缩小;资本存量的数据引自:孙琳琳,任若恩.转轨时期我国行业层面资本积累的研究——资本存量和资本流量的测量[J].经济学(季刊)2014年第1期:837—862;《中国工业经济统计年鉴》没有公布2004年的工业企业利息支出。

如前所述,本书假设2020年前的生长率增长率为6%,2020年到2050年为4%,2050年后生产率增长率保持在2%。而我国21世纪工业企业资本收益率为10.83%。由于我国处于高速发展时期,税收、政府消费的不确定性都更大,波动也会更大,因此我们假设在21世纪初期贴现率基本接近资本收益率。因此本书假设代际核算体系中的基准贴现率比同期的生产率增长率高3个百分点。以后随着中国经济的逐渐成熟,税收和政府消费也会逐年趋于稳定,我们的贴现率也会随着生产率增长率的下降而下降。按照代际核算的传统做法,我们还会对生产率增长率和贴现率进行敏感性分析。

第7章 中国代际核算体系构建和政策模拟

代际核算体系是一套全面的、面向未来的分析财政问题的系统,这就决定了代际核算体系中涉及变量众多,需要对变量做出合理的预测。表7.1汇总了本书构建代际核算体系时的基准假设。

表7.1 代际核算体系中的变量基准假设

变量	基准假设
1. 生产率增长率	2020年前0.06,2050年前0.04,2050年后保持在0.02
2. 贴现率	比生产率增长率高3个百分点
3. 总和生育率	城镇由2010年的1.1线性上升至2020年的1.4之后维持不变,乡村由2010年的1.45线性上升至2020年的1.8之后维持不变
4. 城市化率	2020年前城市化率平均每年提高1个百分点,2050年前平均每年提高0.6个百分点,城市化率达到75%后保持不变
5. 人均社会保障支付增长率	生产率增长率
6. GDP增长率	生产率增长率与人口增长率之和
7. 工资增长率	生产率增长率
8. 人均政府支出增长率	生产率增长率
9. 人均税收增长率	生产率增长率

7.1 基准假设下代际账户的构成

我们已经对财政体系的各个组成部分进行了预测,以此为基础我们可以计算出现存各代在上述财政政策下人均未来生命周期的净税支付额的精算现值。表7.1至表7.5描述了城镇男性、城镇女性、农村男性和农村女性现存各代中的每个人的代际账户值及其构成。我们先来看表7.1。

表 7.2 基准假设下城镇男性的人均代际账户构成

(单位:元)

年龄	税收	社会保险缴费					社会保险金				教育	卫生	代际账户
		养老	医疗	失业	工伤	生育	养老	医疗	失业	工伤			
0	185 630	69 807	11 023	4 296	1 038	1 092	37 899	8 445	2 943	1 060	57 570	16 850	148 119
1	190 800	72 527	11 376	4 463	1 079	1 135	39 390	8 500	2 541	916	59 232	16 295	154 506
2	194 880	74 698	11 641	4 597	1 111	1 169	40 583	8 481	2 665	960	60 410	15 581	159 416
3	199 970	76 910	11 910	4 733	1 144	1 203	41 801	8 460	2 797	1 007	61 594	14 843	165 368
4	203 290	79 176	12 185	4 872	1 178	1 239	43 049	8 517	3 008	1 083	61 718	14 081	170 483
5	207 460	81 500	12 467	5 015	1 212	1 275	44 331	8 622	3 159	1 138	61 838	13 296	176 546
6	212 390	83 887	12 757	5 162	1 248	1 313	45 649	8 788	3 250	1 170	61 956	13 276	182 668
7	217 540	86 341	13 055	5 313	1 284	1 351	47 005	8 960	3 768	1 357	59 710	13 255	190 829
8	222 520	88 767	13 361	5 467	1 322	1 390	48 386	9 138	3 736	1 346	57 419	13 234	199 569
9	226 770	91 159	13 676	5 625	1 361	1 431	49 793	9 322	3 756	1 355	55 085	13 213	207 497
10	231 740	93 506	14 000	5 785	1 400	1 472	51 222	9 512	3 790	1 371	52 704	13 190	216 115
11	236 480	95 799	14 333	5 946	1 441	1 513	52 674	9 709	4 190	1 521	50 277	13 167	223 975
12	241 450	98 027	14 675	6 108	1 483	1 555	54 145	9 911	4 015	1 467	47 800	13 143	232 817
13	244 680	100 180	15 026	6 269	1 526	1 597	55 636	10 121	4 234	1 560	43 752	13 117	240 858
14	249 600	102 260	15 387	6 428	1 571	1 638	57 146	10 365	4 175	1 557	39 626	13 091	250 924
15	254 310	104 250	15 750	6 583	1 616	1 679	58 673	10 630	3 546	1 342	35 421	13 064	261 512
16	259 680	106 180	16 094	6 733	1 663	1 719	60 222	10 896	3 152	1 214	30 909	13 303	272 373
17	265 510	108 030	16 345	6 871	1 709	1 757	61 794	11 126	2 817	1 107	26 310	13 548	283 521
18	269 790	109 760	16 542	6 995	1 754	1 792	63 438	11 364	2 856	1 132	21 625	13 800	292 418
19	274 380	111 260	16 689	7 100	1 794	1 822	65 128	11 610	2 713	1 107	18 188	14 061	300 238
20	278 310	112 490	16 788	7 181	1 829	1 848	66 701	11 865	2 072	872	14 686	14 329	307 921

（续表）

年龄	税收	社会保险缴费						社会保险金					教育	卫生	代际账户
		养老	医疗	失业	工伤	生育		养老	医疗	失业	工伤				
21	282 020	113 470	16 844	7 241	1 860	1 868		67 344	12 130	2 156	938		11 119	14 607	315 010
22	282 990	114 120	16 857	7 276	1 884	1 883		69 129	12 403	2 321	1 040		7 483	14 892	317 742
23	283 400	114 310	16 831	7 279	1 898	1 891		70 958	12 685	2 209	1 020		3 778	15 186	319 773
24	282 530	113 900	16 767	7 245	1 901	1 890		72 808	12 974	2 419	1 174		0	15 489	319 369
25	281 730	113 050	16 666	7 182	1 895	1 882		74 703	13 264	2 634	1 344		0	15 800	314 659
26	280 240	111 830	16 529	7 094	1 881	1 868		76 642	13 529	2 522	1 355		0	16 067	309 328
27	276 890	110 300	16 358	6 985	1 861	1 850		78 626	13 801	2 450	1 320		0	16 340	301 707
28	273 460	108 490	16 154	6 859	1 836	1 827		80 659	14 084	2 078	1 123		0	16 621	294 062
29	268 840	106 450	15 920	6 716	1 806	1 801		82 739	14 375	2 311	1 267		0	16 909	283 932
30	265 030	104 180	15 657	6 559	1 771	1 772		84 865	14 677	2 320	1 291		0	17 206	274 610
31	260 490	101 720	15 370	6 389	1 733	1 740		87 048	14 989	2 104	1 187		0	17 512	264 602
32	256 540	99 069	15 058	6 207	1 691	1 705		89 280	15 312	2 124	1 173		0	17 826	254 555
33	252 400	96 262	14 724	6 015	1 646	1 668		91 566	15 647	2 236	1 208		0	18 149	243 909
34	247 820	93 303	14 368	5 813	1 598	1 629		93 902	15 976	1 942	1 023		0	18 481	233 207
35	243 070	90 200	13 994	5 602	1 547	1 588		96 299	16 299	1 870	960		0	18 823	221 750
36	238 190	86 977	13 602	5 384	1 495	1 545		98 756	16 561	1 712	853		0	19 022	210 289
37	232 860	83 629	13 192	5 158	1 440	1 501		101 270	16 834	1 570	766		0	19 226	198 114
38	227 500	80 184	12 769	4 926	1 383	1 456		103 860	17 117	1 477	705		0	19 438	185 622
39	221 810	76 641	12 332	4 688	1 325	1 410		106 510	17 413	1 402	651		0	19 658	172 572
40	216 260	73 008	11 883	4 446	1 265	1 363		109 230	17 721	1 251	563		0	19 885	159 574
41	210 540	69 306	11 424	4 200	1 203	1 315		137 340	18 043	1 327	576		0	20 123	120 579

（续表）

年龄	税收	社会保险缴费					社会保险金				教育	卫生	代际账户
		养老	医疗	失业	工伤	生育	养老	医疗	失业	工伤			
42	204 740	65 512	10 950	3 949	1 141	1 267	140 930	18 376	1 178	512	0	20 365	106 197
43	198 760	61 653	10 467	3 695	1 077	1 218	144 660	18 726	1 468	639	0	20 620	90 758
44	192 340	57 698	9 972	3 438	1 011	1 168	148 470	19 069	1 219	530	0	20 882	75 457
45	185 930	53 673	9 466	3 178	944	1 119	129 600	19 400	1 102	478	0	21 154	82 575
46	179 280	49 608	8 950	2 918	877	1 070	133 590	19 635	1 023	442	0	21 243	66 769
47	172 640	45 510	8 424	2 659	809	1 021	137 680	19 883	797	340	0	21 337	51 025
48	165 860	41 380	7 889	2 400	741	973	141 930	20 145	1 010	424	0	21 439	34 295
49	158 680	37 199	7 345	2 142	672	925	146 840	20 422	1 596	652	0	21 549	15 903
50	151 370	33 048	6 793	1 888	604	879	170 810	20 716	1 088	428	0	21 667	−20 127
51	143 990	28 981	6 235	1 648	538	835	178 490	21 033	1 045	389	0	21 801	−40 531
52	136 860	25 009	5 666	1 417	472	792	196 810	21 362	722	268	0	21 937	−70 882
53	129 310	21 262	5 092	1 197	408	750	206 600	21 715	585	215	0	22 087	−93 184
54	121 810	17 635	4 510	987	344	710	221 920	22 054	546	196	0	22 250	−120 971
55	114 420	14 180	3 922	790	282	672	263 080	22 373	430	147	0	22 433	−174 197
56	106 560	11 036	3 327	613	224	637	285 830	22 487	332	103	0	22 220	−208 575
57	100 320	8 137	2 723	450	170	605	301 370	22 614	299	101	0	22 005	−233 984
58	94 164	5 318	2 110	294	114	572	317 070	22 774	222	85	0	21 806	−259 385
59	88 008	2 641	1 487	144	58	540	339 960	22 956	171	80	0	21 609	−291 898
60	81 577	0	882	0	0	508	264 000	23 235	83	58	0	21 432	−225 840
61	75 269	0	359	0	0	477	268 410	23 571	0	39	0	21 276	−237 191
62	72 221	0	347	0	0	445	265 870	23 628	0	40	0	21 127	−237 652

(续表)

年龄	税收	社会保险缴费					社会保险金				教育	卫生	代际账户
		养老	医疗	失业	工伤	生育	养老	医疗	失业	工伤			
63	69 325	0	336	0	0	413	262 420	23 726	0	36	0	21 001	−237 109
64	66 197	0	324	0	0	381	258 940	23 831	0	32	0	20 888	−236 790
65	63 165	0	312	0	0	349	250 770	23 898	0	29	0	20 810	−231 681
66	60 173	0	300	0	0	316	243 790	23 053	0	22	0	20 051	−226 127
67	57 621	0	288	0	0	284	238 940	22 194	0	20	0	19 282	−222 242
68	55 010	0	277	0	0	253	237 200	21 340	0	15	0	18 520	−221 536
69	52 396	0	265	0	0	222	229 580	20 505	0	10	0	17 776	−214 988
70	49 824	0	254	0	0	191	231 350	19 690	0	5	0	17 052	−217 828
71	47 409	0	244	0	0	161	222 360	18 910	0	0	0	16 360	−209 817
72	45 620	0	233	0	0	130	213 270	18 103	0	0	0	15 647	−201 038
73	44 128	0	222	0	0	99	208 620	17 354	0	0	0	14 986	−196 511
74	42 437	0	212	0	0	67	201 180	16 602	0	0	0	14 324	−189 390
75	40 553	0	202	0	0	34	192 570	15 842	0	0	0	13 658	−181 281
76	38 936	0	192	0	0	0	185 270	15 094	0	0	0	13 004	−174 240
77	37 004	0	182	0	0	0	177 500	14 369	0	0	0	12 372	−167 055
78	35 219	0	173	0	0	0	166 850	13 628	0	0	0	11 730	−156 816
79	33 604	0	164	0	0	0	160 190	12 945	0	0	0	11 137	−150 504
80	31 429	0	155	0	0	0	150 800	12 317	0	0	0	10 594	−142 127
81	29 952	0	148	0	0	0	139 390	11 770	0	0	0	10 120	−131 180
82	27 911	0	141	0	0	0	130 010	11 210	0	0	0	9 637	−122 806
83	26 352	0	134	0	0	0	119 110	10 687	0	0	0	9 187	−112 498

(续表)

年龄	税收	社会保险缴费							社会保险金					教育	卫生	代际账户
		养老	医疗	失业	工伤	生育			养老	医疗	失业	工伤				
84	24 882	0	127	0	0	0			110 360	10 182	0	0		0	8 753	−104 286
85	23 581	0	121	0	0	0			99 515	9 704	0	0		0	8 343	−93 861
86	22 150	0	114	0	0	0			89 956	9 219	0	0		0	7 929	−84 839
87	20 840	0	108	0	0	0			79 909	8 730	0	0		0	7 512	−75 202
88	19 130	0	102	0	0	0			73 502	8 291	0	0		0	7 138	−69 699
89	17 680	0	97	0	0	0			64 065	7 897	0	0		0	6 803	−60 987
90	15 767	0	93	0	0	0			52 921	7 527	0	0		0	6 488	−51 076
91	14 743	0	89	0	0	0			46 247	7 277	0	0		0	6 275	−44 967
92	13 872	0	86	0	0	0			38 524	7 020	0	0		0	6 055	−37 642
93	13 306	0	83	0	0	0			32 804	6 813	0	0		0	5 877	−32 105
94	12 894	0	81	0	0	0			25 524	6 682	0	0		0	5 761	−24 992
95	12 370	0	79	0	0	0			19 464	6 489	0	0		0	5 593	−19 097
96	11 427	0	73	0	0	0			13 480	6 070	0	0		0	5 239	−13 288
97	9 975	0	64	0	0	0			7 810	5 377	0	0		0	4 659	−7 807
98	8 045	0	52	0	0	0			3 765	4 435	0	0		0	3 876	−3 978
99	5 674	0	38	0	0	0			1 467	3 259	0	0		0	2 908	−1 921
100	2 597	0	20	0	0	0			623	1 735	0	0		0	1 625	−1 367

在目前的财政政策和基准假设下,年轻男性的代际账户为正值,说明年轻男性在其剩余的生命周期内向政府缴纳的税费的精算现值大于从政府获得的转移支付的精算现值。代际账户值最大的一代出现在 23 岁,这主要是由于男性开始步入工作期,他还有一个缴纳完整的税费的生命周期。男性的代际账户从 50 岁起变为负值,说明 50 岁起男性剩余生命周期缴纳的税费的精算现值小于从政府获得的转移支付的精算现值。59 岁男性的代际账户值最小,这是由于男性退休年龄为 60 岁,缴纳税费的高峰期已经过去,但是还有完整的领取养老金的周期,之所以会出现在退休年龄之前是因为我国过去提前退休的状况比较严重,因此 2010 年领取养老金的人群中有相当一部分还没有达到法定退休年龄。2010 年出生的城镇男性的代际账户值是 148 119 元,说明 2010 年出生的城镇男性一生中向政府缴纳的税费减去他获得的社会保险、教育和卫生等转移支付的精算现值为 148 119 元,当然这其中一部分的税费是由他所在的单位代缴,并不来源于他的可支配收入。

城镇男性的代际账户被分为税收和转移支付两部分,其中转移支付又被分为社会保障体系,教育和卫生支出,社会保障体系包括基本养老保险、医疗保险、生育保险、工伤保险和失业保险。其中基本养老保险在整个社会保障体系中数额最大,2010 年新出生的城镇男性在整个生命周期内需要向政府缴纳的养老保险费的现值是 69 807 元(包括由单位为其缴纳的部分),而在整个生命周期内获取的养老保险金的现值只有 37 899 元。我们看出尽管我国基本养老保险系统收不抵支,但是 2010 年出生的城镇男性对养老保险体系的贡献却大于他们从养老保险体系中获得的收益,因此我国养老保险收不抵支的状况主要是由于过去现收现付制下积累的隐形债务造成的,我国目前执行的企业职工养老保险方案会缓解养老保险收不抵支的状况。社会保障体系中第二大项是医疗保险,我们发现由于工资较高,城镇男性对医疗保险的贡献也大于他们获得的收益,2010 年新出生的城镇男性在整个生命周期内需要向政府缴纳的医疗保险费的现值是 11 023 元(包括由单位为其缴纳的部分),而在整个生命周期内获取的医疗保险金的现值只有 8 445 元。2010 年出生的城镇男性一代社会保险缴费的精算现值为 87 256 元,而领取的社会保险金的精算现值为 50 347 元,因此城镇男性从社会保险体系中的得到的保险金的精算现值小于他们的缴费,缺口为 36 909 元。

我们从表 7.3 可以看出,年轻的城镇女性的代际账户也为正值,说明她们向政府缴纳的税费的精算现值大于从政府获得的转移支付的精算现值。城镇女性的代际账户值也是 23 岁达到峰值,达到 162 800 元。但城镇女性的代际账户从 47 岁起就转为负值,说明城镇女性平均来说从 47 岁起向政府缴纳的税费的精算现值就小于从政府获得的转移支付的精算现值,这主要是由于我国女性的退休年龄过早,部分女性过早就开始获得养老金,并且 20 世纪末我国出现非常严重的提前退休现象,部分女性不到 40 岁就进入了退休队伍。城镇女性的代际账户值在 54 岁时达到最低点。

表 7.3 基准假设下城镇女性的人均代际账户构成

(单位：元)

年龄	税收	社会保险缴费						社会保险金						代际账户
		养老	医疗	失业	工伤	生育		养老	医疗	失业	工伤	生育	教育	卫生	
0	137 370	38 581	7 642	1 861	459	418	30 892	11 794	3 545	692	1 820	57 479	19 530	60 578
1	141 850	40 215	7 889	1 939	478	436	32 214	12 038	3 156	616	1 896	59 333	19 299	64 255
2	144 160	41 418	8 049	1 997	493	449	33 192	12 145	3 277	640	1 953	60 513	18 831	66 015
3	147 410	42 640	8 211	2 056	507	462	34 188	12 252	3 415	667	2 010	61 695	18 343	68 717
4	148 780	43 894	8 377	2 117	522	476	35 210	12 427	3 680	719	2 069	61 818	17 839	70 403
5	151 880	45 177	8 546	2 179	537	490	36 258	12 644	3 877	757	2 130	61 933	17 319	73 892
6	154 870	46 495	8 720	2 242	553	504	37 335	12 945	3 997	780	2 192	62 047	17 428	76 660
7	158 430	47 850	8 899	2 307	569	519	38 445	13 257	4 662	910	2 256	59 797	17 541	81 706
8	158 310	49 144	9 082	2 374	586	534	39 568	13 579	4 604	899	2 321	57 500	17 656	83 902
9	161 890	50 370	9 270	2 441	603	549	40 705	13 912	4 630	905	2 389	55 157	17 775	89 651
10	164 410	51 520	9 464	2 509	620	564	41 756	14 256	4 678	916	2 453	52 767	17 896	94 365
11	167 510	52 585	9 663	2 577	638	579	42 914	14 613	5 138	1 009	2 510	50 332	18 021	99 016
12	171 150	53 556	9 867	2 644	657	595	44 080	14 982	4 921	972	2 555	47 849	18 149	104 961
13	174 430	54 427	10 077	2 710	676	610	45 255	15 363	5 129	1 021	2 588	43 795	18 281	111 498
14	177 580	55 189	10 293	2 773	695	624	46 414	15 774	4 978	1 001	2 600	39 664	18 416	118 307
15	181 200	55 830	10 509	2 833	715	638	47 389	16 206	4 108	838	2 596	35 454	18 556	126 579
16	184 890	56 392	10 708	2 889	736	651	48 580	16 582	3 524	731	2 583	30 937	18 853	134 478
17	188 740	56 906	10 855	2 939	756	663	49 790	16 872	3 110	657	2 557	26 335	19 159	142 380
18	191 380	57 313	10 937	2 979	775	672	51 054	17 170	3 217	689	2 522	21 645	19 473	148 285
19	193 920	57 536	10 962	3 004	790	678	52 350	17 480	3 103	684	2 471	18 204	19 796	152 801
20	196 740	57 552	10 936	3 013	800	681	53 610	17 802	2 349	535	2 402	14 699	20 129	158 196

(续表)

年龄	税收	社会保险缴费					社会保险金					教育	卫生	代际账户
		养老	医疗	失业	工伤	生育	养老	医疗	失业	工伤	生育			
21	198 660	57 374	10 868	3 007	807	680	54 961	18 134	2 454	577	2 314	11 127	20 473	161 357
22	198 370	56 969	10 761	2 986	809	676	56 341	18 479	2 658	646	2 195	7 487	20 825	161 939
23	198 250	56 263	10 621	2 944	804	666	57 753	18 836	2 508	631	2 051	3 779	21 188	162 803
24	197 560	55 199	10 452	2 884	793	653	59 152	19 182	2 707	718	1 874	0	21 562	162 347
25	196 040	53 925	10 257	2 809	778	636	60 583	19 510	2 944	824	1 678	0	21 946	156 960
26	194 080	52 498	10 040	2 725	759	617	62 043	19 615	2 806	829	1 492	0	22 257	151 677
27	189 770	50 943	9 802	2 633	738	597	63 536	19 721	2 700	798	1 304	0	22 577	143 847
28	186 320	49 278	9 546	2 534	715	574	65 064	19 829	2 270	671	1 130	0	22 906	137 099
29	182 150	47 519	9 274	2 429	690	551	66 622	19 936	2 524	755	942	0	23 244	128 589
30	178 360	45 673	8 986	2 319	663	526	68 213	20 044	2 534	768	786	0	23 590	120 593
31	174 110	43 755	8 684	2 205	636	500	69 841	20 154	2 277	699	662	0	23 947	112 309
32	170 650	41 758	8 369	2 087	606	473	71 505	20 264	2 256	684	554	0	24 314	104 367
33	167 050	39 696	8 041	1 965	576	446	73 206	20 375	2 344	700	457	0	24 691	96 000
34	163 300	37 573	7 701	1 840	545	417	74 942	20 481	2 015	592	383	0	25 077	87 886
35	159 460	35 397	7 353	1 714	513	389	76 719	20 595	1 899	548	319	0	25 476	79 269
36	155 410	33 170	6 996	1 585	480	359	78 534	20 883	1 704	483	264	0	25 743	70 389
37	151 230	30 899	6 633	1 455	446	330	80 387	21 180	1 537	425	217	0	26 017	61 229
38	147 050	28 591	6 265	1 324	412	300	82 280	21 488	1 415	380	177	0	26 299	51 903
39	142 720	26 257	5 895	1 193	377	270	84 212	21 805	1 300	337	142	0	26 589	42 327
40	138 420	23 901	5 525	1 064	343	241	60 100	22 135	1 115	276	117	0	26 889	58 861
41	133 920	21 542	5 156	938	308	212	47 031	22 478	1 125	262	95	0	27 199	63 887

（续表）

年龄	税收	社会保险缴费					社会保险金					教育	卫生	代际账户
		养老	医疗	失业	工伤	生育	养老	医疗	失业	工伤	生育			
42	129 330	19 183	4 788	818	274	185	48 382	22 832	958	224	79	0	27 516	54 586
43	124 870	16 839	4 423	703	240	158	49 376	23 199	1 129	264	62	0	27 844	45 358
44	119 800	14 503	4 061	593	206	133	50 383	23 556	881	205	50	0	28 183	36 037
45	114 620	12 183	3 703	490	173	109	57 295	23 894	746	172	40	0	28 532	20 600
46	109 560	9 914	3 351	395	142	87	60 754	24 129	626	141	29	0	28 614	9 156
47	104 710	7 793	3 006	309	112	67	64 052	24 376	452	105	21	0	28 701	-1 711
48	99 658	5 842	2 669	231	84	48	66 205	24 636	516	124	11	0	28 795	-11 756
49	94 632	4 055	2 342	161	58	32	74 397	24 909	690	173	0	0	28 895	-27 785
50	89 319	2 486	2 025	102	34	18	78 283	25 197	396	104	0	0	29 003	-38 999
51	83 886	1 816	1 721	80	27	14	82 287	25 504	281	79	0	0	29 123	-49 731
52	80 549	1 252	1 429	58	19	10	81 796	25 825	174	54	0	0	29 247	-53 777
53	76 984	802	1 151	38	13	7	78 147	26 164	118	41	0	0	29 381	-54 859
54	73 509	471	885	18	6	3	75 597	26 489	84	36	0	0	29 526	-56 839
55	69 871	219	649	0	0	0	63 641	26 853	40	26	0	0	29 686	-49 507
56	66 269	148	461	0	0	0	62 870	26 999	0	16	0	0	29 387	-52 395
57	63 717	75	450	0	0	0	58 821	26 793	0	17	0	0	29 085	-50 474
58	61 406	0	438	0	0	0	55 776	26 592	0	15	0	0	28 783	-49 321
59	59 028	0	427	0	0	0	51 471	26 397	0	15	0	0	28 483	-46 911
60	56 614	0	415	0	0	0	51 596	26 214	0	13	0	0	28 191	-48 984
61	54 446	0	404	0	0	0	48 705	26 049	0	11	0	0	27 914	-47 829
62	52 906	0	392	0	0	0	47 092	25 890	0	11	0	0	27 637	-47 332

（续表）

年龄	税收	社会保险缴费					社会保险金					教育	卫生	代际账户
		养老	医疗	失业	工伤	生育	养老	医疗	失业	工伤	生育			
63	50 946	0	380	0	0	0	45 629	25 753	0	11	0	0	27 378	−47 445
64	48 981	0	368	0	0	0	44 252	25 610	0	11	0	0	27 129	−47 652
65	47 196	0	356	0	0	0	42 786	25 412	0	10	0	0	26 905	−47 561
66	45 486	0	344	0	0	0	42 648	24 589	0	9	0	0	26 015	−47 431
67	43 883	0	332	0	0	0	42 895	23 746	0	8	0	0	25 106	−47 540
68	42 052	0	320	0	0	0	43 566	22 908	0	6	0	0	24 203	−48 311
69	40 517	0	308	0	0	0	42 615	22 082	0	4	0	0	23 315	−47 191
70	38 606	0	296	0	0	0	42 344	21 267	0	2	0	0	22 440	−47 151
71	36 966	0	284	0	0	0	42 353	20 467	0	0	0	0	21 582	−47 152
72	35 660	0	272	0	0	0	40 840	19 649	0	0	0	0	20 708	−45 265
73	34 424	0	261	0	0	0	39 162	18 862	0	0	0	0	19 868	−43 207
74	32 917	0	250	0	0	0	38 070	18 069	0	0	0	0	19 024	−41 996
75	31 671	0	238	0	0	0	36 395	17 269	0	0	0	0	18 174	−39 929
76	30 171	0	227	0	0	0	34 590	16 475	0	0	0	0	17 333	−38 000
77	28 778	0	216	0	0	0	32 423	15 686	0	0	0	0	16 499	−35 614
78	27 236	0	204	0	0	0	30 235	14 899	0	0	0	0	15 668	−33 362
79	25 809	0	194	0	0	0	28 155	14 151	0	0	0	0	14 881	−31 184
80	24 635	0	184	0	0	0	26 090	13 438	0	0	0	0	14 131	−28 840
81	23 036	0	174	0	0	0	24 395	12 780	0	0	0	0	13 440	−27 405
82	21 599	0	165	0	0	0	22 306	12 122	0	0	0	0	12 750	−25 414
83	19 634	0	156	0	0	0	20 195	11 501	0	0	0	0	12 100	−24 006

(续表)

年龄	税收	社会保险缴费					社会保险金					教育	卫生	代际账户
		养老	医疗	失业	工伤	生育	养老	医疗	失业	工伤	生育			
84	18 231	0	148	0	0	0	18 561	10 898	0	0	0	0	11 469	-22 549
85	16 989	0	140	0	0	0	16 457	10 313	0	0	0	0	10 859	-20 501
86	15 323	0	131	0	0	0	15 035	9 717	0	0	0	0	10 239	-19 537
87	13 364	0	123	0	0	0	13 674	9 142	0	0	0	0	9 642	-18 970
88	12 052	0	115	0	0	0	11 991	8 577	0	0	0	0	9 057	-17 458
89	10 434	0	108	0	0	0	10 498	8 037	0	0	0	0	8 498	-16 491
90	9 321	0	101	0	0	0	8 677	7 538	0	0	0	0	7 982	-14 776
91	8 178	0	94	0	0	0	7 231	7 078	0	0	0	0	7 507	-13 543
92	7 183	0	89	0	0	0	6 008	6 654	0	0	0	0	7 069	-12 460
93	6 323	0	83	0	0	0	5 393	6 282	0	0	0	0	6 685	-11 953
94	5 595	0	78	0	0	0	3 734	5 903	0	0	0	0	6 294	-10 258
95	5 021	0	73	0	0	0	2 912	5 517	0	0	0	0	5 897	-9 231
96	4 421	0	67	0	0	0	2 196	5 063	0	0	0	0	5 432	-8 203
97	3 754	0	59	0	0	0	1 130	4 478	0	0	0	0	4 836	-6 631
98	3 021	0	48	0	0	0	573	3 742	0	0	0	0	4 089	-5 334
99	2 192	0	36	0	0	0	240	2 812	0	0	0	0	3 152	-3 976
100	1 132	0	20	0	0	0	144	1 553	0	0	0	0	1 844	-2 389

与城镇男性相比,城镇女性的代际账户值较小。例如,2010年出生的城镇男性的代际账户值为148 119元,而2010年出生的城镇女性一代的代际账户值只有60 578元,同年龄女性一代的代际账户值只有男性的40.9%。这一方面是因为女性的劳动参与率较低,工资也较低,所以缴纳的税收较少,另一方面是因为女性退休年龄较早,可以较早地获得养老金,而且女性的期望寿命比男性长,所以可以领取养老金的时间也较长。

城镇女性的代际账户也被分为税收和转移支付两部分,与城镇男性相比,城镇女性除了可以享受养老保险、医疗保险、工伤保险和失业保险外,还可以享受生育保险。2010年出生的城镇女性一生中缴纳基本养老保险费的精算现值是38 581元,收到的养老金的精算现值是30 892元,养老保险费仍然比养老金高7 689元,说明2010年出生的城镇女性平均来说一生中也是在给养老保险体系作贡献。但是2010年出生的城镇女性养老保险费与养老金精算现值之间的差距没有同一代城镇男性那么悬殊。同一代的男性缺口高达31 908元,这主要源于以下几个原因:一是相对于城镇女性而言,城镇男性的退休年龄比较晚且期望寿命较小;二是我国修改了养老金给付的规则,传统的养老金采取待遇确定型(DB模式),个人获得的养老金是自己退休前的工资的一定比例,而国务院1997年第26号文件规定1997年后参加工作的"新人"退休后获得的基础养老金等于上一年度当地平均工资的20%,国务院2005年第38号文件又重新进行了调整,退休时的基础养老金月标准以当地上年度在岗职工月平均工资和本人指数化月平均缴费工资的平均值为基数,缴费每满1年发给1%。这样城镇男性由于收入较高,在工作期间就承担着较多的养老保险费缴纳的任务,可是退休后基础养老金部分参照当地平均工资。因此从这个意义上来说,新的养老保险制度具有更强的再分配性。2010年新出生的城镇女性在整个生命周期内需要向政府缴纳的医疗保险费的现值是7 642元(包括由单位为其缴纳的部分),低于其在整个生命周期内获取的医疗保险金,差距为4 153元。因此城镇男性向医疗保险体系的贡献大于收益,而城镇女性从医疗保险体系中的受益大于其缴费。同样,失业保险费的精算现值也小于失业保险金的精算现值,2010年新出生的城镇女性在整个生命周期内需要向政府缴纳的失业保险费的现值是1 861元(包括由单位为其缴纳的部分),而其在整个生命周期内获取的失业保险金的现值是3 545元。生育保险费的精算现值也小于生育保险金的精算现值,因为生育保险是男女共同缴费,而大多数家庭生育保险金由女性领取。

表7.4给出了2010年存活的各代的农村男性的代际账户值。我们发现农村男性的代际账户值远远低于同年龄的城镇男性的代际账户值,例如2010年出生的城镇男性的代际账户值为148 119元,而同一代的农村男性的代际账户值为11 169元,只有同代城镇男性的7.54%。造成这种差距的原因主要有以下几个方面:第一,农村人均收入较低,因此承担的各项税收也较低。第二,农村社会保险体系相对来说在一个低缴费、低待遇的状态下运行,而2010年出生的城镇男性一代社会

表7.4 基准假设下农村男性的人均代际账户构成　　　　　　　　（单位：元）

年龄	税收	社会保险缴费		社会保险金		教育	卫生	代际账户
		养老	医疗	养老	医疗			
0	66 790	4 170	1 785	4 420	5 491	47 533	4 132	11 169
1	69 814	4 401	1 822	4 667	5 329	49 687	4 037	12 318
2	71 490	4 540	1 818	4 816	5 033	50 760	3 847	13 392
3	73 469	4 680	1 812	4 966	4 721	51 808	3 648	14 818
4	74 826	4 821	1 805	5 118	4 482	52 851	3 442	15 560
5	76 460	4 964	1 798	5 272	4 301	53 896	3 228	16 524
6	78 348	5 112	1 789	5 431	4 303	54 955	3 213	17 348
7	80 303	5 263	1 781	5 593	4 303	51 301	3 198	22 951
8	82 209	5 418	1 772	5 761	4 304	47 572	3 181	28 581
9	83 876	5 577	1 762	5 933	4 304	43 769	3 164	34 046
10	85 798	5 740	1 753	6 109	4 303	39 888	3 146	39 844
11	87 660	5 908	1 742	6 291	4 303	35 931	3 128	45 658
12	89 624	6 081	1 732	6 477	4 302	31 897	3 109	51 652
13	91 037	6 257	1 721	6 669	4 301	26 750	3 089	58 207
14	93 061	6 439	1 710	6 867	4 323	21 503	3 069	65 449
15	95 056	6 523	1 698	7 026	4 360	16 157	3 048	72 686
16	97 322	6 493	1 687	7 141	4 420	13 544	3 083	77 314
17	99 875	6 410	1 675	7 234	4 484	10 883	3 119	82 240
18	101 160	6 326	1 663	7 328	4 550	8 171	3 157	85 943
19	102 610	6 240	1 651	7 422	4 619	6 874	3 197	88 388
20	103 880	6 152	1 639	7 370	4 692	5 553	3 238	90 818
21	105 130	6 063	1 626	7 461	4 768	4 206	3 281	93 104
22	104 510	5 971	1 614	7 550	4 847	2 832	3 324	93 542
23	103 720	5 877	1 601	7 637	4 928	1 430	3 370	93 832
24	102 510	5 779	1 587	7 723	5 012	0	3 416	93 725
25	101 330	5 679	1 573	7 805	5 097	0	3 464	92 217
26	99 931	5 576	1 559	7 885	5 171	0	3 512	90 498
27	97 847	5 470	1 544	7 963	5 249	0	3 561	88 088
28	95 732	5 361	1 529	8 038	5 329	0	3 612	85 643
29	93 202	5 248	1 514	8 111	5 413	0	3 664	82 776
30	90 934	5 133	1 498	8 179	5 500	0	3 718	80 168
31	88 394	5 015	1 481	8 245	5 590	0	3 774	77 282
32	86 065	4 893	1 464	8 308	5 684	0	3 831	74 600
33	83 639	4 768	1 447	8 367	5 782	0	3 890	71 815
34	81 039	4 639	1 429	8 423	5 862	0	3 950	68 872
35	78 354	4 507	1 411	8 475	5 932	0	4 013	65 851
36	75 593	4 371	1 392	8 523	5 975	0	4 029	62 829
37	73 184	4 232	1 373	8 568	6 020	0	4 046	60 155

（续表）

年龄	税收	社会保险缴费		社会保险金		教育	卫生	代际账户
		养老	医疗	养老	医疗			
38	70 733	4 089	1 353	8 609	6 067	0	4 063	57 435
39	68 148	3 942	1 333	8 647	6 117	0	4 082	54 578
40	65 586	3 791	1 312	8 679	6 169	0	4 101	51 742
41	62 942	3 637	1 291	8 708	6 224	0	4 121	48 817
42	60 858	3 478	1 270	8 733	6 282	0	4 143	46 448
43	58 687	3 315	1 248	8 753	6 343	0	4 165	43 988
44	56 358	3 146	1 225	8 767	6 386	0	4 189	41 387
45	54 022	2 973	1 202	8 776	6 416	0	4 214	38 792
46	51 587	2 796	1 178	8 781	6 411	0	4 191	36 178
47	49 375	2 613	1 154	8 781	6 406	0	4 169	33 786
48	47 104	2 426	1 129	8 777	6 403	0	4 147	31 332
49	44 682	2 232	1 104	8 768	6 402	0	4 125	28 723
50	42 215	2 034	1 079	8 590	6 404	0	4 105	26 229
51	39 708	1 831	1 053	8 575	6 412	0	4 086	23 519
52	37 570	1 621	1 027	8 552	6 419	0	4 067	21 180
53	35 288	1 405	1 000	8 527	6 431	0	4 050	18 686
54	33 022	1 182	973	8 496	6 419	0	4 034	16 228
55	30 797	952	946	8 463	6 388	0	4 020	13 823
56	28 408	714	918	8 425	6 286	0	3 944	11 385
57	26 767	468	889	8 383	6 183	0	3 867	9 692
58	25 164	214	861	8 520	6 083	0	3 792	7 844
59	23 566	52	833	8 630	5 985	0	3 717	6 119
60	21 878	0	804	8 654	5 893	0	3 645	4 490
61	20 252	0	777	8 359	5 813	0	3 580	3 277
62	19 346	0	749	8 052	5 730	0	3 513	2 800
63	18 490	0	721	7 748	5 655	0	3 449	2 359
64	17 542	0	692	7 435	5 549	0	3 385	1 865
65	16 631	0	664	7 132	5 423	0	3 328	1 412
66	15 718	0	636	6 832	5 210	0	3 199	1 114
67	14 956	0	608	6 523	4 988	0	3 065	988
68	14 175	0	580	6 220	4 770	0	2 934	832
69	13 390	0	553	5 927	4 559	0	2 807	649
70	12 628	0	527	5 651	4 360	0	2 688	457
71	11 921	0	503	5 392	4 172	0	2 575	285
72	11 461	0	478	5 122	3 976	0	2 459	382
73	11 092	0	455	4 871	3 793	0	2 350	534
74	10 648	0	432	4 614	3 605	0	2 239	623
75	10 151	0	408	4 358	3 417	0	2 128	656

（续表）

年龄	税收	社会保险缴费		社会保险金		教育	卫生	代际账户
		养老	医疗	养老	医疗			
76	9 744	0	385	4 106	3 231	0	2 019	774
77	9 223	0	362	3 858	3 048	0	1 911	768
78	8 768	0	339	3 611	2 864	0	1 804	829
79	8 365	0	318	3 382	2 694	0	1 704	903
80	7 791	0	300	3 185	2 548	0	1 619	740
81	7 460	0	285	3 021	2 425	0	1 548	751
82	6 914	0	268	2 843	2 292	0	1 470	578
83	6 542	0	254	2 684	2 173	0	1 401	538
84	6 194	0	240	2 530	2 057	0	1 334	513
85	5 905	0	226	2 385	1 949	0	1 271	526
86	5 586	0	214	2 246	1 844	0	1 211	499
87	5 303	0	201	2 103	1 735	0	1 148	517
88	4 873	0	189	1 979	1 641	0	1 094	348
89	4 520	0	179	1 870	1 559	0	1 046	225
90	3 999	0	171	1 775	1 487	0	1 003	−96
91	3 756	0	165	1 717	1 444	0	978	−219
92	3 565	0	161	1 663	1 403	0	954	−294
93	3 514	0	160	1 651	1 396	0	948	−321
94	3 507	0	160	1 662	1 406	0	954	−354
95	3 402	0	155	1 610	1 367	0	932	−353
96	3 191	0	145	1 494	1 278	0	883	−319
97	2 867	0	127	1 305	1 132	0	803	−246
98	2 324	0	98	988	886	0	665	−116
99	1 684	0	63	611	590	0	502	44
100	840	0	30	190	291	0	285	104

保险缴费的精算现值比社会保险金的精算现值大36 909元。实际上农村男性的税负相对于他们的收入水平是非常高的，2010年农村男性人均税收的代际账户是66 790元，而城镇男性人均税收的代际账户是185 630元，而2010年城镇人口可支配收入为19 109.4元，农村人均纯收入为5 919元，农村人均纯收入不到城镇人口可支配收入的1/3，但农村男性的人均税收却超过了城镇男性人均税收的1/3。所以我们不能简单地从农村人口的代际账户值较少就认为农村人口的负担较轻。通过表7.4我们可以发现除了90—98岁外，其他年龄的农村男性的代际账户值为正值，这说明平均来说，绝大多数农村男性一生中向政府缴纳的税费都大于从政府获得的转移支付，这主要是因为农村人口没有被低水平的社会保障体系覆盖，而且从政府获得的教育和卫生费用也较少。因此我国农村人口基本还处于自给自足的状态。

2010年新出生的农村男性在整个生命周期内需要向政府缴纳的养老保险费的现值是4170元,而在整个生命周期内获取的养老保险金的现值为4420元,因此我国新型农村养老保险制度本身基本可以实现代际平衡。2010年新出生的农村男性在整个生命周期内需要向政府缴纳的医疗保险费的现值是1785元,而在整个生命周期内获取的医疗保险金的现值为5491元,也就是在现在的政策下,2010年出生的农村男性参加新型农村合作医疗保险,一生中可以从政府获得的补助的净现值为3706元。

表7.5给出了2010年存活的各代的农村女性的代际账户值。我们发现农村女性的代际账户值也低于同年龄的城镇女性的代际账户值。例如,2010年出生的城镇女性的代际账户值为60578元,而同一代的农村女性的代际账户值为476元,只有同代城镇男性的0.79%。2010年新出生的农村男性在整个生命周期内需要向政府缴纳的养老保险费的现值为4170元,而在整个生命周期内获取的养老保险金的现值为4420元,因此我国新型农村养老保险制度本身基本可以实现代际平衡。2010年新出生的农村男性在整个生命周期内需要向政府缴纳的医疗保险费的现值为1799元,而在整个生命周期内获取的医疗保险金的现值为6373元,也就是在现在的政策下,2010年出生的农村女性参加新型农村合作医疗保险,一生中可以从政府获得的补助的净现值为4574元。

表7.5 基准假设下农村女性的人均代际账户构成 (单位:元)

年龄	税收	社会保险缴费		社会保险金		教育	卫生	代际账户
		养老	医疗	养老	医疗			
0	50 193	4 171	1 799	4 995	6 373	39 961	4 358	476
1	53 189	4 456	1 859	5 338	6 503	42 271	4 416	975
2	54 276	4 599	1 857	5 511	6 412	43 201	4 327	1 279
3	55 651	4 740	1 852	5 683	6 309	44 095	4 230	1 925
4	56 350	4 883	1 846	5 857	6 258	44 981	4 128	1 856
5	57 645	5 029	1 840	6 034	6 246	45 866	4 022	2 347
6	58 894	5 178	1 833	6 215	6 348	46 759	4 049	2 533
7	60 333	5 330	1 825	6 400	6 454	42 935	4 077	7 622
8	60 504	5 486	1 817	6 591	6 563	39 033	4 105	11 515
9	61 974	5 646	1 809	6 786	6 676	35 054	4 134	16 779
10	63 086	5 810	1 800	6 987	6 793	30 996	4 163	21 757
11	64 420	5 979	1 791	7 194	6 914	26 862	4 193	27 027
12	65 964	6 153	1 781	7 407	7 039	22 647	4 224	32 581
13	67 409	6 331	1 772	7 626	7 169	18 366	4 256	38 095
14	68 842	6 515	1 762	7 852	7 321	14 004	4 289	43 654
15	70 463	6 600	1 752	8 035	7 463	9 559	4 323	49 435

(续表)

年龄	税收	社会保险缴费		社会保险金		教育	卫生	代际账户
		养老	医疗	养老	医疗			
16	72 141	6 572	1 742	8 168	7 520	7 579	4 396	52 791
17	73 958	6 489	1 731	8 278	7 579	5 563	4 472	56 287
18	74 562	6 405	1 720	8 387	7 641	3 508	4 550	58 602
19	75 177	6 320	1 709	8 497	7 706	2 951	4 631	59 422
20	75 931	6 231	1 698	8 439	7 774	2 383	4 714	60 551
21	76 415	6 141	1 687	8 543	7 845	1 804	4 800	61 250
22	75 761	6 049	1 676	8 647	7 919	1 215	4 889	60 816
23	75 190	5 953	1 664	8 749	7 996	613	4 980	60 469
24	74 445	5 856	1 651	8 850	8 061	0	5 075	59 966
25	73 426	5 755	1 639	8 947	8 112	0	5 172	58 589
26	72 272	5 652	1 626	9 043	8 107	0	5 237	57 163
27	70 364	5 546	1 613	9 136	8 101	0	5 305	54 981
28	68 753	5 436	1 599	9 226	8 094	0	5 374	53 093
29	66 890	5 323	1 585	9 314	8 087	0	5 446	50 952
30	65 147	5 208	1 570	9 397	8 080	0	5 519	48 929
31	63 234	5 089	1 555	9 477	8 073	0	5 594	46 734
32	61 377	4 966	1 540	9 553	8 064	0	5 672	44 593
33	59 440	4 840	1 524	9 626	8 055	0	5 752	42 371
34	57 421	4 710	1 507	9 694	8 011	0	5 833	40 099
35	55 337	4 576	1 491	9 757	7 968	0	5 918	37 761
36	53 154	4 439	1 473	9 816	7 986	0	5 924	35 340
37	51 203	4 297	1 455	9 871	8 005	0	5 930	33 151
38	49 228	4 152	1 437	9 920	8 025	0	5 936	30 936
39	47 173	4 003	1 418	9 965	8 046	0	5 943	28 641
40	45 105	3 849	1 399	10 003	8 069	0	5 950	26 332
41	42 942	3 692	1 379	10 037	8 093	0	5 958	23 925
42	41 145	3 530	1 358	10 065	8 119	0	5 966	21 884
43	39 375	3 363	1 338	10 087	8 146	0	5 975	19 869
44	37 377	3 192	1 316	10 103	8 148	0	5 984	17 651
45	35 321	3 016	1 294	10 111	8 134	0	5 994	15 392
46	33 294	2 835	1 272	10 115	8 085	0	5 942	13 259
47	31 599	2 649	1 249	10 112	8 035	0	5 890	11 460
48	29 816	2 458	1 225	10 103	7 984	0	5 837	9 575
49	28 031	2 261	1 201	10 087	7 933	0	5 783	7 691
50	26 134	2 060	1 177	9 875	7 884	0	5 729	5 883
51	24 180	1 853	1 153	9 848	7 835	0	5 677	3 825

(续表)

年龄	税收	社会保险缴费		社会保险金		教育	卫生	代际账户
		养老	医疗	养老	医疗			
52	23 149	1 639	1 127	9 812	7 785	0	5 622	2 697
53	22 031	1 419	1 102	9 770	7 736	0	5 568	1 478
54	20 930	1 193	1 075	9 721	7 671	0	5 514	293
55	19 760	960	1 049	9 665	7 593	0	5 460	-950
56	18 590	719	1 022	9 602	7 478	0	5 367	-2 115
57	17 756	471	994	9 530	7 359	0	5 272	-2 940
58	17 004	214	967	9 656	7 243	0	5 177	-3 890
59	16 225	52	938	9 759	7 125	0	5 082	-4 750
60	15 432	0	910	9 802	7 012	0	4 989	-5 460
61	14 727	0	883	9 504	6 905	0	4 901	-5 700
62	14 277	0	854	9 195	6 795	0	4 810	-5 668
63	13 678	0	826	8 885	6 688	0	4 721	-5 791
64	13 072	0	797	8 570	6 549	0	4 632	-5 883
65	12 528	0	768	8 257	6 389	0	4 547	-5 898
66	12 009	0	739	7 944	6 161	0	4 386	-5 742
67	11 531	0	709	7 619	5 923	0	4 219	-5 521
68	10 976	0	679	7 301	5 689	0	4 054	-5 389
69	10 523	0	651	6 989	5 460	0	3 894	-5 169
70	9 943	0	623	6 687	5 237	0	3 738	-5 096
71	9 462	0	596	6 397	5 022	0	3 588	-4 949
72	9 126	0	568	6 097	4 799	0	3 434	-4 636
73	8 818	0	542	5 814	4 588	0	3 288	-4 330
74	8 409	0	515	5 524	4 371	0	3 138	-4 108
75	8 101	0	489	5 235	4 154	0	2 989	-3 788
76	7 707	0	463	4 950	3 939	0	2 842	-3 562
77	7 353	0	437	4 669	3 726	0	2 697	-3 303
78	6 946	0	411	4 388	3 512	0	2 552	-3 095
79	6 580	0	386	4 123	3 310	0	2 415	-2 882
80	6 320	0	364	3 882	3 127	0	2 290	-2 616
81	5 925	0	345	3 672	2 967	0	2 182	-2 552
82	5 580	0	325	3 457	2 802	0	2 070	-2 424
83	5 044	0	306	3 252	2 645	0	1 964	-2 511
84	4 700	0	288	3 050	2 490	0	1 860	-2 413
85	4 417	0	270	2 857	2 341	0	1 760	-2 272
86	3 990	0	252	2 663	2 190	0	1 660	-2 271

(续表)

年龄	税收	社会保险缴费		社会保险金		教育	卫生	代际账户
		养老	医疗	养老	医疗			
87	3 446	0	234	2 470	2 040	0	1 559	−2 389
88	3 128	0	217	2 286	1 898	0	1 464	−2 303
89	2 695	0	202	2 114	1 763	0	1 375	−2 356
90	2 418	0	187	1 950	1 636	0	1 289	−2 270
91	2 138	0	175	1 820	1 535	0	1 221	−2 263
92	1 900	0	164	1 707	1 447	0	1 162	−2 252
93	1 688	0	155	1 601	1 364	0	1 106	−2 229
94	1 518	0	145	1 498	1 283	0	1 053	−2 170
95	1 378	0	133	1 366	1 181	0	984	−2 020
96	1 243	0	121	1 235	1 078	0	916	−1 864
97	1 102	0	107	1 084	957	0	838	−1 670
98	924	0	87	868	785	0	726	−1 368
99	706	0	60	576	547	0	577	−933
100	386	0	30	190	278	0	340	−392

最后我们用图 7.1 给出 2010 年存活的所有代的代际账户值。

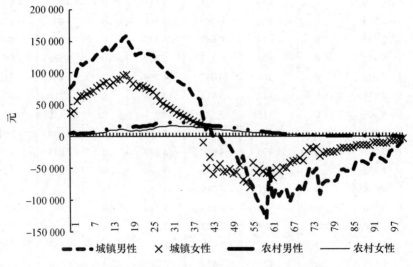

图 7.1　2010 年城乡分年龄、性别人口的人均代际账户

7.2 基准假设下的代际平衡状况测算

7.2.1 代际不平衡百分比

我们已经得出了基准假设下 2010 年的分年龄、性别和城乡的人均代际账户值,把这些值分别乘以分年龄、性别和城乡的人口数再加总就可以得到 2010 年现存所有人口的代际账户值,也就是 2010 年现存所有人口未来生命周期内向政府缴纳的净税额的精算现值,即(2.11)式政府的代际预算约束式等号左边的第一项。在基准假设下,现存所有代的代际账户和为 1 002 700 亿元。在第 3 章我们已经得出未来各年与年龄、性别和城乡无关的政府支出的数据,由于第 6 章中我们有贴现率的基准假设,就可以求出政府未来与人口结构无关的政府支出的精算现值,也就是(2.11)式政府的代际预算约束式等号右边的第一项,结果是 1 886 200 亿元。第 3 章中我们已经得出政府现有的净财富是 197 900 亿元。这样我们可以得到未来所有代的代际账户值之和是 685 550 亿元。我们假设未来每人的代际账户值按照生产率增长率增长,并且未来每个城镇男性、城镇女性、农村男性和农村女性的代际账户值之间的比例关系与 2010 年出生的城镇男性、城镇女性、农村男性和农村女性的人均代际账户值之间的比例关系相等,2010 年出生的城镇男性的人均代际账户总额是 148 119 元,2010 年出生的城镇女性的人均代际账户总和是 60 577 元,同年出生的农村男性的人均代际账户总和是 11 169 元,农村女性的人均代际账户总和是 476 元。因此城镇女性的代际账户值是城镇男性的 40.9%,而农村男性的代际账户是城镇男性的 7.54%,农村女性的代际账户是城镇男性的 0.32%,我们假设未来同一年出生的分性别、城乡的人均代际账户值还符合这种比例关系,并且按照生产率增长率增长。这样求出的未来各代的城镇男性与 2010 年可比的代际账户值是 385 960 元,未来城镇男性的代际账户值是 2010 年出生的城镇男性的 2.6044 倍。

综上所述,我们发现中国现存的财政政策是不可持续的,为了维持现存的财政政策,未来各代向政府缴纳的净税额的精算现值要比现存代高 160.44%,也就是未来代的负担要比现存代高 160.44%。如果不对财政政策做出调整,这种不平衡的状况继续向以后的各代推移。

7.2.2 代际平衡缺口

代际平衡缺口是指在进行生产率增长率的调整后,未来出生的人在现行的政策下将与现在新出生的人具有相同的代际账户,即可以实现代际平衡的情况下,现存代和未来代缴纳的税费与政府消费的缺口。因此我们假设未来城镇男性、城镇女性、农村男性和农村女性的代际账户值分别在 2010 年城镇男性、城镇女性、农村男性和农村女性的代际账户的基础上按照生产率增长率增长,这样计算出未来所有代的代际账户的总和是 263 230 亿元,而根据政府的代际预算约束式计算出来的未来所有代的代际账户之和是 685 550 亿元,因此代际平衡缺口是 422 320 亿元,2010 年我国的 GDP 是 401 512 亿元,因此代际平衡缺口是 2010 年 GDP 的 105.2%。因此为了维持现存的财政政策,我们需要相当于 2010 年全年 GDP 大小的"意外收入"。

7.3 生产率增长率和贴现率的敏感性分析

我们基准假设的生产率增长率在 2020 年前为 6%,2020 年到 2050 年为 4%,2050 年后为 2%,而贴现率比当年的生产率增长率高三个百分点。由于生产率增长率和贴现率的取值在代际核算体系中非常关键,因此使用代际核算方法时常常要模拟一系列不同取值的生产率增长率和贴现率的代际账户值与不平衡百分比。表 7.6 给出了本书所做的一些有关生产率增长率和贴现率的变化情况下代际账户值与不平衡百分比的结果。

表 7.6 是本书的第一组关于生产率增长率和贴现率的敏感性模拟结果。在这组模拟中我们假设贴现率恒定地比生产率增长率高三个百分点,这样随着生产率增长率的变化贴现率也会发生变化。最后一行表示的是未来出生的人的代际账户值与 2010 年出生的同身份的人的代际账户值的比。当从 PGR-A 变化到 PGR-B 时,每一年的生产率增长率都提高了一个百分点,这样虽然 2010 年出生的人和未来出生的人的代际账户的数值都增大,但是未来代的人均代际账户值与 2010 年出生的同身份的人的代际账户的比例是下降的,当生产率增长率都比同期提高一个百分点时,未来代与现存代的不平衡百分比由 160.44% 下降到 157.39%,因此提高生产率增长的速度是降低代际不平衡状况的途径之一。当从 PGR-A 变化到 PGR-C 时,每一年的生产率增长率都降低了一个百分点,我们发现 2010 年出生的人和未来出生的人的代际账户的数值都下降,但是未来代的人均代际账户值与 2010 年出生的同身份的人的代际账户的比例却上升,未来代与现存代的不平衡百分比由 160.44% 上升到 164.09%。虽然代际账户的数值随着生产率增长率的变化而不同,但是不平衡百分比的变化是有限的。因此,本书构造的代际核算体系对生产率增长率的取值并不敏感,这套体系用来衡量代际福利分配状况是较为合适的。

表 7.7 给出了贴现率变化对代际账户值和不平衡百分比的影响。我们发现当贴现率下降时,代际账户值增加,而贴现率上升时,代际账户值下降。如果贴现率由比生产率增长率高三个百分点降为高两个百分点,2010 年出生的城镇男性的代际账户值由 148 119 元增至 193 800 元,而当贴现率由比生产率增长率高三个百分

表 7.6 不同生产率增长率下的城乡分年龄、性别人口的代际账户值和不平衡百分比

$r = g + 0.03$

（单位：亿元）

年龄	PGR-A			PGR-B			PGR-C		
	Stat 1	Stat 2	Stat 4	Stat 1	Stat 2	Stat 4	Stat 1	Stat 2	Stat 4
0	148 119	60 578	476	149 880	61 445	1 027	146 270	59 605	−95
5	176 546	73 892	2 347	178 340	74 790	2 948	174 650	72 896	1 725
10	216 115	94 365	21 757	217 880	95 239	22 376	214 260	93 383	21 116
15	261 512	126 579	49 435	263 170	127 390	50 039	259 760	125 660	48 810
20	307 921	158 196	60 552	309 400	158 890	61 108	306 360	157 420	59 976
25	314 659	156 960	58 589	315 860	157 480	59 083	313 370	156 360	58 078
30	274 610	120 593	48 929	275 550	120 950	49 359	273 600	120 150	48 484
35	221 750	79 269	37 761	222 460	79 512	38 133	220 980	78 951	37 376
40	159 574	58 861	26 331	160 080	59 198	26 651	159 010	58 467	26 000
45	82 575	20 600	15 392	82 568	20 763	15 667	82 549	20 387	15 108
50	−20 127	−38 999	5 883	−20 322	−38 914	6 118	−19 953	−39 122	5 641
55	−174 197	−49 507	−950	−174 670	−49 411	−746	−173 740	−49 634	−1 161
60	−225 840	−48 984	−5 461	−226 170	−48 923	−5 373	−225 520	−49 064	−5 552
65	−231 681	−47 561	−5 898	−231 970	−47 508	−5 834	−231 400	−47 628	−5 963
70	−217 828	−47 151	−5 096	−218 060	−47 121	−5 054	−217 590	−47 188	−5 139
75	−181 281	−39 929	−3 788	−181 430	−39 907	−3 763	−181 140	−39 955	−3 815
80	−142 127	−28 840	−2 616	−142 210	−28 822	−2 602	−142 050	−28 861	−2 630
85	−93 861	−20 501	−2 272	−93 890	−20 487	−2 266	−93 832	−20 514	−2 279
90	−51 076	−14 776	−2 270	−51 077	−14 767	−2 268	−51 075	−14 784	−2 273
95	−19 097	−9 231	−2 020	−19 088	−9 227	−2 019	−19 105	−9 236	−2 021
未来代	385 761	157 769	1 241	385 776	158 153	2 642	386 284	157 411	−250
比率		2.6044			2.5739			2.6409	

| | | | | | | | 27 737 | |

注：1. r 表示贴现率，g 表示生产率增长率。

2. PGR-A 表示 2020 年及以前，$g = 0.06$，2020—2050 年（包括 2050 年），$g = 0.04$，2050 年以后，$g = 0.02$（这种情况是本书的基准假设）。PGR-B 表示 2020 年及以前，$g = 0.07$，2020—2050 年（包括 2050 年），$g = 0.05$，2050 年以后，$g = 0.03$。PGR-C 表示 2020 年及以前，$g = 0.05$，2020—2050 年（包括 2050 年），$g = 0.03$，2050 年以后，$g = 0.01$。

3. Stat 1 表示城镇男性，Stat 2 表示城镇女性，Stat 3 表示农村男性，Stat 4 表示农村女性。

表 7.7 不同贴现率增长率下的城乡分年龄、性别人口的代际账户值和不平衡百分比

生产率增长率在2020年前为6%，2020年到2050年为4%，2050年后为2%

（单位：亿元）

年龄	贴现率比生产率增长率高 3 个百分点				贴现率比生产率增长率高 2 个百分点				贴现率比生产率增长率高 4 个百分点			
	Stat 1	Stat 2	Stat 3	Stat 4	Stat 1	Stat 2	Stat 3	Stat 4	Stat 1	Stat 2	Stat 3	Stat 4
0	148 119	60 578	11 169	476	193 800	72 034	22 890	5 454	111 210	47 802	3 169	-3 335
5	176 546	73 892	16 524	2 347	221 080	84 689	29 790	8 465	138 370	60 599	6 721	-2 788
10	216 115	94 365	39 844	21 757	257 020	103 300	53 781	28 440	178 750	81 623	28 787	15 664
15	261 512	126 579	72 686	49 435	296 760	132 750	85 927	55 483	227 030	115 480	61 598	43 488
20	307 921	158 196	90 818	60 552	334 970	159 730	102 330	65 288	279 100	150 760	80 880	55 626
25	314 659	156 960	92 219	58 589	331 300	151 990	101 250	61 597	294 200	155 240	84 209	55 139
30	274 610	120 593	80 168	48 929	280 100	109 670	86 720	50 340	263 640	124 570	74 202	46 931
35	221 750	79 269	65 851	37 761	217 330	63 770	70 287	37 907	219 770	88 062	61 698	36 985
40	159 574	58 861	51 741	26 331	147 040	48 344	54 483	25 601	165 510	65 403	49 091	26 474
45	82 575	20 600	38 791	15 392	62 829	12 119	40 264	14 182	95 883	26 556	37 314	16 116
50	-20 127	-38 999	26 230	5 883	-45 822	-49 336	26 863	4 601	-395	-31 036	25 569	6 819
55	-174 197	-49 507	13 824	-950	-207 190	-58 304	13 991	-2 063	-147 080	-42 494	13 635	-61
60	-225 840	-48 984	4 490	-5 461	-250 500	-56 324	4 469	-6 343	-204 880	-42 949	4 497	-4 722
65	-231 681	-47 561	1 412	-5 898	-251 860	-53 171	1 343	-6 567	-214 110	-42 815	1 469	-5 322
70	-217 828	-47 151	457	-5 096	-233 010	-51 596	400	-5 560	-204 310	-43 288	506	-4 689
75	-181 281	-39 929	656	-3 788	-191 000	-42 873	624	-4 089	-172 460	-37 307	683	-3 520
80	-142 127	-28 840	740	-2 616	-147 730	-30 467	714	-2 807	-136 940	-27 360	763	-2 442
85	-93 861	-20 501	526	-2 272	-96 488	-21 336	503	-2 400	-91 390	-19 724	547	-2 154
90	-51 076	-14 776	-96	-2 270	-52 031	-15 156	-122	-2 348	-50 165	-14 416	-71	-2 197
95	-19 097	-9 231	-353	-2 020	-19 310	-9 368	-372	-2 060	-18 891	-9 100	-334	-1 982
未来代	385 761	157 769	29 089	1 241	566 381	210 519	66 896	15 939	245 296	105 437	6 989	-7 356
比率	2.6044				2.9225				2.2057			

点升为高四个百分点时,2010 年出生的城镇男性的代际账户值由 148 119 元降至 111 210 元。如果贴现率下降,未来代与 2010 年出生一代的代际账户值之比将提高,如果贴现率由比生产率增长率高三个百分点降为高两个百分点,未来代与 2010 年出生一代的代际账户值之比由 2.6044 提高到 2.9255;如果贴现率上升,未来代与 2010 年出生一代的代际账户值之比将降低,如果贴现率由比生产率增长率高三个百分点提高到高四个百分点,未来代与 2010 年出生一代的代际账户值之比由 2.6044 降低到 2.2057。

综上所述,本书构造的代际核算体系对生产率增长率和贴现率的取值不是十分敏感,不会由于生产率增长率和贴现率的取值不同而得出截然相反的结论,因此只要我们在合理的范围内选择这两个参数的取值,本书构造的代际核算体系不失为分析中国代际平衡状况的合适方法。

7.4 人口因素变化对代际平衡状况的影响

我们国家的计划生育政策已经推行了三十多年,一方面,有些地区在谨慎地放宽计划生育政策,另一方面,随着人均收入的上升,我国的生育率水平不断下降。另外,在生育水平下降的同时,最近十年我国城镇化的速度非常快。因此本节旨在分析生育率水平和城镇化率变化对我国代际平衡状况的影响。

7.4.1 总和生育率变化对代际平衡状况的影响

在第 3 章中我们已经分析了不同总和生育率水平下,未来总人口的变化情况。图 7.2 反映了不同生育率假设下 60 岁以上的人口占总人口的比重的情况。七种情形和第 3 章一样。Pop-1 是基准假设,假定全国的城镇总和生育率由 2010 年的 1.1 线性上升至 2020 年的 1.45 之后维持不变,乡村的总和生育率由 2010 年的 1.45 线性上升至 2020 年的 1.8 之后维持不变。Pop-2 假设中国 2015 年放宽计划生育政策,城镇总和生育率上升至 1.6 水平,乡村的总和生育率上升至 2.1 水平,并保持不变。Pop-3 是中国 2020 年放宽计划生育政策,城镇总和生育率上升至 1.6 水平,乡村的总和生育率上升至 2.1 水平,并保持不变。Pop-4 是中国 2030 年放宽计划生育政策,城镇总和生育率上升至 1.6 水平,乡村的总和生育率上升至 2.1 水平,并保持不变。Pop-5 是中国 2015 年放宽计划生育政策,城镇总和生育率上升至 1.8 水平,乡村的总和生育率上升至 2.1 水平,并保持不变。Pop-6 是中国 2015 年放宽计划生育政策,城镇和乡村总和生育率都上升至 2.1 水平,并保持不变。Pop-7 假设中国依旧维持过去十年的极低生育率,城镇总和生育率保持在 1.1,乡村总和生育率保持在 1.45。

我们可以看出在低生育率假设下,虽然我国人口总量可以大幅下降,但是老龄化情况也非常严重。在 Pop-7 的低生育率假设下,2110 年虽然我国的人口可以降

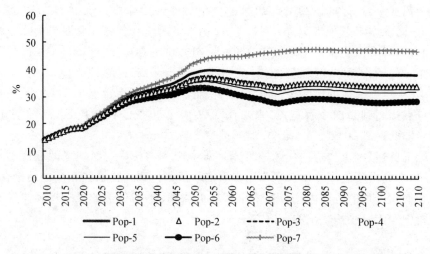

图 7.2　不同生育率假设下 2010—2110 年 60 岁以上的人口占总人口比例变化

为 3.7 亿,但是其中 46.8% 都为 60 岁以上的老年人,如此高的抚养比必将影响整个经济的发展。如果在 Pop-6 中,我们对计划生育政策进行改革能够使生育率水平上升到可持续水平,我国总人口会稳定在 13 亿到 14 亿,老龄化的状况也不会那么严峻,2010 年 60 岁以上老年人的占比为 28.49%。其他模拟情形的老龄化状况介于两者之间。

表 7.8 给出的是不同生育率水平下 2010 年出生一代的城镇男性的代际账户值构成,未来代的代际账户值以及未来代和 2010 年出生一代代际账户值的比率。纳税和缴纳社会保险费不会受生育率水平的影响,因此无论生育率水平如何变动,税收和社会保险缴费的代际账户值不变。生育率下降会使人口老龄化状况严重,养老金的代际账户值会提高,农村次均就诊费用和次均住院费用会受到老龄化的影响,当生育率下降时,老龄化的加剧使农村次均就诊费用和次均住院费用上升。由于我国是按照常居住地进行人口普查,因此城镇男性中一部分是参加新型农村合作医疗保险的农民工,他们的次均就诊费用和次均住院费用的上升使得医疗保险金的代际账户值上升,但是由于农民工的占比较低,因此医疗保险金的代际账户值上升幅度有限。生育率下降会使人口就业状况好转,失业率相对下降,因此失业保险金的代际账户值下降;同理工伤保险金也下降。而人均教育和卫生费用不会受人口生育率的影响。例如,从 Pop-1 到 Pop-2,生育率上升,养老金的代际账户值从 37 899 元下降到 37 888 元,医疗保险金的代际账户值从 8 445 元下降到 8 442 元,失业保险的代际账户值从 2 943 元提高到 3 049 元,而工伤保险的代际账户值从 1 060 元提高到 1 106 元,2010 年出生的城镇男性的代际账户值从 148 119 元降到 147 981 元,下降 0.093%,因此如果财政政策不调整,生育率的变化对现存代代际账户值的影响较小。由于我们假设政府支出总量按照 GDP 增长速度增长,因此当

表 7.8 不同生育率假设下城镇男性的代际账户值及其比率

(单位：元)

情形	税收	社会保险缴费					社会保险金				教育	卫生	代际账户		比率
		养老	医疗	失业	工伤	生育	养老	医疗	失业	工伤			0	未来代	
Pop-1	185 630	69 807	11 023	4 296	1 038	1 092	37 899	8 445	2 943	1 060	57 570	16 850	148 119	385 764	2.6044
Pop-2	185 630	69 807	11 023	4 296	1 038	1 092	37 888	8 442	3 049	1 106	57 570	16 850	147 981	379 835	2.5668
Pop-3	185 630	69 807	11 023	4 296	1 038	1 092	37 890	8 442	3 011	1 090	57 570	16 850	148 033	381 148	2.5748
Pop-4	185 630	69 807	11 023	4 296	1 038	1 092	37 884	8 441	3 051	1 107	57 570	16 850	147 983	377 882	2.5536
Pop-5	185 630	69 807	11 023	4 296	1 038	1 092	37 876	8 442	3 156	1 152	57 570	16 850	147 840	351 593	2.3782
Pop-6	185 630	69 807	11 023	4 296	1 038	1 092	37 858	8 442	3 319	1 221	57 570	16 850	147 626	317 523	2.1508
Pop-7	185 630	69 807	11 023	4 296	1 038	1 092	37 922	8 450	2 784	992	57 570	16 850	148 318	426 895	2.8782

生育率水平上升时,GDP 的增速将加大,政府支出的增速也加大,政府支出的精算现值将提高,政府现有的净财富不会受生育率水平的影响。因此,生育率水平提高时,未来代的代际账户值总和也将上升。但是未来也会有更多的人来分担这些代际账户值,因此未来人均的代际账户值可能上升,也可能下降。从表 7.8 我们可以看出,如果我们将生育率水平从基准假设 Pop-1 调高到 Pop-2,未来代的人均代际账户值反而会下降,未来出生的城镇男性与 2010 年出生的城镇男性的代际账户的比值将从 2.6044 下降至 2.5668。如果将生育率水平在基准假设基础上提高,我们发现只要放宽计划生育政策,无论是在 2015 年还是 2030 年,代际不平衡状况都将好转,这是由于人口的增幅超过了政府支出的增幅。而如果从基准假设 Pop-1 调低到 Pop-7,虽然生育率下降会降低政府支出,但是负担政府支出的人口下降得更为严重,因此代际不平衡状况将恶化,未来出生的城镇男性与 2010 年出生的城镇男性的代际账户的比值将从 2.6044 提高至 2.8772。但是,表 7.8 的数据告诉我们,单纯从代际平衡的角度来说,并不是越早放宽计划生育政策越好,如果 2015 年放宽计划生育政策,未来代与 2010 年出生一代的代际账户的比例是 2.5668,而如果我们 2020 年放宽计划生育政策,未来代与 2010 年出生一代的代际账户比例提高到 2.5748,如果我们 2030 年放宽计划生育政策,未来代与 2010 年出生一代的代际账户比例将降到 2.5536,这是由于如果我们过早地放宽计划生育政策,政府支出的精算现值的增幅将大于人口的增幅。而如果我们进一步推迟放宽计划生育政策的时间,代际不平衡状况又会有轻微的上升。再结合上述人口抚养比的情况,我们发现低生育率水平显然是不可取的,它将导致老龄化情况过于严重,并且代际不平衡状况也更加严重。而如果过早放宽计划生育政策,将使我国人口总量增加太多,因此我们可以考虑在合适的时间放宽计划生育政策。当然这只是从代际平衡的角度来说,放宽计划生育政策是一个需要衡量各方面影响因素的决策。

7.4.2 迁移规模变化对代际平衡状况的影响

第 3 章中我们已经分析了迁移规模变动对城市化率的影响,我们还需要探讨城市化率变动对代际平衡状况的影响。表 7.9 反映了不同迁移规模的假设下 2010 年出生的城镇男性和未来代的城镇男性的代际账户值。城镇化使得更多参加新型农村合作医疗保险的农民工迁移到城市,由于农村次均就诊费用和次均住院费用与农村人口老龄化相关,城镇男性医疗保险的代际账户值轻微上升,但基本上城镇化规模的变化不会对现存代的代际账户值有大的影响。未来代的代际账户总额也不会有大的变化,但是由于城镇人口的代际账户值较高,因此城镇化会使未来代人均代际账户值下降,如果迁移规模提高 20%,未来城镇男性的代际账户值会从 385 764 元降到 353 422 元,未来出生的城镇男性与 2010 年出生的城镇男性代际账户值之间的比率由 2.6044 下降到 2.3861,也就是未来代比现存代的负担由原来的

表 7.9 不同迁移规模假设下城镇男性的代际账户值及其比率

(单位:元)

情形	税收	社会保险缴费					社会保险金						代际账户		比率
		养老	医疗	失业	工伤	生育	养老	医疗	失业	工伤	教育	卫生	0	未来代	
基准迁移规模	185 630	69 807	11 023	4 296	1 038	1 092	37 899	8 445	2 943	1 060	57 570	16 850	148 119	385 764	2.6044
高迁移规模	185 630	69 807	11 023	4 296	1 038	1 092	37 899	8 447	2 943	1 060	57 570	16 850	148 117	353 422	2.3861
低迁移规模	185 630	69 807	11 023	4 296	1 038	1 092	37 899	8 444	2 943	1 060	57 570	16 850	148 120	421 313	2.8444

160.44%下降到138.61%。而当迁移规模下降时,未来代与现存代的代际账户的比例由2.6044上升至2.8444,代际平衡状况严重恶化。因此,我们可以看出提高迁移规模和城镇化率是实现代际平衡的一条较好途径。

7.5 养老保险改革对财政体系的影响

7.5.1 推迟退休年龄的影响

我国目前法定的退休年龄是男性60岁,女干部55岁,女工人50岁,与世界平均退休年龄相比,我国的退休年龄较早,尤其是女性退休年龄过早。表7.10给出的是1999年全球156个国家退休年龄的分布情况。从表7.10可以看出,在165个国家中,大部分的退休年龄在60岁、65岁和55岁,其中男性以60岁为最多,而女性以55岁为最多。女性退休年龄在50岁的国家只有8个。另外,随着全球老龄化问题日益严重,各国都开始考虑推迟退休年龄,表7.11列举了七个国家1999年的退休年龄和推迟退休年龄的方案。2010年我国人口平均预期寿命达到74.83岁,其中男性72.38岁,女性77.37岁。2010年世界人口的平均预期寿命为69.6岁,其中高收入国家及地区为79.8岁,中等收入国家及地区为69.1岁。我们可以看出我国人口的期望寿命已经比世界平均预期寿命高很多,但是退休年龄比世界大多数国家的退休年龄要早。世界银行的报告(Yvonne,2005)给中国养老保险改革提出的各种建议中,推迟退休年龄也是一项非常重要并且能从根本上解决养老保险基金不足的问题的途径。因此本书下面将用代际核算体系分析推迟退休年龄对代际平衡状况的影响。

表7.10 1999年165个国家退休年龄分布

性别	50岁	55岁	56岁	57岁	57.5岁	59岁	60岁	61岁	62岁	62.5岁	63岁	65岁	66岁	67岁	国家合计	平均年龄
男		5		31			66	3	7	1	2	46	1	3	165	60.5
女	8	58	2	8	1	1	51		3		2	27	1	3	165	58.6

数据来源:潘锦棠.世界男女退休年龄现状分析[J].甘肃社会科学2003年第1期.

推迟退休年龄有两个因素——推迟的幅度和推迟的时间,毫无疑问,尽早实施推迟退休年龄的计划和提高推迟退休年龄的幅度都会缓解养老金的压力,但是缓解养老金压力的程度不一定相同,我们利用代际核算体系模拟在不同的时间采用不同的推迟退休年龄方案对财政的代际平衡状况的影响。

表 7.11　部分国家 1999 年退休年龄和推迟退休年龄方案表

国别	退休年龄（1999 年）		未来退休年龄变化
	男	女	
澳大利亚	65	61.5	2013 年,女性增至 65 岁
比利时	61	61	2009 年,男女均增至 65 岁
哥伦比亚	60	55	2014 年,男性增至 62 岁,女性增至 57 岁
匈牙利	60	57	2009 年,男女均增至 62 岁
瑞士	65	62	2005 年,女性增至 64 岁
英国	65	60	2010—2020 年间,女性增至 65 岁
美国	65	65	2000—2025 年间,男女均增至 67 岁

注：中国的期望寿命是城镇人口的期望寿命,由于退休年龄只和城镇人口有关,因此这里用城镇人口的平均期望寿命。

表 7.12 给出了我们模拟的五种方案下的现存代和未来代的代际账户值的比。2005 年 8 月 28 日第十届全国人民代表大会常务委员会第十七次会议《关于修改〈中华人民共和国妇女权益保障法〉的决定》规定"各单位在执行国家退休制度时,不得以性别为由歧视妇女"。虽然没有明确提出推迟女性退休年龄或者男女同龄退休,但已经为原来法定退休年龄的放宽提供了可能,再加上我国女性退休年龄过早的现状,因此女性退休年龄的推迟更具有可能性。我们的前三种方案只调整女性的退休年龄,后两种方案将男性和女性的退休年龄同时推迟。并且我们还模拟了方案在不同年份执行的情况,我们一共选取了三个年份——2015 年、2020 年和 2030 年。由于推迟退休年龄可能会对我国的就业市场产生影响,我们假设当推迟退休年龄时,失业率可能出现不同程度的提高。

表 7.12　不同退休年龄方案下未来代和 2010 年出生一代的代际账户值比率

	方案描述	执行时间	失业率	比率	城镇男性	城镇女性	农村男性	农村女性
基准假设	男性 60,女干部 55,女工人 50		4	2.6044	148 119	60 577	11 169	476
方案一	男性 60,女性统一为 55	2015	4.5	2.4976	147 440	63 468	11 169	476
		2020	4.5	2.5116	147 440	63 468	11 169	476
		2030	4.5	2.5322	147 480	63 499	11 169	476
方案二	男性 60,女性统一为 58	2015	5.5	2.4170	146 430	66 393	11 169	476
		2020	5.5	2.4363	146 430	66 393	11 169	476
		2030	5.5	2.4465	146 520	66 477	11 169	476
方案三	男女统一为 60	2015	6	2.3654	145 850	68 288	11 169	476
		2020	6	2.3881	145 850	68 288	11 169	476
		2030	6	2.4054	145 980	68 401	11 169	476
方案四	男性为 65,女性为 60	2015	7	1.7387	158 060	67 256	12 395	1 741
		2020	7	1.7930	158 060	67 256	12 395	1 741
		2030	7	1.8971	158 260	67 436	12 395	1 741

(续表)

	方案描述	执行时间	失业率	比率	城镇男性	城镇女性	农村男性	农村女性
方案五	男女统一推迟为65	2015	8	1.6306	156 640	71 520	12 395	1 741
		2020	8	1.6907	156 640	71 520	12 395	1 741
		2030	8	1.8252	156 910	71 768	12 395	1 741

在方案一中,我们假设男性和女干部的退休年龄不变,而女工人的退休年龄推迟到55岁,我们假设从方案执行那一年起,失业率由基准假设的4%上升至4.5%。由于女性的平均退休年龄被推迟,因此女性缴纳税费的时间被延长,领取养老金的时间被缩短,我们发现当延长退休年龄时,未来代的代际账户值与2010年出生的同身份的人的代际账户值之间的比例会下降。如果我们2015年就执行方案一,未来代与现存代的不平衡百分比会由160.44%降为149.76%,也就是如果我们2015年执行方案一,未来代的负担比现存代的负担高149.76%,比基准假设降低了10.68个百分点。如果我们推迟执行方案一,我们发现负担降低的幅度会下降,如果推迟到2020年执行,负担会降为151.16%,比2015年执行高1.4个百分点,但仍然比基准假设低9.28个百分点。如果推迟到2030年执行,负担会降为153.22%,我们假设从方案执行那一年起,失业率由基准假设的4%上升至4.5%,由于男性的退休年龄没有延长,因此男性缴纳的税费和领取的养老金没有变化,但由于平均失业率上升,城镇男性平均领取的失业保险金增加,因此城镇男性的代际账户值下降。如果2015年就推迟女工人的退休年龄,城镇男性的代际账户值从148 119元下降至147 440元,如果失业保险金增加,城镇男性的代际账户值下降,如果2020年推迟女工人的退休年龄,由于和2015年时间间隔较近,城镇男性的代际账户值仍然是147 440元,如果2030年推迟女工人的退休年龄,城镇男性的代际账户值下降将不会那么显著,从基准假设的148 119元下降至147 480元。城镇女性由于退休年龄延长,代际账户值会上升,如果2015年推迟女工人的退休年龄,城镇女性的代际账户值从60 577元上升至63 468元。由于我们假设农村女性都60岁领取养老金,因此方案一对农村人口的代际账户值没有影响。

在方案二中,我们假设男性的退休年龄仍然不变,而女性的退休年龄统一提高到58岁,当我们2015年执行方案二时,代际不平衡百分比下降到141.70%,比基准假设下降了18.74%,接近20个百分点,比2015年执行方案一还下降了8.06个百分点,这是由于方案一中,我们只推迟了女工人的退休年龄,而女干部的退休年龄不变,而在方案二中,除了女工人的退休年龄由50岁被推迟到58岁,女干部的退休年龄也由55岁被推迟至58岁,因此代际不平衡百分比下降得非常显著。当然如果推迟执行方案,会使代际不平衡百分比有所上升,但是上升的幅度有限。如果我们2020年执行方案二,代际不平衡百分比变为143.63%,只比2015年执行高

1.93个百分比。

在方案三中,我们假设所有城镇人口的退休年龄统一为60岁。如果我们2015年立即执行方案三,我们发现不平衡百分比会下降到136.54%,延迟执行方案会使不平衡百分比上升,但上升的幅度仍然有限。如果我们2030年执行方案三,不平衡百分比会比2015年执行高4个百分点。

在方案四中,我们同时推迟男性和女性的退休年龄,男性退休年龄推迟至65岁,而女性统一推迟为60岁,我们假设推迟退休年龄会使失业率上升至7%。如果我们2015年立即执行方案四,代际不平衡百分比会从基准假设下的160.44%大幅下降到73.87%,即使我们2030年再执行方案四,也会使代际不平衡百分比下降到89.71%。

在方案五中,我们根据世界银行(Yvonne,2005)的建议,将所有人的退休年龄都提高到65岁,我们假设推迟退休年龄会使失业率上升至8%。如果我们2015年立即执行方案五,代际不平衡百分比会从基准假设下的160.44%大幅下降到63.06%,即使我们2030年再执行方案四,也会使代际不平衡百分比下降到82.52%。

综上所述,提高退休年龄不会对农村人口的代际账户产生影响,如果只是提高女性的退休年龄,还会减轻现存代城镇男性的负担。提高退休年龄会使城镇人口缴纳税费的时间增长,而领取退休金的时期缩短,虽然有一部分和缴费年限相关的养老金会上升,但总的来说缴纳税费的增长将大于领取的养老金的增长,因此会改善代际不平衡状况。退休年龄推迟的力度越大,执行的时间越早,代际不平衡状况越能得到改善,当然我们发现推迟力度比执行时间早的效果要更好。

7.5.2 养老基金保值率取值的影响

国务院1995年第6号文件规定基本养老保险个人账户的储存额按"养老基金保值率"计算利息。这里的保值率不是银行实际利率,而是一种为最终计算养老待遇金额所设定的"虚拟利率",其确定区间大致为"中国人民银行同期城乡居民储蓄定期存款利率≤养老基金保值率≤平均工资增长率",我们基准假设中假设个人账户储存额的增长率按照生产率增长率增长,由于我们同时假设工资也按照生产率增长率增长,因此实际上在基准假设中我们假设养老基金保值率按照政府规定的上限——平均工资增长率增长。实际上各地政府为了减轻自己以后的负担,现在给个人账户的储存额许诺的养老基金保值率都非常低,大部分省市都将养老基金保值率定在了一年期定期存款利率,这会使大家的养老金大幅缩水,"十二五"规划中指出我国要逐步开始做实个人账户,随着个人账户的做实,个人账户资金需要在资本市场上投资,获取更高的收益率。

当然,我们不可否认降低养老基金保值率对缓解未来代的压力的确是有帮助的,表7.13是我们模拟的几组低养老基金保值率情形下2010年出生人口的代际账户值和未来代与现存代的代际账户值之间的比例。方案I中,我们假设养老基金保值率一直比生产率增长率低1个百分点,我们可以看到城镇社会保险体系的

表 7.13　养老基金保值率不同取值下的代际平衡状况　　　（单位:元）

方案编号	现存代(0 岁)				未来代	比例
	城镇男性	城镇女性	农村男性	农村女性	城镇男性	
基准假设	148 119	60 577	11 169	476	385 764	2.6044
方案Ⅰ	150 730	62 011	11 169	476	374 971	2.4877
方案Ⅱ	146 620	60 302	11 169	476	377 253	2.5730
方案Ⅲ	150 660	62 365	11 169	476	364 236	2.4176

注:方案Ⅰ:养老基金保值率一直比生产率增长率低 1 个百分点;方案Ⅱ:养老基金保值率为 3%;方案Ⅲ:养老基金保值率为 1.5%。

任何改革都对农村的代际账户值没有影响,而 2010 年出生的城镇人口由于未来获得的养老金减少,因此代际账户值上升,城镇男性由基准假设下的 148 119 元上升到 150 730 元,上升了 2 611 元,而城镇女性则由基准假设下的 60 577 元上升到 62 011元,上升了 1 434 元,城镇男性的代际账户值上升大于城镇女性,这是由于城镇男性工资较高,进入个人账户中的资金也较多,因此受养老基金保值率变动的影响也较大。如果采用方案Ⅰ,将养老基金保值率在基准假设的基础上下降 1 个百分点,我们发现代际不平衡百分比会由基准假设的 160.44% 下降到 148.77%,因此将养老基金保值率调低一个百分点大致会使代际不平衡百分比下降 11.67 个百分点。在方案Ⅱ中,我们假设养老基金保值率一直在 3%,代际不平衡百分比下降到 157.3%。在方案Ⅲ中,我们假设养老基金保值率一直保持在 1.5%,代际不平衡百分比下降到 141.76%。我们发现即使我们执行方案Ⅲ,将养老基金保值率一直定在 1.5% 的低点,代际不平衡百分比也只能下降不到 20 个百分点,而这样低的养老基金保值率会使养老保险体系不具有吸引力和竞争力,由于缴费个人不能从个人账户的上升中得到太多好处,他们就倾向于默许甚至和企业联合起来少缴养老金,这也是我国养老保险的缴费工资低于平均工资的原因之一。

7.5.3　农村人口"新农保"基础养老金模拟

我国 2012 年年底实现了农村"新农保"的全覆盖,但出于不过多增加财政负担的考虑将"新农保"基础养老金设为每年 660 元,由于目前达到退休年龄的农村居民以前没有缴费,随着农村居民个人缴费的积累,农民的养老金标准也将提高,但我国 2010 年参加城镇基本养老保险的离退休人员平均退休金为每年 16 740.5 元,因此农村养老保险待遇与城镇还有一定差距。

我国新型农村养老保险的基本原则是"保基本、广覆盖、有弹性、可持续",随着我国政府财力的进一步加强,我们可以预见农村居民的养老保险待遇也会有进一步提高,表 7.14 给出了利用代际核算体系模拟不同的基础养老金水平下农村居民的代际账户值和对政府财政体系可持续性的影响。除了《关于开展新型农村社会养老保险试点的指导意见》里确定的每月 55 元的基础养老金方案外,我们另外

表 7.14 不同基础养老金情形下农村分年龄、性别人口人均代际账户值

(单位:元)

年龄	每月 55 元 男性	每月 55 元 女性	每月 110 元 男性	每月 110 元 女性	每月 220 元 男性	每月 220 元 女性	每月 330 元 男性	每月 330 元 女性	每月 440 元 男性	每月 440 元 女性	每月 550 元 男性	每月 550 元 女性
0	11 169	476	9 729	−1 186	6 849	−4 511	3 969	−7 835	1 089	−11 160	−1 791	−14 485
5	16 524	2 347	14 807	340	11 372	−3 676	7 938	−7 691	4 504	−11 706	1 070	−15 721
10	39 844	21 757	37 856	19 433	33 878	14 784	29 901	10 136	25 923	5 488	21 946	839
15	72 686	49 435	70 387	46 747	65 788	41 372	61 189	35 997	56 590	30 622	51 991	25 247
20	90 818	60 552	88 208	57 502	82 987	51 402	77 766	45 303	72 545	39 203	67 324	33 104
25	92 219	58 589	89 196	55 060	83 151	48 003	77 106	40 945	71 061	33 888	65 015	26 830
30	80 168	48 929	76 675	44 851	69 688	36 696	62 702	28 541	55 716	20 386	48 729	12 231
35	65 851	37 761	61 818	33 056	53 753	23 647	45 688	14 238	37 623	4 828	29 558	−4 581
40	51 741	26 331	47 082	20 907	37 764	10 058	28 447	−791	19 129	−11 640	9 811	−22 489
45	38 791	15 392	33 396	9 133	22 605	−3 386	11 815	−15 904	1 024	−28 423	−9 766	−40 941
50	26 230	5 883	20 067	−1 227	7 741	−15 447	−4 584	−29 667	−16 910	−43 888	−29 235	−58 108
55	13 824	−950	6 570	−9 241	−7 939	−25 822	−22 447	−42 404	−36 955	−58 986	−51 463	−75 567
60	4 490	−5 461	−4 164	−15 263	−21 471	−34 867	−38 779	−54 471	−56 086	−74 075	−73 394	−93 679
65	1 412	−5 898	−5 720	−14 155	−19 983	−30 669	−34 246	−47 183	−48 510	−63 697	−62 773	−80 211
70	457	−5 096	−5 194	−11 783	−16 497	−25 158	−27 799	−38 532	−39 101	−51 906	−50 404	−65 280
75	656	−3 788	−3 702	−9 023	−12 418	−19 494	−21 134	−29 964	−29 850	−40 435	−38 566	−50 905
80	740	−2 616	−2 445	−6 498	−8 815	−14 263	−15 186	−22 028	−21 556	−29 793	−27 926	−37 558
85	526	−2 272	−1 859	−5 130	−6 630	−10 845	−11 400	−16 559	−16 171	−22 274	−20 942	−27 989
90	−96	−2 270	−1 870	−4 221	−5 419	−8 121	−8 968	−12 021	−12 517	−15 922	−16 066	−19 822
95	−353	−2 020	−1 963	−3 386	−5 183	−6 119	−8 404	−8 852	−11 624	−11 584	−14 845	−14 317
未来代	29 089	1 241	26 478	−3 228	20 286	−13 360	12 743	−25 156	3 777	−38 702	−6 688	−54 091
比率	2.6044		2.7216		2.962		3.2106		3.4679		3.7343	

进行了四种情形的模拟：基础养老金提高2倍至每月110元，基础养老金提高4倍至每月220元，基础养老金提高6倍至每月330元，基础养老金提高8倍至每月440元，基础养老金提高10倍至每月550元。

7.5.4 农民工养老保险模拟

农民工作为具有农村户口，但实际上主要从事二、三产业生产而非农业生产的农民，在身份上具有"非工非农"的特征，农民工养老保险的发展对我国统筹城乡养老保险体系具有重要意义。基准情形中我们假设农民工按照《农民工参加基本养老保险办法(摘要)》参加养老保险，实际上人力资源和社会保障部2012年公布的《城乡养老保险制度衔接暂行办法(征求意见稿)》试图将农民工养老保险放到城镇职工养老保险体系考虑，但没有取得预期效果。我们这里模拟农民工按照不同方式参加养老保险对财政体系的压力。

农民工参加养老保险可以有两种选择，一是在农村原籍参加新型农村社会养老保险(简称"新农保")，二是在务工地区参加城镇职工基本养老保险，后者也可以分为自己全额缴纳保险费并与城镇职工同等享受养老金与依托单位较低水平缴纳保险费并较低水平享受养老金两种情况。表7.15给出了三种参保模式的基本参数。

表7.15 农民工三种参保模式的参数对比

	新型农村养老保险	《农民工参加基本养老保险办法(摘要)》	城镇职工养老保险
缴费基数	无	上年度在岗职工平均工资的60%	上年度在岗职工平均工资
单位缴费	无	12%	20%
个人缴费	个人缴费标准目前设为每年100元、200元、300元、400元、500元五个档次	8%	8%
基础养老金	2010—2012年每年660元(由政府负责)	基础养老金标准为上年度在岗职工月平均工资80%，每工作满1年发1%	基础养老金标准为上年度在岗职工月平均工资，每工作满1年发1%
退休年龄	目前我国城镇职工法定退休年龄为男性60岁，女干部55岁，女工人50岁，而"新农保"政策规定的退休年龄统一为60岁，目前实际操作中女性55岁退休，本书假设男性农民工60岁退休，女性农民工55岁退休		
个人账户养老金	个人缴费全部进入个人账户，个人账户养老金等于退休时个人账户资金余额除以计发月数		
个人账户基金保值率	个人账户储存额目前每年参考中国人民银行公布的金融机构人民币一年期存款利率计息，本书假设为2012年7月6日降息后的一年期定期存款利率3%		
工资增长率	生产率增长率		
养老金增长率	生产率增长率		
生产率增长率	2020年前6%，2050年前4%，2050年后保持在2%		
贴现率	比生产率增长率高3%		

按照《关于开展新型农村社会养老保险试点的指导意见》的规定,参加"新农保"的个人按照每年100元、200元、300元、400元、500元五个档次缴纳养老保险费,个人缴费全部进入个人账户,养老金待遇由基础养老金和个人账户养老金组成,支付终身。中央确定的基础养老金标准为每人每月55元。地方政府可以根据实际情况提高基础养老金标准,基础养老金全部由政府承担。个人账户养老金等于退休前个人账户的余额除以计发月数。因此农民工如果参加"新农保",农民工自己的缴费压力较小,政府承担基础养老金和个人账户的长寿风险,政府负担相对固定,但是农民工所能够获得的养老保障层次也较低。

如果农民工按照《农民工参加基本养老保险办法(摘要)》(以下简称《摘要》)参保,农民工可以按照低缴费基数和低缴费率缴费。卢锋(2012)整理农民工1979—2010年工资水平,指出农民工2010年月均工资水平为1690元,而2010年职工年平均工资为37147元,农民工平均工资略低于城镇职工平均缴费工资的60%。我们假设依托单位和农民工按照上年度职工平均工资的60%缴费,单位缴纳12%,个人缴纳8%,个人缴费全部进入个人账户,养老金待遇由基础养老金和个人账户养老金组成,支付终身。《摘要》对农民工基础养老金的计算并没有详细规定,我们按照国发[2005]38号文假设农民工的基础养老金月标准等于上年度在岗职工月平均工资和农民工月平均缴费工资的算数平均值,由于我们假设农民工月平均缴费工资等于上年度在岗职工月平均工资的60%,这样农民工基础养老金的标准实际等于上年度在岗职工月平均工资的80%。依据国发[2005]38号文每缴费满1年,就发放基础养老金标准的1%,Yvonne(2005)指出,根据世界银行的调查,我国男性平均工作27年,在56岁左右退休,女性平均工作20年,在50岁左右退休。随着政策执行力度的加大,可以预计提前退休的现象将逐渐减少,我们假设农民工平均29岁入职,并且不间断工作至法定退休年龄退休,退休男性农民工可以得到基础养老金标准的31%,退休女性农民工可以得到26%。

如果农民工和城镇职工参加一样的城镇职工养老保险,农民工要全额缴纳养老保险费,但是和城镇职工享受一样的养老保险待遇。我们假设依托单位和农民工按照上年度在岗职工平均工资缴费,单位缴纳20%,个人缴纳8%,基础养老金的发放标准为上年度在岗职工月平均工资。

1. 农民工参加新型农村社会养老保险

假设农民工按照《摘要》参保,我们这里模拟所有农民工都在原籍参加新型农村社会养老保险对财政体系的影响。假设基础养老金2010—2012年为每个月55元,2013年起按照生产率增长率增长;2010年个人缴费225亿元,参保缴费人数7414万,人均缴纳300元,2011年个人缴费415亿元,参保缴费人数24118万,人均缴纳172元,我们假设2010年个人缴费为每年300元,2011年起个人缴费按照生产率增长率增长。"新农保"规定领取养老保险的最低缴费年限是15年,如前所述,本书我们假设农民工平均29岁入职,并且不间断工作至法定退休年龄退休。

这样2011年参保的男性农民工将在2040年退休,根据计算,养老金为8 637元,女性将在2035年退休,养老金为5 769.4元。如果2011年新参保农民工按照《摘要》参保,2040年退休男性农民工的养老金为70 098元,是按照"新农保"参保的8.11倍,2035年退休女性农民工的养老金为44 939元,是按照"新农保"参保的7.79倍。

图7.3是我们计算的如果农民工参加"新农保",2011年到2050年各年农民工的缴费和养老金。我们可以看到2035年前由于吸收大量退休前农民工加入队伍,农民工养老保险的缴费大于养老金支出。而2035年后,大量2011年新参保农民工进入退休队伍,而基础养老金完全需要由政府承担,养老金支出开始超过农民工缴费,2050年缺口达4 230亿元。

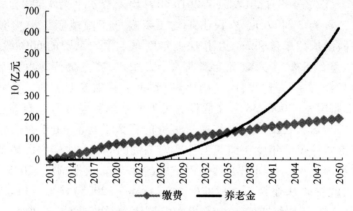

图7.3 2011年起新增参保农民工参加全国"新农保"情形下
各年农民工的缴费和养老金

表7.16给出了农民工参加新型农村合作医疗保险的代际账户值。由于我国第六次人口普查是居住地普查,15 335万外出农民工基本被统计为城镇人口,我们可以看到如果农民工按照"新农保"参保,达到法定退休年龄前的城镇人口代际账户都会下降,2010年出生的城镇男性的人均代际账户值从基准假设的148 119元降到141 630元,城镇女性从基准假设的60 577元降到57 297元,农村男性和农村女性的代际账户值不变。而未来代与2010年新出生一代的代际账户值之比却会从2.6044上升至2.7058,也就是说,如果农民工不按照《摘要》依托城镇单位较低水平缴纳保险费参加养老保险,而是在原籍参加"新农保",政府的负担反而会增加。前面我们已经计算得到,如果农民工按照《摘要》参加养老保险,到达退休年龄后的养老金是在原籍参加"新农保"的8倍左右。如果农民工按照《摘要》参保,养老金会大幅上涨,但政府的负担反而略微下降,所以农民工按照《摘要》参保,虽然退休金会增加,但是退休金的大幅增加是参保企业和农民工大幅增加缴费才能获得。

表 7.16 农民工参加"新农保"情形下城乡分年龄、性别人口人均代际账户值

(单位:元)

年龄	城镇男性	城镇女性	农村男性	农村女性	年龄	城镇男性	城镇女性	农村男性	农村女性
0	141 630	56 297	11 169	476	48	29 205	-13 562	31 331	9 576
5	168 810	68 713	16 524	2 347	50	-23 842	-39 846	26 230	5 883
10	207 640	88 833	39 844	21 757	55	-175 030	-49 508	13 824	-950
15	254 140	122 400	72 686	49 435	60	-225 840	-48 984	4 490	-5 461
20	303 090	157 100	90 818	60 552	65	-231 680	-47 561	1 412	-5 898
25	313 380	159 910	92 219	58 589	70	-217 820	-47 151	457	-5 096
30	276 570	127 320	80 168	48 929	75	-181 280	-39 929	656	-3 788
35	227 340	90 221	65 851	37 761	80	-142 130	-28 840	740	-2 616
40	169 180	51 679	51 741	26 331	85	-93 861	-20 500	526	-2 272
45	75 568	16 795	38 791	15 392	90	-51 076	-14 776	-96	-2 270
47	45 273	-4 112	33 787	11 460	95	-19 097	-9 231	-353	-2 020
未来代	383 222	152 328	30 221	1289	比率	2.7058			

2. 农民工参加城镇企业职工养老保险

2009 年《农民工参加基本养老保险办法(摘要)》征求意见后并没有正式颁布执行,而《城镇企业职工基本养老保险关系转移接续暂行办法》却将农民工包含在内,这也就意味着农民工将参加和城镇企业职工完全相同的养老保险体系。我们假设 2011 年起新增参保农民工参加城镇企业职工养老保险,雇佣企业和农民工按照社会平均缴费工资缴费,企业缴纳 20%,个人缴纳 8%,个人缴纳全部进入个人账户。

我们计算得到,如果农民工参加和城镇企业职工完全一样的养老保险,2040 年退休男性农民工的养老金为 97 937 元,是按照"新农保"参保的 11.33 倍,2035 年退休女性农民工的养老金为 61 875 元,是按照"新农保"参保的 10.72 倍。

表 7.17 给出了如果 2011 年起新增参保农民工加入城镇企业职工基本养老保险体系的城镇男性、城镇女性、农村男性和农村女性的代际账户值。我们可以看到与基准情形相比,达到法定退休年龄前的城镇人口代际账户值会大幅上升,而未来代与 2010 年新出生一代的代际账户值之比却会大幅下降,从农民工按照《摘要》参保时的 2.6044 大幅降至 2.3168。也就是说,如果 2011 年起新增参保农民工都和城镇企业职工一样加入城镇职工养老保险体系,政府的负担会大幅缩小。所以我国自 2009 年把农民工纳入城镇企业职工养老保险体系后,农民工的养老保险就止步不前,现在成为养老保险最薄弱的环节,原因就是加入城镇企业职工养老保险体系后,虽然农民工的养老金是在原籍参加"新农保"的 10 倍以上,但是农民工的养老金都来自参保企业和农民工个人的缴费,从长期来说,农民工和雇佣企业反而为缓解财政负担做出贡献。

表7.17 农民工加入城镇职工养老保险情形下城乡分年龄、性别人口人均代际账户值

(单位:元)

年龄	城镇男性	城镇女性	农村男性	农村女性	年龄	城镇男性	城镇女性	农村男性	农村女性
0	154 630	66 743	11 169	476	48	36 500	-10 973	31 331	9 576
5	184 140	81 116	16 524	2 347	50	-18 511	-38 632	26 230	5 883
10	224 650	102 460	39 844	21 757	55	-173 830	-49 508	13 824	-950
15	270 050	134 600	72 686	49 435	60	-225 840	-48 984	4 490	-5 461
20	315 820	165 490	90 818	60 552	65	-231 680	-47 561	1 412	-5 898
25	321 830	163 420	92 219	58 589	70	-217 820	-47 151	457	-5 096
30	280 940	126 080	80 168	48 929	75	-181 280	-39 929	656	-3 788
35	227 130	83 649	65 851	37 761	80	-142 130	-28 840	740	-2 616
40	163 850	61 973	51 741	26 331	85	-93 861	-20 500	526	-2 272
45	85 616	22 246	38 791	15 392	90	-51 076	-14 776	-96	-2 270
47	53 511	-668	33 787	11 460	95	-19 097	-9 231	-353	-2 020
未来代	358 247	154 630	25 876	1 104	比率	2.3168			

通过前面的分析我们可以看出,农民工不在户籍地参加"新农保",而是按照《摘要》参保或者参加城镇企业职工养老保险,虽然农民工的退休金会增加,可这以大幅提高企业和农民工自身负担获得,政府的负担反而会大幅下降,如果2011年起新增参保农民工都参加"新农保",而不是像基准情形中按照《摘要》参加农民工养老保险,未来代和2010年出生一代的比值由2.6044上升到2.7058,如果农民工完全以和城镇企业职工一样的标准参加企业职工养老保险体系,会使政府的负担大幅下降,未来代和2010年出生一代的比值由2.6044下降到2.3168。因此没有正视农民工收入较低的现实,让农民工加入城镇职工养老保险体系,是农民工养老保险参保率无法提高的重要原因。

7.6 医疗保险改革对财政体系的影响

7.6.1 大病医疗保险的影响分析

截至2013年年末,我国总人口136 072万人,其中,参加城镇职工基本医疗保险(简称"城职保")27 443万,城镇居民基本医疗保险(简称"城居保")29 629万,新型农村合作医疗保险(简称"新农合")80 200万。医疗保险覆盖率超过100%[①],但是不同医疗保险体系的支付标准却存在较大差距,2008年"城职保""城居保"和

---

① 参保率超过100%的原因有两个,一是我国部分农民工存在同时参加"新农合"和"城职保"的双重参保问题;二是统计数据来自不同部门,可能存在不一致。

"新农合"的次均住院费用分别是 10 783 元、5 020 元和 3 412 元①,2011 年"城职保""城居保"和"新农合"的实际报销比分别为 64.1%、52.28% 和 49.2%。为了解决"城居保"和"新农合"保障水平较低的问题,我国 2012 年颁布《关于开展城乡居民大病保险工作的指导意见》(简称《指导意见》),试图利用"城居保"和"新农合"的基金结余为城乡居民设立大病补充保险,从"城居保"基金、"新农合"基金中划出一定比例或额度作为大病保险资金。《指导意见》推行两年,虽然根据国务院医改办的要求 2014 年 6 月所有省市要开展大病保险的试点工作,但大病保险仍存在统筹和保障层次低、省内差异大等问题,许多省市将大病限定在某些病种,对缓解城乡居民保障水平不高的问题改善有限。大病保险发展不力的根本原因是政府尤其是地方政府推行力度不够,资金压力是影响政府开展大病保险的关键。按照现在的筹资水平,"城居保"和"新农合"的结余是否一直能够满足城乡大病医保的支付要求?如果不能满足,不足资金是提高个人缴费还是由政府负担,不同的资金分享方案将会对财政负担有何影响?本节试图在对"城居保"和"新农合"基金收支进行预测的基础上分析城乡大病保险的不同筹资方案对财政负担的影响。

1. 就诊和住院费用未补偿部分再报销 50%

我们假设 2015 年起"城居保"和"新农合"在 2012 年的基础上,对未补偿的就诊和住院费用再报销 50%,也就是"城居保"的就诊和住院报销比例分别提高到 56.97% 和 76.14%,"新农合"的就诊和住院报销比例分别提高到 60.46% 和 74.6%。表 7.18 是此报销比例下 2011—2050 年"城居保"和"新农合"的基金收支和收支缺口。② 我们看见如果就诊和住院费用的报销比例按此方案大幅提高,而政府和个人的缴费只按照生产率增长率增长,2015 年"城居保"和"新农合"就会出现缺口,"新农合"的缺口 3 262 亿元,"城居保"的赤字为 1 363 亿元,到 2050 年时"新农合"缺口 6 948 亿元,"城居保"缺口 13 338 亿元。

表 7.18　就诊和住院费用未补偿部分再报销 50% 情形下"城居保"和
"新农合"的基金收入、支出和累计结余　　　　　(单位:百亿元)

年份	2011	2014	2015	2020	2025	2030	2035	2040	2045	2050
"新农合"支出	17.11	59.25	62.08	78.68	91.17	104.13	118.61	130.61	140.28	146.64
"新农合"收入	20.46	28.10	29.46	37.38	43.18	49.15	56.28	63.82	70.88	77.16
"新农合"累计结余	8.24	-19.00	-52.23	-260.36	-542.25	-904.66	-1 363.80	-1 927.20	-2 597.90	-3 380.80

---

① 2013 年第五次卫生服务调查的数据尚未公布,数据来自《2008 年第四次国家卫生服务调查报告》,这几年"城职保""城居保"和"新农合"的待遇水平差距并没有明显变化。
② 由于出现赤字,计算累计结余已经没有意义,因此只计算基金收支情况。

(续表)

年份	2011	2014	2015	2020	2025	2030	2035	2040	2045	2050
"城居保"支出	4.13	21.64	23.93	38.47	52.07	69.01	89.67	115.74	149.15	189.58
"城居保"收入	5.94	9.47	10.30	15.57	20.39	25.82	31.14	37.32	45.63	56.20
"城居保"累计结余	4.96	-3.98	-17.73	-120.04	-287.79	-535.70	-895.90	-1 409.80	-2 126.20	-3 106.70

表7.19给出了就诊和住院费用未补偿部分再报销50%情形下城镇男性、城镇女性、农村男性和农村女性的代际账户值。当政府提高报销比例时,城乡各年龄、性别人群的代际账户值都下降,不过由于"城居保"和参加"新农合"的农民工只占城镇人口的一小部分,因此城镇人口代际账户值下降比例有限,比如2010年出生的城镇男性的代际账户值会从148 119元下降到143 070元,下降3.4%。也就是说,由于从政府获得的转移支付增加,平均来说2010年新出生一代向政府缴纳的净税额会下降3.4%。农村人口和城镇人口相比,更多处于一种低缴费、低公共产品的自给自足状态。农村人口的净税额较低,当"新农合"报销比例提高,从政府获得的转移支付增加时,代际账户值会显著下降,如2010年出生的农村男性代际账户值会从11 169元下降到5 851元,下降了47.61%,2010年出生的农村女性代际账户变成了负值,即2010后新出生的农村女性平均一生从政府获得的转移支付会超过缴纳的税收。由于我国城乡资源分配不均衡,增加对农村人口的转移支付是合适的,但不要超过财政的承受能力。我们可以看到,如果按此方案大幅度提高报销比例,未来代和2010年新出生一代的代际账户值的比率会提高到3.1793,未来代的负担提高57.49个百分点。因此,就诊和住院费用未补偿部分再报销50%会给财政造成太大压力。

表7.19 就诊和住院费用未补偿部分再报销50%情形下城乡分年龄、性别人口人均代际账户值 (单位:元)

年龄	城镇男性	城镇女性	农村男性	农村女性	年龄	城镇男性	城镇女性	农村男性	农村女性
0	143 070	54 433	5 851	-6 037	35	216 600	72 530	58 971	28 090
5	172 260	68 205	11 516	-4 570	40	154 240	52 041	44 580	16 496
10	212 300	88 881	34 945	14 397	45	77 278	14 001	31 645	5 796
15	257 590	120 890	67 538	41 538	47	45 756	-8 173	26 676	2 011
20	303 680	152 080	85 259	52 001	48	29 047	-18 150	24 236	201
25	310 080	150 570	86 192	49 580	50	-25 337	-45 246	19 159	-3 342
30	269 660	113 970	73 591	39 465	55	-178 910	-55 295	7 288	-9 486

年龄	城镇男性	城镇女性	农村男性	农村女性	年龄	城镇男性	城镇女性	农村男性	农村女性
60	-230 180	-54 416	-1 400	-13 206	80	-143 380	-30 587	-758	-4 909
65	-235 250	-52 118	-3 329	-12 309	85	-94 645	-21 581	-378	-3 652
70	-220 520	-50 700	-3 040	-10 013	90	-51 538	-15 337	-636	-2 958
75	-183 190	-42 531	-1 755	-7 317	95	-19 345	-9 435	-704	-2 283
未来代	454 862	173 059	18 601	-19 194	比率	3.1793			

2. 住院费用未补偿部分再报销50%

《指导意见》指出大病保险"以力争避免城乡居民发生家庭灾难性医疗支出为目标",由于门诊一般针对花费有限的小病,因此我们第二种模拟方案假设2015年起只针对以前未补偿的住院费用再进行50%的报销,即"城居保"和"新农合"的就诊报销比例2012年后维持不变,而2015年起住院费用报销比例分别提高到76.14%和74.6%。

表7.20是此报销比例下2011—2050年"城居保"和"新农合"的基金收支与缺口。我们可以看到如果只提高住院费用的报销比例,而政府和个人的缴费按照生产率增长率增长,2015年"新农合"将出现477亿元的缺口,"新农合"的缺口开始不断扩大,2035年后由于城镇化引起的农村人口下降,"新农合"缺口也将下降;"城居保"2015年出现73亿元缺口,缺口逐年扩大,2050年"城居保"缺口扩大到1 986亿元。

表7.20 住院费用未补偿部分再报销50%情形下"城居保"和"新农合"的基金收支和缺口

(单位:百亿元)

年份	2011	2015	2016	2020	2022	2025	2030	2035	2040	2050
"新农合"支出	17.11	34.23	35.83	43.09	45.76	49.57	56.37	64.14	70.61	79.22
"新农合"收入	20.46	29.46	30.95	37.38	39.73	43.18	49.15	56.28	63.82	77.16
"新农合"收支缺口	3.35	-4.77	-4.88	-5.71	-6.03	-6.39	-7.22	-7.86	-6.79	-2.06
"城居保"支出	4.13	11.03	12.01	17.06	19.2	22.58	29.56	38.05	48.44	76.06
"城居保"收入	5.94	10.3	11.18	15.57	17.41	20.39	25.82	31.14	37.32	56.2
"城居保"收支缺口	1.81	-0.73	-0.83	-1.49	-1.79	-2.19	-3.74	-6.91	-11.12	-19.86

表 7.21 给出了住院费用未补偿部分再报销 50% 情形下城镇男性、城镇女性、农村男性和农村女性的代际账户值。我们可以看到城乡各年龄、性别人群的代际账户值相对基准情形都有所下降,但是下降幅度比就诊费用和住院费用报销比例都大幅提高时小很多。比如 2010 年出生的城镇男性的代际账户值会从基准情形的 148 119 元下降到 147 640 元,只下降 0.323%;2010 年出生的农村男性代际账户值会从 11 169 元下降到 10 306 元,下降 7.73%,2010 年出生的农村女性代际账户值仍然会变为负值。未来代和 2010 年新出生一代的代际账户值的比率提高到 2.6863,相对于基准情形,未来代的负担会提高 8.19 个百分点。

表 7.21 住院费用未补偿部分再进行 50% 报销情形下城乡分年龄、性别人口人均代际账户值

(单位:元)

年龄	城镇男性	城镇女性	农村男性	农村女性	年龄	城镇男性	城镇女性	农村男性	农村女性
0	147 640	59 778	10 306	−910	48	33 409	−12 595	29 982	8 166
5	176 050	73 027	15 668	757	50	−21 023	−39 836	24 870	4 488
10	215 600	93 390	38 947	19 945	55	−175 050	−50 317	12 542	−2 253
15	260 950	125 560	71 726	47 594	60	−226 690	−49 784	3 308	−6 655
20	307 300	157 160	89 776	58 736	65	−232 410	−48 252	454	−6 890
25	313 990	156 000	91 105	56 909	70	−218 380	−47 700	−251	−5 859
30	273 880	119 750	78 974	47 443	75	−181 690	−40 340	167	−4 337
35	220 970	78 438	64 599	36 312	80	−142 390	−29 122	436	−2 973
40	158 730	58 012	50 427	24 872	85	−94 031	−20 678	342	−2 488
45	81 711	19 753	37 453	13 959	90	−51 178	−14 869	−206	−2 378
47	50 142	−2 551	32 442	10 042	95	−19 153	−9 266	−424	−2 061
未来代	396 605	160 582	27 685	−2 444	比率		2.6863		

3. 提高报销比例和个人缴费方案

《指导意见》中提出利用"城居保"和"新农合"的结余或者提高筹资额度来解决资金问题。我们可以看到如果政府和个人的缴费按照生产率增长率增长,对住院费用未报销部分进行 50% 的报销,"城居保"和"新农合"会出现赤字,从而增加财政负担。我们下面模拟几种提高报销比例并提高个人缴费增加筹资的方案。

我们先对各种情形下 2011—2055 年"城居保"和"新农合"的基金收支进行预测,考察"城居保"和"新农合"的中期收支压力,再利用代际核算体系模拟"城居保"和"新农合"对财政负担的长期影响。表 7.22 给出了几种住院费用报销比例提高以及个人缴费提高情形下各年"新农合"和"城居保"的收支缺口以及未来代和 2010 年新出生一代的代际账户值的比率。方案 1 假设 2015 年起"城居保"和

"新农合"的住院费用报销比例在基准情形基础上再提高10个百分点,分别提高到62.28%和59.2%,而个人缴费仍然按照生产率增长率增长,"新农合"仍然会有基金结余,而"城居保"2038年基金结余就变为负值,未来代和2010年新出生一代的代际账户值的比率会从基准情形的2.6044提高到2.6371,因此只有提高个人缴费"城居保"才能持续。我们采用试算法,利用MATLAB程序,假设个人缴费可以被5整除,模拟出2050年前"城居保"和"新农合"基金结余都不小于零且代际账户比率与基准情形最接近的最低缴费方案(下面所有个人缴费的模拟方案都同理)。方案2的住院费用报销比例和方案1相同,我们假设2015年"城居保"的个人缴费提高到140元,"新农合"提高到105元,之后个人缴费在此基础上按照生产率增长率增长,我们看到"城居保"和"新农合"都有基金结余,未来代和2010年新出生一代的代际账户值的比率为2.6046,与基准情形基本相同。也就是说,如果"新农合"和"城居保"2015年起报销比例要提高10个百分点,"城居保"和"新农合"的个人缴费要分别提高到140元和105元,从长期来讲,政府对城乡医保的投入不用发生变化。方案3假设2015年起住院费用报销比例在基准情形基础上再提高20个百分点,分别提高到72.28%和69.2%,而"城居保"和"新农合"的个人缴费2013年起按照生产率增长率增长,"新农合"2017年出现赤字,"城居保"2025年出现赤字,未来代和2010年新出生一代的代际账户值的比率提高到2.6701。方案4的住院费用报销比例和方案3相同,我们假设2015年"城居保"的个人缴费提高到170元,"新农合"提高到135元,之后个人缴费在此基础上按照生产率增长率增长,我们看到"城居保"和"新农合"都有基金结余,未来代和2010年新出生一代的代际账户值的比率为2.6041。方案5假设2015年起对住院费用未补偿的50%进行报销,"城居保"和"新农合"的住院费用报销比例提高到76.14%和74.6%,个人缴费2013年起按照生产率增长率增长,我们前面已知2016年"新农合"出现赤字,2022年"城居保"出现赤字。方案6的住院费用报销比例和方案5相同,我们假设2015年"城居保"的个人缴费提高到185元,"新农合"提高到150元,之后个人缴费在此基础上按照生产率增长率增长,我们看到"城居保"和"新农合"都有基金结余,未来代和2010年新出生一代的代际账户值的比率为2.6035。我国农村居民家庭2012年人均纯收入为7916.6元,如果人均纯收入按照生产率增长率增长,2015年缴费150元,占到农村人均纯收入的1.6%,不超过"城职保"的个人缴费率2%,因此如果2015年起对住院费用未补偿的50%进行报销,"城居保"和"新农合"的个人缴费分别提高到185元和150元,缴费负担在农村家庭承受范围内,从长期来看政府的负担也基本不会变化。

表 7.22　各种住院费用报销比率和个人缴费提高情形下各年"新农合"和
"城居保"的累计结余以及代际账户比率　　　（单位：百亿元）

报销比例	个人缴费	累计结余	比率	2015	2020	2030	2040	2050
提高10%	方案1：生产率增长率增长	"新农合"	2.6371	11.0	8.9	3.5	2.4	49.2
		"城居保"		9.5	13.3	18.4	-13.2	—
	方案2："城居保"：140，"新农合"：105	"新农合"	2.6046	12.8	22.6	53.7	111.3	247.5
		"城居保"		10.6	22.1	55.8	75.9	47.7
提高20%	方案3：生产率增长率增长	"新农合"	2.6701	5.8	-13.0	—	—	—
		"城居保"		7.8	5.3	-12.6	—	—
	方案4："城居保"：170，"新农合"：135	"新农合"	2.6041	10.0	18.3	46.0	99.6	234.4
		"城居保"		9.7	20.5	52.0	66.3	26.5
未报销部分的50%	方案5：生产率增长率增长	"新农合"	2.6863	3.0	-24.8	—	—	—
		"城居保"		7.1	2.1	-24.5	—	—
	方案6："城居保"：185，"新农合"：150	"新农合"	2.6035	8.4	15.2	39.2	87.7	217.1
		"城居保"		9.4	20.6	53.7	70.0	33.0

注：累计结余转为负值后不再计算累计结余，因为政府必须要弥补缺口，不可能赤字累计。

4. 住院率变动的敏感性分析

我国卫生服务调查数据显示，1993年全国平均未住院率为35%，其中55.97%是由于经济困难所致；1998年62.71%的未住院人数是由于经济原因没有住院（未公布未住院率）；2003年未住院率为29.6%，其中70%是由于经济原因；2008年未住院率为25.1%，其中70.3%是由于经济原因。前面的模拟中我们都假设2008年后住院率不发生变化，而实际上有相当比例的人口由于经济原因放弃住院，如果实行了大病保险，个人自负比例进一步下降，年住院率会有所提升。如果未住院率降为零（当然大病保险不可能使未住院率完全降为零），住院率增加至以前的1.335倍，我们将对住院率的变动进行敏感性分析。

我们此前的模拟表明，如果对未补偿住院费用的50%进行报销，2015年"城居保"和"新农合"的个人缴费需要分别提高到185元和150元，从长期来看，政府的负担变化不大。表7.23给出了我们模拟的对未补偿住院费用的50%进行报销且各种住院率提高情形下的"新农合"和"城居保"的累计结余以及代际账户比率。在方案c中我们看到，如果大病保险的执行使得2015年的住院率提高至2008年的1.1倍，个人缴费仍然按照生产率增长率增长，"新农合"2015年结余就为负，而"城居保"基金结余2019年变为负值，未来代和2010年新出生一代的代际账户值的比率进一步提高到2.7115。在方案d中我们用上述试错法模拟出，如果2015年"城居保"的个人缴费提高到210元，"新农合"提高到170元，之后个人缴费在此基础上按照生产率增长率增长，我们看到"城居保"和"新农合"都有基金结余，未来代和2010年新出生一代的代际账户值的比率为2.6041，与基准情形基本相同。

也就是说,如果"新农合"和"城居保"2015年起住院未补偿比例再报销50%,并且引致住院率提高至以前的1.1倍,那么"城居保"和"新农合"的个人缴费要分别提高到210元和140元,从长期来讲,政府对城乡医保的投入不会发生变化。在方案e中我们看到,如果2015年的住院率提高至2008年的1.2倍,个人缴费仍然按照生产率增长率增长,"新农合"2015年结余就为负,而"城居保"基金结余2017年变为负值,未来代和2010年新出生一代的代际账户值的比率进一步提高到2.7368。在方案f中我们用上述试错法模拟出,如果2015年"城居保"的个人缴费提高到235元,"新农合"提高到190元,之后个人缴费在此基础上按照生产率增长率增长,我们看到"城居保"和"新农合"都有基金结余,未来代和2010年新出生一代的代际账户值的比率为2.6047,与基准情形基本相同。在方案h中我们看到,如果2015年的住院率提高至2008年的1.335倍,也就是应住院未住院率降为零,个人缴费仍然按照生产率增长率增长,"新农合"2015年结余就为负,而"城居保"基金结余2016年变为负值,未来代和2010年新出生一代的代际账户值的比率进一步提高到2.7713。在方案i中我们用上述试错法模拟出,如果2015年"城居保"的个人缴费提高到270元,"新农合"提高到220元,之后个人缴费在此基础上按照生产率增长率增长,我们看到"城居保"和"新农合"都有基金结余,未来代和2010年新出生一代的代际账户值的比率为2.6029,与基准情形基本相同。如果2015年缴费220元,将占到农村人均纯收入的2.3%。也就是说,如果"新农合"和"城居保"2015年起住院未补偿比例再报销50%,并且使得应住院未住院率降为零①,"城居保"和"新农合"的个人缴费要分别提高到270元和220元,从长期来讲,政府的负担不会发生变化。因此,综上可得,如果我们对"新农合"和"城居保"未补偿部分的50%进行报销,并且从长期来看不增加政府负担,农村个人缴费要提高至农村人均纯收入的1.6%到2.3%,基本和"城职保"的个人缴费率2%一致,也在农村居民的承受范围之内。

表7.23　各种住院率和个人缴费提高情形下各年"新农合"和
"城居保"的累计结余以及代际账户比率　　　（单位：百亿元）

住院率	个人缴费	累计结余	比率	2015	2020	2030	2040	2050
住院率不变	方案a:生产率增长率增长	"新农合"	2.6863	3.0	−24.8	—	—	—
		"城居保"		7.1	2.1	−24.5	—	—
	方案b:"城居保":185,"新农合":150	"新农合"	2.6035	8.4	15.2	39.2	87.7	217.1
		"城居保"		9.4	20.6	53.7	70.0	33.0

---

① 实际上应住院未住院人口中还有1/3是由于非经济原因放弃住院,而且由于大病保险也不是100%报销,仍然会有部分人由于经济压力放弃住院,因此住院率不可能提高到原来的1.335倍,1.335倍是上限。

(续表)

住院率	个人缴费	累计结余	比率	2015	2020	2030	2040	2050
住院率为以前的1.1倍	方案c:生产率增长率增长	"新农合"	2.7115	-0.9	—	—	—	—
		"城居保"		5.8	-4.0	—	—	—
	方案d:"城居保":210,"新农合":170	"新农合"	2.6041	6.2	10.6	28.3	67.9	187.1
		"城居保"		8.8	19.7	52.7	67.4	26.2
住院率为以前的1.2倍	方案e:生产率增长率增长	"新农合"	2.7368	-4.8	—	—	—	—
		"城居保"		4.4	-10.2	—	—	—
	方案f:"城居保":235,"新农合":190	"新农合"	2.6047	3.9	6.0	17.4	48.1	157.2
		"城居保"		8.1	18.9	51.8	64.8	19.3
住院率为以前的1.335倍	方案h:生产率增长率增长	"新农合"	2.7713	-10.0	—	—	—	—
		"城居保"		2.6	-18.5	—	—	—
	方案i:"城居保":270,"新农合":220	"新农合"	2.6029	1.1	1.6	9.1	35.3	142.1
		"城居保"		7.2	18.1	51.7	64.0	15.5

7.6.2 医疗保险统筹的影响分析

十八届三中全会《中共中央关于全面深化改革若干重大问题的决定》提出"整合城乡居民基本养老保险制度、基本医疗保险制度"。目前,城镇居民基本医疗保险和新型农村合作医疗保险的整合已经提上日程;从远期来看,随着我国城镇化率的进一步提高,"普惠、公平"的基本医疗保障体系是医疗保障城乡统筹的最终目标。制约我国统筹城乡医疗保障制度的重要因素之一就是政府对医疗保险基金财政补贴的承受能力,城镇居民基本医疗保险制度和新型农村合作医疗制度的过快整合会对短期财政状况带来一定压力,而城乡医疗保障体系全面统筹的终极目标可能又会对我国财政体系的可持续性有一定的影响,本节用代际核算方法分析我国统筹医疗保险对财政体系负担的影响。

1. "城居保"和"新农合"的统筹

由于"新农合"和"城居保"缴费模式和待遇水平的相似性,医疗保险统筹的第一步首先是统筹"新农合"和"城居保",也就是统筹城乡居民医疗保险体系。我们假设2015年起,"新农保"参保人员的次均就诊费用、次均住院费用、两周就诊率、年住院率和补偿比例都和当年同年龄、性别的"城居保"人口一致,另外,"新农合"参保人员2015年起个人缴费也提高到"城居保"的水平。图7.4给出了统筹前后"新农保"基金的收支情况,"新农合"和"城居保"统筹后,由于我们假设"新农合"参保人员2015年起个人平均缴费从81.5元提高到"城居保"的98.7元,因此统筹后"新农保"基金收入略有上升,其中个人缴费总额从654.2亿元提高到791.7亿元,增加137.5亿元;而假设"新农保"参保人员的就医水平提高到"城居保"水平,会使"新农合"的基金支出大幅增加,2015年的基金支出从2 758.9亿元上升至

4 223.4亿元,增加1 464.5亿元,除去个人缴费增加的137.5亿元。也就是说,如果2015年起"新农合"和"城居保"统筹,政府当年立即需要多支出1 327亿元。2013年我国公共财政支出139 744亿元,如表7.1所示,我们假设政府支出按照GDP增长率增长,GDP增长率等于生产率增长率和人口增长率之和,2014年和2015年分别为7.3%和7.6%,这样2015年"新农合"和"城居保"统筹引致的政府支出增加1 327亿元占2015年财政支出的0.8%。

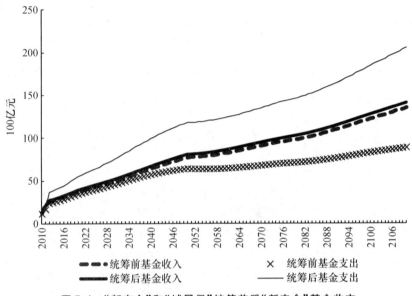

图7.4 "新农合"和"城居保"统筹前后"新农合"基金收支

表7.24给出了"新农合"和"城居保"统筹前后城乡分年龄、性别人群的代际账户。我们以2010年为基年,2010年及以前出生的人为现存代,2011年及以后出生的为未来代。假设未来代每人的代际账户值按照生产率增长率增长,我们可以看到"新农合"和"城居保"统筹前2010年出生的城镇男性的人均代际账户值是148 119元,城镇女性是60 578元,农村男性是11 169元,农村女性是476元。城镇男性的代际账户值50岁时转为负值,也就是城镇男性从50岁起,在剩余生命周期内向政府缴纳的税收的现值小于从政府得到的转移支付的现值,而城镇女性的代际账户值从47岁转为负值,农村男性从90岁转为负值,农村女性从55岁转为负值。最后一行是2011年及以后出生的未来代和2010年出生一代代际账户值的比率,未来各代的城镇男性经过生产率增长率调整的代际账户值是385 764元,未来代的代际账户值是2010年新出生一代的2.604 4倍。也就是说,中国现存的财政政策是不可持续的,为了维持现存的财政政策,未来代的负担是现存代的2.604 4倍,未来各代向政府缴纳的净税额的精算现值要比现存代高160.44%。如果未来代净税额不提高,政府的负担就需要大幅提升。如果"新农合"和"城居保"统筹

后,由于"新农保"参保人员获得的医疗保险金提高的幅度比医疗保险缴费提高的幅度大,而农民工和务农农民基本都被"新农保"覆盖,按照居住地普查的原则,农民工被归为城镇人口,务农农民被归为农村人口,那么"新农合"和"城居保"统筹会对城镇和农村人口的代际账户值都产生影响,使城乡所有年龄、性别人群平均的代际账户值都下降,但是农村人口的代际账户值下降幅度更大,所有农村女性的代际账户值都变成负数。也就是说,如果整合城乡居民医疗保险体系,农村女性一生的净税额为负,这意味着新出生的农村女性人口一生从政府获得的转移支付将大于向政府缴纳的税费现值。而未来代和2010年新出生一代的代际账户值的比率会提高到2.7456,未来代的负担提高14.12个百分点。

表7.24 "新农合"和"城居保"统筹前后城乡分年龄、性别人群的代际账户

(单位:元)

年龄	统筹前				统筹后			
	城镇男性	城镇女性	农村男性	农村女性	城镇男性	城镇女性	农村男性	农村女性
0	148 119	60 578	11 169	476	147 620	59 851	8 644	-3 049
5	176 550	73 896	16 524	2 347	175 980	73 053	13 937	-1 581
10	216 110	94 363	39 844	21 757	215 480	93 396	37 263	17 522
15	261 510	126 570	72 686	49 435	260 860	125 570	69 949	44 972
20	307 920	158 200	90 818	60 552	307 250	157 200	87 901	55 848
25	314 660	156 960	92 219	58 589	313 980	156 030	89 128	53 828
30	274 610	120 590	80 168	48 929	273 920	119 760	76 890	44 152
35	221 750	79 265	65 851	37 761	221 120	78 563	62 532	33 028
40	159 570	58 862	51 741	26 331	158 990	58 303	48 372	21 656
45	82 580	20 599	38 791	15 392	82 125	20 275	35 534	10 984
50	-20 122	-38 999	26 230	5 883	-20 436	-39 065	23 073	1 756
55	-174 190	-49 508	13 824	-950	-174 250	-49 508	11 014	-4 639
60	-225 840	-48 984	4 490	-5 461	-225 840	-48 984	2 011	-8 709
65	-231 680	-47 561	1 412	-5 898	-231 680	-47 561	-468	-8 445
70	-217 820	-47 151	457	-5 096	-217 820	-47 151	-871	-6 970
75	-181 280	-39 929	656	-3 788	-181 280	-39 929	-208	-5 062
80	-142 130	-28 840	740	-2 616	-142 130	-28 840	238	-3 391
85	-93 861	-20 500	526	-2 272	-93 861	-20 500	247	-2 696
90	-51 076	-14 776	-96	-2 270	-51 076	-14 776	-254	-2 458
未来代	385 764	157 767	29 089	1 241	405 305	164 327	23 734	-8 372
比率	2.6044				2.7456			

2. "城居保"和"新农合"待遇达到"城职保"水平

模拟发现,如果整合城乡居民医疗保险体系,政府向医疗体系的补助需要增加,但2015年增加的负担仅占财政支出的0.8%,短期内不会给政府财政造成太大压力,未来代和2010年新出生一代的代际账户值的比率从2.6044提高到2.7456,未来代的负担提高14.12个百分点,因此从长期来看,政府的负担上升,但上升幅度不大。因此,整合城乡居民医疗保险体系无论短期还是长期都不会给财政造成太大压力,我们可以考虑尽快统筹"新农合"和"城居保",这样可以解决农民工异地就医等问题。

但是,"城居保"和"新农合"与"城职保"相比,待遇水平差距还是较大,我们下面模拟如果"城居保"和"新农合"的个人缴费不大幅提高,而"城居保"和"新农合"参保人员的次均就诊费用、次均住院费用、两周就诊率、年住院率和补偿比例都与当年同年龄、性别的"城职保"人口一致,对财政负担的影响。图7.5给出了"城居保"和"新农合"待遇达到"城职保"水平前后"城居保"和"新农合"的基金支出。我们看到如果把"城居保"和"新农合"的待遇提高到"城职保"水平,"城居保"和"新农合"的基金支出会大幅增加,"城居保"基金支出2015年从888亿元提高到2 648.2亿元,增加1 760.2亿元,2050年从6 374亿元提高到19 509亿元,增加13 135亿元;"新农合"基金支出2015年从2 758.9亿元提高到7 376.6亿元,增加4 617.7亿元,2050年从6 439.3亿元提高到19 437亿元,增加12 997.7亿元。因此,如果把"城居保"和"新农合"的待遇提高到"城职保"水平,2015年政府补助需

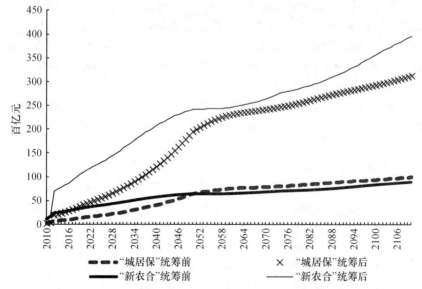

图7.5 "城居保"和"新农合"待遇达到"城职保"水平前后
"城居保"和"新农合"基金支出

要增加 6 377.9 亿元,占 2015 年全国财政支出的 3.95%。2012 年财政对"新农合"基金的补助是 932.91 亿元,对"城居保"基金的补助是 107.82 亿元,如果 2015 年把"城居保"和"新农合"的待遇提高到"城职保"水平,政府对"城居保"和"新农合"的补助要提高到 2012 年的 6.13 倍。因此,如果"城居保"和"新农合"的缴费不大幅提高,只提高待遇水平,短期就会给财政体系增加非常大的压力。

表 7.25 给出了"城居保"和"新农合"待遇达到"城职保"水平前后城乡分年龄、性别人群的代际账户。我们看到如果把"城居保"和"新农合"的待遇提高到"城职保"水平,城乡所有年龄、性别人群平均的代际账户值都下降,尤其农村人口的代际账户值会大幅下降。2010 年出生的农村男性代际账户值会从 11 169 元下降至 4 126 元,2010 年出生的农村女性代际账户值会从 476 元下降至 -9 641 元,2010 年出生的农村女性一生净税额为负。而未来代和 2010 年新出生一代的代际账户值的比率会提高到 3.3241,未来代的负担提高 71.97 个百分点。因此,如果不大幅提高"城居保"和"新农合"的个人缴费,只把"城居保"和"新农合"待遇提高到"城职保"水平,无论短期还是长期都会大幅加剧财政负担。

表 7.25 "城居保"和"新农合"待遇达到"城职保"水平前后城乡分年龄、性别人群的代际账户 (单位:元)

年龄	统筹前				统筹后			
	城镇男性	城镇女性	农村男性	农村女性	城镇男性	城镇女性	农村男性	农村女性
0	148 119	60 578	11 169	476	143 170	53 841	4 126	-9 641
5	176 550	73 896	16 524	2 347	171 800	66 960	9 243	-9 109
10	216 110	94 363	39 844	21 757	211 660	87 273	32 512	9 194
15	261 510	126 570	72 686	49 435	256 740	119 190	64 905	36 477
20	307 920	158 200	90 818	60 552	302 760	150 440	82 496	47 152
25	314 660	156 960	92 219	58 589	309 130	149 370	83 393	45 426
30	274 610	120 590	80 168	48 929	268 670	113 230	70 761	36 136
35	221 750	79 265	65 851	37 761	215 600	71 845	56 228	24 993
40	159 570	58 862	51 741	26 331	153 150	51 363	41 837	13 592
45	82 580	20 599	38 791	15 392	76 210	13 407	29 059	3 222
50	-20 122	-38 999	26 230	5 883	-26 482	-45 870	16 615	-5 692
55	-174 190	-49 508	13 824	-950	-179 890	-55 952	5 143	-11 435
60	-225 840	-48 984	4 490	-5 461	-231 350	-55 133	-3 307	-14 840
65	-231 680	-47 561	1 412	-5 898	-236 020	-52 566	-4 561	-13 344
70	-217 820	-47 151	457	-5 096	-221 040	-51 004	-3 807	-10 637
75	-181 280	-39 929	656	-3 788	-183 500	-42 691	-2 142	-7 597
80	-142 130	-28 840	740	-2 616	-143 520	-30 631	-898	-4 958

(续表)

年龄	统筹前				统筹后			
	城镇男性	城镇女性	农村男性	农村女性	城镇男性	城镇女性	农村男性	农村女性
85	−93 861	−20 500	526	−2 272	−94 685	−21 543	−389	−3 566
90	−51 076	−14 776	−96	−2 270	−51 536	−15 269	−620	−2 848
未来代	385 761	157 769	29 089	1 241	475 911	178 973	13 715	−32 048
比率	2.6044				3.3241			

3. "城职保""城居保"和"新农合"完全统筹

通过以上模拟我们发现，如果"城居保"和"新农合"的个人缴费不大幅提高，而2015年起"城居保"和"新农保"参保人员的待遇与当年同年龄、性别的"城职保"人口一致，无论短期还是长期都会给财政带来过大压力，因此在待遇水平提高的同时也必须考虑提高个人缴费。下面我们模拟"城居保"和"新农合"的缴费与待遇水平都达到"城职保"水平对财政负担的影响。图7.6和图7.7给出了"城居保"和"新农合"在完全统筹前后的基金收支。我们假设2015年三大医疗体系完全统筹，也就是"城居保"和"新农合"都仿照"城职保"建立统筹账户和个人账户相结合的社会医疗保险体系。由于政府只需要对统筹账户的缺口负责，因此图7.6和图7.7中统筹后的基金收支仅指统筹账户基金收支。我们可以看到"城职保""城居保"和"新农合"完全统筹后，"城居保"和"新农合"的统筹账户基金收支都

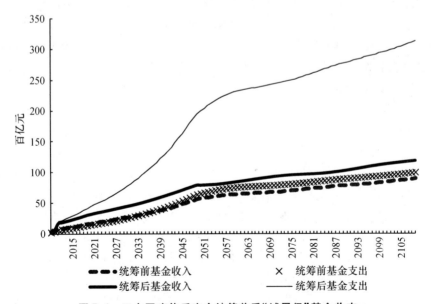

图7.6 三大医疗体系完全统筹前后"城居保"基金收支

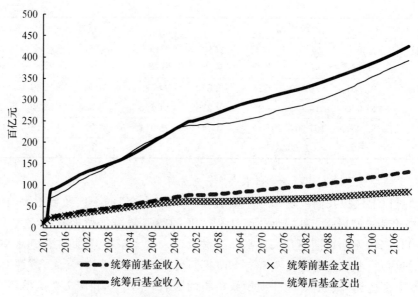

图7.7 三大医疗体系完全统筹前后"新农合"基金收支

大幅增加。2015年"城居保"基金收入从1030.2亿元增加到2133.1亿元,基金支出从888.07亿元增加到2648.2亿元,2050年"城居保"统筹账户基金收入和支出分别为7869.6亿元和19509亿元。也就是说,如果"城居保"的缴费和待遇水平都达到"城职保"水平,"城居保"主要覆盖城镇非就业户籍人口,主要是16岁以前人口和达到退休年龄之后的人口,覆盖就业人口较少,而非就业人口不需要缴费,因此"城居保"统筹账户将入不敷出。2015年"新农合"基金收入从2946.2亿元增加到9935.3亿元,基金支出从2758.9亿元增加到8217.6亿元,2050年"新农合"统筹账户基金收入和支出分别为25053亿元和24154亿元。因此,由于农村人口生育率较高,老龄化程度没有"城职保"严重,如果"新农合"改成"城职保"模式,除了2031—2045年统筹账户支出略大于收入,其他年份"新农合"统筹账户的收入都大于支出。

表7.26给出了"城职保""城居保"和"新农合"完全统筹前后城乡分年龄、性别人群的代际账户。我们看到如果三大医疗保险体系完全统筹,由于缴费和待遇支付都增加,缴费主要集中在年轻段,而大部分医疗保险支出主要集中在年老段,因此46岁之前的城镇男性代际账户值增加,而47(含)岁以上的城镇男性代际账户值下降。1至31岁的城镇女性的代际账户值上升,其他年龄城镇女性的代际账户值下降。41岁以下的农村男性代际账户值增加,而41(含)岁以上的农村男性代际账户值下降。24岁以下的农村女性代际账户值增加,而24(含)岁以上的农村女性代际账户值下降。而未来代和2010年新出生一代的代际账户值的比率会下降到2.3562。因此,如果"城居保"和"新农合"的缴费水平和待遇都提高到"城职

保"水平,由于"新农合"大部分年份有基金结余,非但不会增加财政负担,反而会使财政负担下降。

表 7.26　三大医疗体系完全统筹前后城乡分年龄、性别人群的代际账户（单位:元）

年龄	统筹前				统筹后			
	城镇男性	城镇女性	农村男性	农村女性	城镇男性	城镇女性	农村男性	农村女性
0	148 119	60 578	11 169	476	155 990	62 049	24 425	2 641
5	176 550	73 896	16 524	2 347	187 130	76 951	33 477	6 180
10	216 110	94 363	39 844	21 757	229 720	99 194	60 585	27 363
15	261 510	126 570	72 686	49 435	276 360	131 780	94 982	54 910
20	307 920	158 200	90 818	60 552	322 240	162 020	111 850	63 083
25	314 660	156 960	92 219	58 589	327 400	159 510	110 210	58 460
30	274 610	120 590	80 168	48 929	284 840	121 500	93 494	45 433
35	221 750	79 265	65 851	37 761	229 100	77 725	73 794	29 289
40	159 570	58 862	51 741	26 331	163 580	54 843	53 418	12 677
45	82 580	20 599	38 791	15 392	83 366	14 823	34 262	-2 416
50	-20 122	-38 999	26 230	5 883	-22 816	-46 132	14 841	-15 692
55	-174 190	-49 508	13 824	-950	-179 520	-56 313	-3 261	-21 887
60	-225 840	-48 984	4 490	-5 461	-231 620	-55 440	-13 817	-25 460
65	-231 680	-47 561	1 412	-5 898	-236 230	-52 815	-12 649	-21 827
70	-217 820	-47 151	457	-5 096	-221 190	-51 195	-9 606	-16 985
75	-181 280	-39 929	656	-3 788	-183 600	-42 828	-5 961	-11 984
80	-142 130	-28 840	740	-2 616	-143 590	-30 719	-3 142	-7 670
85	-93 861	-20 500	526	-2 272	-94 723	-21 594	-1 646	-5 070
90	-51 076	-14 776	-96	-2 270	-51 557	-15 293	-1 343	-3 522
未来代	385 761	157 769	29 089	1 241	367 544	146 200	57 550	6 222
比率	2.6044				2.3562			

7.6.3　农民工医疗保险模拟

农民工是城乡统筹的排头兵,农民工数目较多的一些地方政府一直在积极试图将农民工纳入城镇社会保险体系,北京、上海和重庆等地规定农民工和城镇职工一样参加城镇职工医疗保险（简称"城职保"）。但农民工参加城镇医疗体系的情况并不乐观。2013 年全国农民工 26 894 万,其中外出农民工 16 610 万,年末参加城镇医疗保险的农民工人数为 5 018 万,农民工参加城镇医疗保险的参保率为 18.7%。这说明绝大部分农民工在城镇就业,但在户口所在地参加新型农村合作医疗保险。"新农合"医疗费用垫付制度和异地报销制度使农民工的实际医疗保障水平受到影响,而雇佣企业的缴费能力和政府对财政补贴的承受能力是制约农民工加入城镇医疗保险体系的重要因素,本节旨在结合企业缴费研究政府对农民工选择不同医疗保险方案的承受能力。

1. 农民工参加"城居保"

农民工的参保情形可分为三种:第一种被统计为城镇人口并且参加城镇医疗保险体系,表7.27给出了2008—2013年我国农民工参加城镇医疗保险体系的情况。我们可以看出农民工参加城镇医疗保险的参保率一直保持在19%左右。[①] 第二种是统计为城镇人口,但是在户籍所在地参加"新农合",2010年城镇处于就业年龄段的人口数为47 968.6万,其中参加"城职保"的17 791万,参加城镇居民医疗保险(简称"城居保")的6 210.3万,未被医疗体系覆盖的人口6 675.6万[②],剩下的是统计为城镇人口但参加"新农合"的农民工,共17 291.7万。第三种是人口普查时统计为农村人口并且参加"新农合"的农民工,2010年为2 333万,占农村就业年龄段人口的5.64%,我们假设此比例不变。

表7.27 2008—2013年我国农民工参加城镇医疗保险体系的情况

年份	2008	2009	2010	2011	2012	2013
农民工(万人)	22 542	22 978	24 223	25 278	26 261	26 894
外出农民工(万人)	14 041	14 533	15 335	15 863	16 336	16 610
城镇医疗保险(万人)	4 266	4 335	4 583	4 641	4 996	5 018
参保率(%)	18.92	18.87	18.92	18.36	19.02	18.66

首先我们比较81%的农民工参加"新农合"和"城居保"的情形。我们假设2015年起这81%的农民工不参加"新农合",而按照"城居保"的水平进行缴费和享受医疗保险待遇,由于"新农合"和"城居保"缴费水平基本一致,表7.28只给出了2015—2050年农民工参加"新农合"和"城居保"的基金支出预测。我们可以看出2015年基金支出从666亿元提高到865亿元,提高了199亿元。2013年我国公共财政支出139 744亿元,我们假设政府支出按照GDP增长率增长,GDP增长率等于人均GDP增长率和人口增长率之和,2014年和2015年都是7.4%,这样2015年农民工放弃参加"新农合"而参加"城居保"引致的政府支出增加的199亿元占2015年财政支出的0.12%。

---

① 由于城镇居民医疗保险有户籍要求,一般我们认为农民工参加城镇医疗保险体系就是参加"城职保"。

② 2010年我国医疗保险参保率为95%,2011年为97.5%。我们简单假设未参保人员全部在城镇就业年龄段,并且从2012年起我国达到医疗保险全覆盖,这个假设与事实有差距但是对我们的分析结果影响很小。

表7.28 2015—2050年农民工参加"新农合"和"城居保"的基金支出预测

(单位:百亿元)

年份	2015	2016	2017	2018	2019	2020	2021	2022	2023	2024	2025	2026
"新农合"	6.66	7.15	7.72	8.28	8.81	9.42	9.94	10.50	11.09	11.57	12.14	12.67
"城居保"	8.65	9.31	10.07	10.83	11.56	12.41	13.14	13.91	14.72	15.41	16.21	16.97
年份	2027	2028	2029	2030	2031	2032	2033	2034	2035	2036	2037	2038
"新农合"	13.26	13.91	14.51	15.17	15.69	16.25	16.88	17.52	18.19	18.89	19.60	20.29
"城居保"	17.83	18.76	19.65	20.62	21.40	22.25	23.20	24.20	25.24	26.34	27.48	28.59
年份	2039	2040	2041	2042	2043	2044	2045	2046	2047	2048	2049	2050
"新农合"	21.01	21.71	22.28	22.81	23.19	23.67	24.10	24.41	24.82	25.16	25.48	25.77
"城居保"	29.76	30.93	31.88	32.76	33.47	34.30	35.07	35.66	36.39	37.01	37.62	38.19

表7.29给出了81%的农民工2015年起不参加"新农合"而参加"城居保"的城乡分年龄、性别人群的代际账户。我们以2010年为基年,2010年及以前出生的人为现存代,2011年及以后出生的为未来代。假设未来代每人的代际账户值按照生产率增长率增长,我们可以看出如果农民工参加"新农合",2010年出生的城镇男性的人均代际账户值是146 300元,城镇女性是58 934元,农村男性是10 469元,农村女性是155元。城镇男性的代际账户值50岁时转为负值,也就是城镇男性从50岁起,在剩余生命周期内向政府缴纳的税的现值小于从政府得到的转移支付的现值,而城镇女性的代际账户值从47岁起转为负值,农村男性从90岁起转为负值,农村女性55岁时转为负值。最后一行是2011年及以后出生的未来代和2010年出生一代代际账户值的比率,未来各代的城镇男性经过生产率增长率调整的代际账户值是385 954元,未来代的代际账户值是2010年新出生一代的2.6381倍。也就是说,中国现存的财政政策是不可持续的,为了维持现存的财政政策,未来代的负担是现存代的2.6381倍,未来各代向政府缴纳的净税额的精算现值要比现存代高163.81%[①]。如果未来代净税额不提高,政府的负担就需要大幅提升。农民工大部分被统计为城镇人口,少数被统计为农村人口,如果81%的农民工参加"城居保",由于医疗保险待遇提升,大部分人的代际账户值都将下降,而农村老年人不受影响。未来代和2010年新出生一代的代际账户值的比率会提高到2.6724,未来代的负担略有提升。因此农民工参加"城居保"从财政压力的角度看,无论是短期还是长期都完全可行。

[①] 未来代的负担比现存代高163.81%,可以通过调整某些税收、提高退休年龄或者减少政府开支等各种手段来减轻代际不平衡,由于这不是本书讨论的重点,故不详述。

表 7.29 农民工参加"新农合"和"城居保"城乡分年龄、性别人群的代际账户

(单位:元)

年龄	"新农合"				"城居保"			
	城镇男性	城镇女性	农村男性	农村女性	城镇男性	城镇女性	农村男性	农村女性
0	146 300	58 934	10 469	155	145 690	58 151	10 420	82
10	215 860	94 061	40 262	22 314	215 290	93 202	40 202	22 212
20	309 220	159 120	91 935	61 635	308 680	158 330	91 872	61 535
30	276 070	122 370	81 407	50 104	275 550	121 790	81 347	50 037
40	164 910	62 465	52 961	27 282	164 480	62 062	52 913	27 239
50	-18 135	-38 617	26 923	6 474	-18 405	-38 762	26 897	6 469
60	-225 500	-48 350	4 911	-5 085	-225 570	-48 441	4 911	-5 085
70	-217 460	-46 510	708	-4 843	-217 510	-46 570	708	-4 843
80	-142 030	-28 633	805	-2 542	-142 060	-28 664	805	-2 542
90	-51 077	-14 769	-89	-2 265	-51 087	-14 781	-89	-2 265
未来代	385 954	155 474	27 618	408	389 342	155 403	27 846	218
比率		2.6381				2.6724		

2. 农民工参加"城职保"

下面我们模拟 2015 年起所有农民工参加"城职保"的情形。① 这又分为两种情况,第一种假设参加"城职保"后,退休后继续回到农村参加"新农合"。第二种假设参加"城职保"的农民工退休后继续参加"城职保"。表 7.30 给出了所有农民工 2015 年起都参加"城职保"的代际账户,如果按照"城职保"缴费,农民工的医疗保险缴费会大幅上升,因此退休年龄前的人口代际账户值大幅上升,而 2010 年已经进入退休年龄段的人口不受影响。而如果农民工在职时参加"城职保",达到退休年龄后回到农村参加"新农合",由于工作年龄段缴费高,就诊率低,医保基金会有大量结余。我们可以看出未来代和 2010 年新出生一代的代际账户值的比率会降低到 2.3660,因此农民工在职时参加"城职保",达到退休年龄后回到农村参加"新农合"反而会减轻政府的压力,这是不公平的做法。如果农民工在职和退休后都参加"城职保",我们可以看出未来代和 2010 年新出生一代的代际账户值的比率为 2.6106,只略有降低。因此,如果让农民工参加"城职保",就必须允许农民工退休后也能在城镇继续参加"城职保",这才是合适的做法。

---

① 我们假设从加入"城职保"开始缴费一直持续到退休,不考虑缴费年限的差异。

表7.30 农民工参加"城职保"城乡分年龄、性别人群的代际账户 （单位：元）

年龄	在职时参加"城职保"退休后参加"新农合"				在职和退休都参加"城职保"			
	城镇男性	城镇女性	农村男性	农村女性	城镇男性	城镇女性	农村男性	农村女性
0	153 270	62 326	11 484	647	150 800	58 627	11 687	974
10	225 270	98 594	41 661	22 992	222 010	93 717	42 027	23 569
20	319 250	163 240	93 427	62 251	315 080	157 020	94 233	63 481
30	283 960	125 330	82 583	50 547	278 340	117 030	83 768	52 425
40	169 500	63 137	53 644	27 383	161 760	51 518	55 125	29 738
50	-16 904	-38 791	27 106	6 448	-28 097	-54 716	29 298	9 727
60	-225 500	-48 350	4 911	-5 085	-225 500	-48 350	4 911	-5 085
70	-217 460	-46 510	708	-4 843	-217 460	-46 510	708	-4 843
80	-142 030	-28 633	805	-2 542	-142 030	-28 633	805	-2 542
90	-51 077	-14 769	-89	-2 265	-51 077	-14 769	-89	-2 265
未来代	362 637	147 463	27 171	1 531	393 678	153 052	30 510	2 543
比率	2.3660				2.6106			

3. 参加"城职保"的可行性分析

以2012年为例，我国"新农合"参保人员人均缴费68.5元，"城居保"参保人员人均缴费82.9元，"城职保"参保人员人均缴费为单位2 132.6元，个人710.9元[①]，农民工如果参加"城职保"，参保人员很可能需要自己负担单位和个人的缴费，"新农合"参保人员的缴费增加到原来的41.5倍。卢锋（2012）[②]整理了农民工1979—2010年的工资水平，指出农民工2010年月均工资水平为1 690元，而2010年职工年平均工资为37 147元，农民工平均工资约为城镇职工平均工资的54.6%。我们假设2012年农民工平均工资仍然是城镇职工平均工资的54.6%，即25 536元，那么参加"新农合"的农民工个人缴费只占到自己工资的0.27%，远低于"城职保"参保人员2%的缴费率。因此目前参加"新农合"的农民工缴费过低，但农民工也不可能自己完全承担单位和个人缴费来参加"城职保"，农民工的缴费能力在"新农合"和"城职保"之间。

按照城镇职工参加社会保险的规定，如果个人工资低于社会平均工资的60%，按照社会平均工资的60%缴费，农民工平均工资约为城镇职工平均工资的

---

① 2012年全国城镇非私营单位就业人员年平均工资为46 769元，"城职保"单位缴费为6%，个人缴费率为2%，我们已校准出2010年医疗保险缴费工资占平均工资比例为76%。
② 卢锋. 中国农民工工资走势：1979—2010 [J]. 中国社会科学 2012年第7期.

54.6%,和60%差距不大。因此我们可以让农民工按照城镇职工的60%缴费,这不会超过农民工的承受能力,而且"城职保"参保人员的缴费工资占平均工资的76%,农民工的缴费基数和"城职保"平均缴费基数也不会差距过大。我们假设农民工的雇佣企业和农民工本人按照社会平均工资的60%缴费,假设农民工个人缴纳2%并进入个人账户,企业按照社会平均工资的60%缴纳一定比例,企业缴纳的30%也划入个人账户,表7.31给出了2015—2049年雇佣企业不同缴费率情形下农民工参加"城职保"的统筹账户的收支预测,最后一栏的最后一列给出了企业不同缴费率情形下未来代和2010年出生一代代际账户值比率。如果企业按照社会平均工资的60%缴纳2%或者3%,所有年份农民工医疗保险统筹账户的支出都大于收入,当企业缴费率为2%时未来代和2010年出生一代代际账户值比率会提高到2.9973,缴费率为3%时这一比率是2.9244,农民工医疗保险的缺口都需要政府补贴,因此2%或者3%的低缴费率让农民工加入"城职保"增加的财政压力可能超过政府的承受能力。如果企业按照社会平均工资的60%缴纳4%,2017年前统筹账户基本能够收支相抵;如果企业缴纳5%,2022年前统筹账户基本能够收支相抵,如果企业缴纳6%,2027年基本能够收支相抵。① 因此我们可以考虑逐步提高企业缴费率。

表7.31 企业不同缴费率下农民工参加"城职保"统筹账户的收支情况以及代际账户比率

(单位:百亿元)

	年份	2015	2016	2017	2018	2019	2020	2021	2022	2023
	统筹账户支出	24.77	27.79	31.63	35.66	39.75	44.32	49.18	54.86	60.90
统筹账户收入	企业缴费率:2%	13.29	14.38	15.56	16.77	18.05	19.46	20.66	21.95	23.22
	企业缴费率:3%	19.94	21.58	23.34	25.16	27.07	29.19	30.99	32.93	34.84
	企业缴费率:4%	26.58	28.77	31.12	33.54	36.09	38.92	41.32	43.91	46.45
	企业缴费率:5%	33.23	35.96	38.90	41.93	45.12	48.65	51.64	54.88	58.06
	企业缴费率:6%	39.87	43.15	46.68	50.31	54.14	58.38	61.97	65.86	69.67
	年份	2024	2025	2026	2027	2028	2029	2030	2031	2032
	统筹账户支出	66.63	71.40	77.84	85.41	94.40	103.33	113.06	122.17	131.49
统筹账户收入	企业缴费率:2%	24.43	25.75	27.10	28.53	30.07	31.59	33.22	34.48	35.83
	企业缴费率:3%	36.65	38.63	40.65	42.80	45.11	47.38	49.83	51.72	53.74
	企业缴费率:4%	48.86	51.50	54.20	57.06	60.14	63.18	66.44	68.96	71.65
	企业缴费率:5%	61.08	64.38	67.75	71.33	75.18	78.97	83.05	86.19	89.56
	企业缴费率:6%	73.29	77.25	81.30	85.59	90.22	94.76	99.66	103.43	107.48

---

① 即使企业缴费率和"城职保"参保企业一样提高到6%,2027年后仍然会收不抵支,这需要整个医疗体系的全面改革。

(续表)

年份		2033	2034	2035	2036	2037	2038	2039	2040	2041
	统筹账户支出	142.22	153.37	165.18	177.59	190.82	204.12	218.01	232.11	245.22
统筹账户收入	企业缴费率:2%	37.25	38.75	40.33	42.03	43.80	45.68	47.62	49.61	51.23
	企业缴费率:3%	55.88	58.12	60.49	63.04	65.70	68.51	71.43	74.42	76.84
	企业缴费率:4%	74.51	77.49	80.66	84.06	87.70	91.35	95.23	99.23	102.45
	企业缴费率:5%	93.13	96.86	100.82	105.07	109.49	114.19	119.04	124.03	128.07
	企业缴费率:6%	111.76	116.24	120.98	126.08	131.39	137.03	142.85	148.84	153.68
年份		2042	2043	2044	2045	2046	2047	2048	2049	比率(%)
	统筹账户支出	258.83	272.00	286.46	301.12	315.05	330.52	345.46	360.40	
统筹账户收入	企业缴费率:2%	52.82	54.32	55.96	57.62	59.29	60.99	62.61	64.27	2.9973
	企业缴费率:3%	79.23	81.48	83.94	86.43	88.94	91.49	93.91	96.41	2.9244
	企业缴费率:4%	105.64	108.63	111.92	115.23	118.59	121.99	125.21	128.55	2.8533
	企业缴费率:5%	132.06	135.79	139.90	144.04	148.24	152.49	156.51	160.68	2.7838
	企业缴费率:6%	158.47	162.95	167.88	172.85	177.88	182.98	187.82	192.82	2.7159

  随着经济发展,农民工的收入与城镇平均收入的差距将越来越小,我们假设企业2015年按照社会平均工资的60%缴费,每年提高1个百分点,到2031年和其他参保人员一样按照社会平均工资的76%缴费①,之后收缴率保持不变;并假设2020年前企业缴费率为4%,2020—2030年为5%,2030年后提高至和其他参保人员一样的水平6%。表7.32给出了这种情形下农民工参加"城职保"统筹账户的收支情况。我们看到如果收缴率和企业缴费率按照前述情形不断提升,农民工参加"城职保",2033年前收支缺口都很小,2036年前累计结余都为正。也就是说,按照此方案参加"城职保",农民工医疗保险统筹账户的收入2036年前都足够支付支出,2036年后基金结余转为负值,收支缺口开始扩大。到2050年时,收支缺口为12 483亿元,占当年GDP的0.38%,这个问题的解决依赖于整个医疗体系的改革。
  表7.33给出了此种情形下城乡分年龄、性别人群的代际账户。加入"城职保"后,农民工的缴费和医疗保险待遇都会提升,总的来说,年轻人的代际账户值会增加,28岁前的城镇男性代际账户值增加,29岁后的城镇男性代际账户值下降,但是60岁以后的城镇男性由于已经进入退休年龄,代际账户值不再发生变化。城镇女性和农村人口的代际账户值变化类似。而未来代和2010年出生一代的代际账户值比率为2.6669,和现状相比,只提高2.88个百分点。因此如果按照这种方案加入城职保,缴费能力在企业承受范围之内,从中期来看基本也能收支相抵,从长期来看政府的压力不会有大幅提升。

---

① 其实随着征缴力度的加大,"城职保"的收缴率会提升,但是这不在我们的讨论范围之内。

表 7.32 逐步提高企业缴费率下农民工参加"城职保"统筹账户的收支情况

(单位:百亿元)

年份	2015	2016	2017	2018	2019	2020	2021	2022	2023
统筹账户支出	24.77	27.79	31.63	35.66	39.75	44.32	49.18	54.86	60.90
统筹账户收入	26.58	29.25	32.16	35.22	38.50	42.16	56.81	61.29	65.80
缺口	1.81	1.45	0.53	-0.44	-1.26	-2.16	7.63	6.43	4.90
累计结余①	1.81	3.32	3.94	3.62	2.47	0.39	8.03	14.70	20.05
GDP	5 862	6 295	6 759	7 256	7 788	8 356	8 879	9 430	10 008
缺口/GDP	0.03	0.02	0.01	-0.01	-0.02	-0.03	0.09	0.07	0.05
年份	2024	2025	2026	2027	2028	2029	2030	2031	2032
统筹账户支出	66.63	71.40	77.84	85.41	94.40	103.33	113.06	122.17	131.49
统筹账户收入	70.24	75.10	80.17	85.59	91.47	97.40	103.81	131.01	136.14
缺口	3.61	3.71	2.33	0.18	-2.93	-5.93	-9.25	8.84	4.65
累计结余	24	28.70	31.89	33.03	31.09	26.09	17.62	26.99	32.45
GDP	10 615	11 253	11 925	12 632	13 375	14 156	14 976	15 693	16 437
缺口/GDP	0.03	0.03	0.02	0.00	-0.02	-0.04	-0.06	0.06	0.03
年份	2033	2034	2035	2036	2037	2038	2039	2040	2041
统筹账户支出	142.22	153.37	165.18	177.59	190.82	204.12	218.01	232.11	245.22
统筹账户收入	141.56	147.23	153.24	159.70	166.43	173.57	180.94	188.53	194.66
缺口	-0.66	-6.14	-11.94	-17.89	-24.39	-30.55	-37.07	-43.58	-50.56
累计结余	33	27.61	16.49	-0.90	—	—	—	—	—
GDP	17 209	18 009	18 838	19 705	20 605	21 539	22 508	23 514	24 331
缺口/GDP	0.00	-0.03	-0.06	-0.09	-0.12	-0.14	-0.16	-0.19	-0.21
年份	2042	2043	2044	2045	2046	2047	2048	2049	2050
统筹账户支出	258.83	272.00	286.46	301.12	315.05	330.52	345.46	360.40	375.25
统筹账户收入	200.72	206.41	212.65	218.94	225.32	231.78	237.90	244.24	250.42
缺口	-58.11	-65.59	-73.81	-82.18	-89.73	-98.74	-107.56	-116.16	-124.83
GDP	25 170	26 029	26 909	27 810	28 742	29 696	30 669	31 663	32 677
缺口/GDP	-0.23	-0.25	-0.27	-0.30	-0.31	-0.33	-0.35	-0.37	-0.38

表 7.33 逐步提高企业缴费率下农民工参加"城职保"城乡分年龄、性别人群的代际账户

(单位:元)

年龄	男性	女性	男性	女性	年龄	男性	女性	男性	女性
0	150 620	58 478	11 666	957	30	275 160	115 040	83 389	52 187
5	179 840	71 790	17 593	3 278	35	223 430	73 005	69 008	41 050
10	220 520	92 493	41 848	23 423	40	158 800	50 312	54 774	29 594
15	266 590	124 500	75 432	51 700	45	76 259	7 278	41 655	18 611
20	312 220	154 900	93 892	63 228	50	-29 687	-54 818	29 110	9 715
25	316 890	152 700	95 314	61 421	55	-187 980	-48 976	16 588	-380
未来代	401 688	155 955	31 112	2 552	比率		2.6669		

注:60岁以上人口的代际账户值不发生变化,所以略去。

---

① 我们保守假设结余资金按照3%增值。

7.7 人口结构变动对国民储蓄率的影响

国民储蓄是经济增长的重要源泉,高储蓄率是解释日本、韩国、新加坡等国第二次世界大战以后经济起飞的重要因素,也被认为是我国经济高速增长的一个重要因素,穆怀朋(1993)证实在世界范围内储蓄和经济增长存在比较明显的相关关系。储蓄率受到多种因素的影响,在对众多因素的讨论中,人口结构的转变与储蓄率变化的关系一直是讨论的重点,根据 Modigliani and Brumberg(1954)的生命周期假说,一个国家的人口结构的变动可能影响这个国家的储蓄率,从而影响该国的经济增长。我国的计划生育政策已经推行了近三十年,一方面随着人均收入的上升,我国的生育率水平不断下降,而另一方面人口老龄化使有些地区开始谨慎地放宽计划生育政策,另外,在生育水平下降的同时,最近十年我国城镇化的速度非常快,现在我国又到了人口结构转变的一个十字路口,十八届三中全会决定明确指出坚持计划生育的基本国策,启动实施一方是独生子女的夫妇可生育两个孩子的政策,逐步调整完善生育政策,促进人口长期均衡发展。定量地讨论我国人口结构转变对于储蓄率的影响对制定我国的人口政策具有重要的意义。

一些学者从不同角度研究我国人口结构变化与储蓄率的关系。中国人民银行研究局课题组(1999)用回归方法得出居民抚养系数对居民储蓄率有显著的负影响。袁志刚、宋铮(2000)通过构建一个可以把握中国养老保险制度之基本特征的迭代模型发现人口老龄化一般说来会激励居民增加储蓄,并且计划生育政策导致的人口年龄结构变化对于最优储蓄率的影响比较显著。王德文、蔡昉、张学辉(2004)利用 Leff(1969)模型来检验改革以来中国人口抚养比对储蓄的影响。郑长德(2007)利用1989—2005年的面板数据研究了各地区人口转变对各地区储蓄率的影响。这些研究大多采用统计和计量方法研究人口结构与储蓄率之间的趋势变化关系,而没有计算人口结构变化对储蓄率的定量影响。结构化模型方法可以揭示这种定量影响,但目前用结构化模型方法进行此项研究的文献还较少,考虑的影响因素也比较简单。Auerbach et al.(1991)提出代际核算方法到现在短短十几年的时间,三十多个国家已经建立了自己的代际核算体系。Auerbach et al.(1992)用代际核算方法分析四种财政政策——减税五年,将社会保障收益永久性提高20%,减少工资税而增加消费税,取消投资刺激——对美国储蓄率的影响。Gokhale(1996)用代际核算方法验证了美国人口结构的转变对20世纪70年代至90年代储蓄率下降的影响。代际核算方法可以在模拟经济环境的基础上,定量地衡量财政政策或者人口结构变动对储蓄率的影响,因此本书利用代际核算方法定量衡量我国人口结构变化对国民储蓄率的影响。

7.7.1 代际账户进入个人预算约束式

Auerbach et al.(1992)和 Gokhale(1996)将代际账户用于私人预算约束：

$$\rho_{j,t}^x = \omega_{j,t}^x + \sum_{s=t}^{t+D-j} \varepsilon_{j,s}^x (1+r)^{t-s} - \eta_{j,t}^x \tag{7.1}$$

其中 $\rho_{j,t}^x$ 是指性别为 x、年龄为 j 的一代在 t 年以后的生命周期里的人均总资源，$\omega_{j,t}^x$ 是指性别为 x、年龄为 j 的一代在 t 年的人均非人力净财富，$\varepsilon_{j,t}^x$ 是指性别为 x、年龄为 j 的一代在 t 年的人均平均劳动收入，$\eta_{j,t}^x$ 是指性别为 x、年龄为 j 的一代在 t 年的人均代际账户。这样一代人在 t 年以后剩余生命周期的人均总资源就是它的人力资源和非人力财富之和减去他的代际账户。

根据生命周期理论，一个性别为 x、年龄为 j 的人在 t 年的消费取决于他剩余生命周期的总资源和性别为 x、年龄为 j 的人的平均消费倾向。

$$C_t = \sum_x \sum_{j=0}^D P_{j,t}^x c_{j,t}^x = \sum_x \sum_{j=0}^D P_{j,t}^x \alpha_{j,t}^x \rho_{j,t}^x \tag{7.2}$$

其中 C_t 是 t 年的总消费，$P_{j,t}^x$ 是指性别为 x、年龄为 j 的一代在 t 年的总人数，$c_{j,t}^x$ 是指性别为 x、年龄为 j 的一代在 t 年的消费，$\alpha_{j,t}^x$ 是指性别为 x、年龄为 j 的一代的平均消费倾向。

国民储蓄等于国内生产总值减去私人消费和政府消费①：

$$S_t = GDP_t - C_t - G_t \tag{7.3}$$

$$s_t = 1 - \frac{C_t}{GDP_t} - \frac{G_t}{GDP_t} \tag{7.4}$$

其中 GDP_t、G_t 和 S_t 分别是 t 年的国内生产总值、政府消费和国民储蓄。s_t 为 t 年的国民储蓄率。

当人口结构发生改变时，会影响各代的代际账户值，进而影响各代的总资源（一般认为这对私人净转移支付没有显著影响，Altonji et al.(1992)用数据对这一点进行了证明），代际核算方法假设人口结构的变化不会对短期的平均消费倾向产生影响，因此人口结构的变化将影响各代的消费，进而影响国民储蓄。

7.7.2 基准假设下 2010 年的国民储蓄率

Gokhale et al.(1996)将住宅、厂房和设备的净值视为私人拥有的非人力净财富，后来的一些文章试图把股市财富也加入非人力净财富的测算，但还没有成熟统一的观点和度量方法，基于我国股市的不稳定性，我们只考虑住宅、厂房和设备的价值。孙琳琳等(2005)测算了中国 1981—2002 年建筑(包括住宅和厂房)和设备

---

① 有关各种储蓄的定义，请参考任若恩、覃筱(2006)。按照美国 NIPAs 的定义，国民储蓄率等于国民储蓄与 GNP 之比，不过我国学者在计算中国储蓄率时都采用国民储蓄与 GDP 之比，本书也采用这种定义。

的资本存量。① 我们利用2004年"城镇居民入户调查"的数据(只能得到2004年的数据,但是对结果影响不大)。城镇居民入户调查项目包括家庭成员的年龄、性别,家庭拥有住房市值(所有住房),家庭存款、股票和债券的现值,家庭计算机台数,家庭私车数量,样本数为全国范围内的1万个家庭。由于计算机的市值不大,家庭的私车价格差异比较大,我们只将家庭拥有住房市值(所有住房)以及家庭存款、股票和债券的现值计为家庭财富,并假设财富在家庭成员中均摊,这样根据1万个家庭的数据得出城镇分年龄、性别人群拥有财富的情况。《中国统计年鉴2011》公布我国2006年到2010年城镇居民人均可支配收入增长率分别为12.07%、17.23%、14.47%、8.83%和11.27%,2006年到2010年农村居民人均纯收入的增长率分别为10.2%、15.42%、14.98%、8.25%和14.86%,我们假设2006—2010年分年龄、性别的城乡人口的非人力净财富分别按照城乡人均收入的增长率增长,得到2010年城乡分年龄、性别人口的人均净财富值,如表7.34所示。3.3节和3.4节我们已经得到了分年龄、性别的城乡人口人均收入和消费情况。

我们根据分年龄、性别的城乡人口的劳动收入,非人力净财富和代际账户计算出分年龄、性别的城乡人口剩余生命周期的私人总资源,再用分年龄、性别的城乡人口的消费去除计算得到的对应人群的剩余生命周期的私人总资源,得到分年龄、性别和城乡人口的平均消费倾向,如表7.35所示。

我们根据分年龄、性别的城乡人口剩余生命周期的私人总资源、人口数和平均消费倾向就可以算出2010年私人消费额。这样2010年的国民生产总值减去私人消费额和政府消费额就得到2010年的国民储蓄额,如表7.36所示。

7.7.3 人口结构变动对国民储蓄率的影响

1. 总和生育率、少儿扶养比和老年抚养比变动对国民储蓄的影响

7.4节模拟了不同总和生育率和迁移规模对代际账户和代际不平衡百分比的影响,本节我们模拟不同总和生育率和迁移规模对国民储蓄的影响。七种情形与第3章一样。

表7.37给出了多种生育率情形下少儿扶养比(少儿扶养比为0—14人口与15—64岁人口数量之比)和老年抚养比(老年抚养比为65岁及其以上人口与15—64岁人口数量之比)以及不同生育率情形下的2010年国民储蓄率。从表7.37我们可以看出,国民储蓄率和总和生育率变化方向相反,当总和生育率下调时,国民储蓄率上升,而总和生育率上升时,国民储蓄率下降;国民储蓄率和少儿抚养比变动方向相反,而和老年抚养比变动方向相同,当生育率下降时,少儿抚养比下降,而老年抚养比上升,国民储蓄率上升,反之亦然。但是从表7.37我们也可以看出,总和生育率的变动对国民储蓄率的影响并不大。

---

① 孙琳琳等在后续的工作论文中对资本存量数据进行了更新,本书采用他们测算的2005年的资本存量数据,建筑和设备的资本存量为335 718.5亿元。

表 7.34　2010 年分年龄、性别的城乡人口的人均净财富表　　（单位:元）

年龄	城镇男性	城镇女性	农村男性	农村女性	年龄	城镇男性	城镇女性	农村男性	农村女性
0	68 889	72 288	21 319	22 371	50	79 359	99 213	24 560	30 704
1	77 081	80 884	23 855	25 032	51	98 059	95 260	30 347	29 481
2	37 603	23 349	11 637	7 226	52	89 167	95 193	27 595	29 460
3	49 079	190 997	15 189	59 109	53	90 674	89 077	28 061	27 567
4	86 235	55 230	26 688	17 092	54	86 993	91 860	26 922	28 429
5	23 238	74 011	7 192	22 905	55	96 730	94 643	29 936	29 290
6	21 831	23 895	6 756	7 395	56	90 771	87 964	28 091	27 223
7	31 516	75 253	9 754	23 289	57	86 162	108 215	26 665	33 490
8	81 443	30 321	25 205	9 384	58	80 621	106 318	24 950	32 903
9	42 753	77 008	13 231	23 832	59	90 467	101 295	27 997	31 348
10	53 718	67 267	16 624	20 818	60	83 731	91 133	25 913	28 204
11	85 249	92 236	26 383	28 545	61	95 719	80 271	29 623	24 842
12	88 270	84 208	27 317	26 060	62	80 779	74 795	24 999	23 147
13	91 291	76 181	28 252	23 576	63	80 977	71 968	25 060	22 272
14	69 919	50 097	21 638	15 504	64	85 518	95 283	26 466	29 488
15	70 864	49 779	21 931	15 405	65	75 819	83 660	23 464	25 891
16	72 137	76 701	22 325	23 737	66	66 774	80 272	20 665	24 842
17	70 420	32 509	21 793	10 061	67	87 112	83 533	26 959	25 852
18	66 094	47 325	20 455	14 646	68	76 422	67 917	23 651	21 019
19	56 822	44 019	17 585	13 623	69	81 915	78 395	25 351	24 261
20	58 533	99 996	18 115	30 946	70	85 646	70 378	26 505	21 780
21	90 673	73 510	28 061	22 750	71	78 118	62 360	24 176	19 299
22	106 696	109 877	33 020	34 004	72	74 525	72 413	23 064	22 410
23	95 030	95 708	29 409	29 619	73	80 050	75 919	24 774	23 495
24	82 786	81 539	25 620	25 234	74	85 183	55 337	26 362	17 126
25	126 914	97 498	39 277	30 173	75	99 768	64 501	30 876	19 962
26	91 833	105 873	28 420	32 765	76	79 643	75 201	24 648	23 273
27	95 852	82 982	29 664	25 681	77	94 851	68 461	29 354	21 187
28	89 253	91 918	27 622	28 447	78	77 445	68 462	23 967	21 188
29	68 134	68 648	21 086	21 245	79	89 236	52 073	27 616	16 115
30	88 046	72 998	27 248	22 591	80	91 850	98 686	28 425	30 541
31	69 367	64 913	21 468	20 089	81	85 103	62 687	26 337	19 400
32	80 336	67 354	24 862	20 845	82	80 888	70 262	25 033	21 744
33	70 881	74 313	21 936	22 998	83	98 982	57 862	30 633	17 907
34	63 064	65 922	19 517	20 401	84	91 542	48 838	28 330	15 114
35	79 946	74 232	24 742	22 973	85	85 615	57 921	26 496	17 925
36	75 518	75 942	23 371	23 502	86	85 652	47 528	26 507	14 709
37	75 777	79 064	23 451	24 468	87	100 530	51 733	3 1112	16 010
38	67 840	80 271	20 995	24 842	88	98 858	43 354	30 594	13 417
39	71 577	74 061	22 151	22 920	89	84 906	34 975	26 277	10 824
40	74 468	72 107	23 046	22 315	90	72 136	26 637	22 324	8 244
41	75 156	84 149	23 259	26 042	91	74 191	30 150	22 960	9 331
42	77 216	83 876	23 897	25 958	92	76 247	33 663	23 597	10 418
43	99 209	81 419	30 703	25 197	93	74 040	34 021	22 914	10 529
44	85 908	87 459	26 587	27 066	94	71 833	34 380	22 231	10 640
45	73 669	77 202	22 799	23 892	95	72 113	34 513	22 317	10 681
46	84 265	91 724	26 078	28 386	96	98 125	46 963	30 367	14 534
47	74 354	82 451	23 011	25 517	97	100 632	48 163	31 143	14 905
48	76 662	82 701	23 725	25 594	98	97 074	46 460	30 042	14 378
49	85 717	83 156	26 527	25 735	99	52 405	25 081	16 218	7 762

表 7.35 分年龄、性别的城乡人口的平均消费倾向

年龄	城镇男性	城镇女性	农村男性	农村女性	年龄	城镇男性	城镇女性	农村男性	农村女性
0	0.0287	0.0323	0.0255	0.0301	50	0.0163	0.0476	0.0199	0.0628
1	0.0236	0.0419	0.0209	0.0391	51	0.0174	0.0472	0.0215	0.0635
2	0.0150	0.0283	0.0131	0.0256	52	0.0186	0.0519	0.0236	0.0703
3	0.0339	0.0452	0.0299	0.0442	53	0.0170	0.0513	0.0219	0.0696
4	0.0239	0.0282	0.0213	0.0260	54	0.0152	0.0544	0.0201	0.0735
5	0.0195	0.0300	0.0170	0.0279	55	0.0159	0.0548	0.0220	0.0715
6	0.0183	0.0242	0.0159	0.0218	56	0.0162	0.0581	0.0230	0.0761
7	0.0208	0.0837	0.0185	0.0796	57	0.0149	0.0498	0.0218	0.0638
8	0.0264	0.0243	0.0243	0.0233	58	0.0142	0.0517	0.0212	0.0654
9	0.0219	0.0399	0.0202	0.0399	59	0.0150	0.0539	0.0229	0.0672
10	0.0242	0.0317	0.0227	0.0324	60	0.0152	0.0501	0.0219	0.0626
11	0.0217	0.0225	0.0209	0.0237	61	0.0152	0.0453	0.0220	0.0565
12	0.0358	0.0295	0.0350	0.0318	62	0.0148	0.0576	0.0217	0.0720
13	0.0228	0.0328	0.0227	0.0361	63	0.0161	0.0579	0.0235	0.0724
14	0.0254	0.0279	0.0257	0.0314	64	0.0158	0.0487	0.0231	0.0604
15	0.0206	0.0274	0.0212	0.0315	65	0.0161	0.0488	0.0236	0.0607
16	0.0158	0.0221	0.0163	0.0256	66	0.0157	0.0475	0.0230	0.0594
17	0.0197	0.0305	0.0204	0.0354	67	0.0160	0.0532	0.0232	0.0667
18	0.0170	0.0288	0.0177	0.0336	68	0.0166	0.0492	0.0244	0.0624
19	0.0215	0.0226	0.0223	0.0262	69	0.0168	0.0579	0.0245	0.0731
20	0.0220	0.0304	0.0229	0.0351	70	0.0162	0.0529	0.0238	0.0672
21	0.0195	0.0296	0.0203	0.0341	71	0.0177	0.0505	0.0259	0.0646
22	0.0212	0.0225	0.0221	0.0258	72	0.0173	0.0490	0.0252	0.0623
23	0.0282	0.0280	0.0294	0.0320	73	0.0187	0.0562	0.0273	0.0711
24	0.0262	0.0385	0.0273	0.0439	74	0.0202	0.0533	0.0293	0.0681
25	0.0273	0.0406	0.0286	0.0464	75	0.0187	0.0598	0.0269	0.0757
26	0.0212	0.0464	0.0221	0.0532	76	0.0224	0.0553	0.0325	0.0696
27	0.0196	0.0340	0.0204	0.0391	77	0.0212	0.0631	0.0305	0.0794
28	0.0256	0.0418	0.0267	0.0483	78	0.0223	0.0622	0.0320	0.0777
29	0.0191	0.0363	0.0200	0.0421	79	0.0280	0.0617	0.0402	0.0774
30	0.0219	0.0411	0.0229	0.0480	80	0.0245	0.0651	0.0348	0.0799
31	0.0172	0.0325	0.0180	0.0381	81	0.0304	0.0722	0.0430	0.0893
32	0.0169	0.0333	0.0177	0.0392	82	0.0286	0.0900	0.0405	0.1106
33	0.0185	0.0338	0.0194	0.0400	83	0.0285	0.0761	0.0397	0.0932
34	0.0185	0.0350	0.0195	0.0416	84	0.0305	0.0753	0.0429	0.0920
35	0.0177	0.0363	0.0188	0.0433	85	0.0353	0.0884	0.0496	0.1070
36	0.0182	0.0355	0.0193	0.0425	86	0.0370	0.1120	0.0518	0.1361
37	0.0173	0.0335	0.0184	0.0405	87	0.0463	0.0843	0.0641	0.1024
38	0.0185	0.0346	0.0198	0.0422	88	0.0474	0.1113	0.0659	0.1352
39	0.0165	0.0333	0.0178	0.0409	89	0.0612	0.1058	0.0851	0.1299
40	0.0167	0.0377	0.0180	0.0437	90	0.0555	0.1420	0.0760	0.1757
41	0.0158	0.0415	0.0177	0.0466	91	0.0641	0.1329	0.0902	0.1622
42	0.0161	0.0373	0.0182	0.0423	92	0.0599	0.1404	0.0808	0.1718
43	0.0170	0.0465	0.0194	0.0533	93	0.0759	0.1256	0.1046	0.1525
44	0.0162	0.0459	0.0187	0.0531	94	0.0922	0.1223	0.1259	0.1461
45	0.0176	0.0423	0.0199	0.0502	95	0.1126	0.1680	0.1525	0.2059
46	0.0165	0.0447	0.0189	0.0539	96	0.0948	0.1333	0.1190	0.1597
47	0.0165	0.0477	0.0190	0.0587	97	0.0966	0.1342	0.1162	0.1580
48	0.0177	0.0456	0.0207	0.0571	98	0.1019	0.1419	0.1195	0.1662
49	0.0170	0.0487	0.0201	0.0632	99	0.2255	0.2521	0.2692	0.2998

表 7.36　2010 年国民储蓄率

私人消费(亿元)	GDP(亿元)	政府消费(亿元)	国民储蓄(亿元)	国民储蓄率(%)
137 206.2	401 512.8	53 356.3	210 946.5	52.5389

表 7.37　不同生育率假设下的国民储蓄率

总和生育率	少儿抚养比				老年抚养比				2010 年的国民储蓄率
	2020 年	2030 年	2040 年	2050 年	2020 年	2030 年	2040 年	2050 年	
Pop-1	0.22633	0.21774	0.19667	0.20233	0.18229	0.26645	0.39754	0.4601	52.5389
Pop-2	0.24691	0.2487	0.21798	0.23646	0.18229	0.26481	0.38441	0.43522	52.5364
Pop-3	0.23698	0.24273	0.21847	0.23121	0.18229	0.26575	0.38877	0.44062	52.5372
Pop-4	0.23698	0.26577	0.23247	0.22994	0.18229	0.26575	0.38528	0.42888	52.5358
Pop-5	0.25618	0.26731	0.23191	0.25828	0.18229	0.26419	0.37781	0.42198	52.5328
Pop-6	0.27007	0.29506	0.25242	0.2926	0.18229	0.26326	0.36832	0.40355	52.5276
Pop-7	0.20784	0.17311	0.15688	0.15198	0.18229	0.26765	0.414	0.49895	52.5435

2. 城镇化率变动对国民储蓄的影响

在基准假设之外,我们假设另外十种迁移规模的方案,我们分别假设每年的迁移人口数比基准假设下降 10%、20%、30%、40% 和 50%,上升 10%、20%、30%、40% 或者 50%。表 7.38 反映了不同迁移规模的假设下 2050 年的城镇化率以及对国民储蓄率的影响,我们可以看到迁移规模越大,城镇化率越高,国民储蓄率越低。但是城镇化率对国民储蓄的影响也有限,如果每年的迁移人口比基准假设下降 10%,2010 年的国民储蓄率就上升大约 0.003 个百分点;即使迁移规模比基准假设中提高 50%,2050 年时几乎完全城镇化,储蓄率也不过只下降 0.24 个百分点。

表 7.38　不同迁移规模假设下的国民储蓄率　　　　　(单位:%)

模拟情形	2050 年的城镇化率	国民储蓄率
基准假设	75.340	52.5389
每年的迁移人口数都比基准假设中下降 10%	72.708	52.5392
每年的迁移人口数都比基准假设中下降 20%	70.082	52.5395
每年的迁移人口数都比基准假设中下降 30%	67.459	52.5397
每年的迁移人口数都比基准假设中下降 40%	64.842	52.5400
每年的迁移人口数都比基准假设中下降 50%	62.229	52.5402
每年的迁移人口数都比基准假设中提高 10%	77.976	52.5385
每年的迁移人口数都比基准假设中提高 20%	80.617	52.5381
每年的迁移人口数都比基准假设中提高 30%	83.263	52.5376
每年的迁移人口数都比基准假设中提高 40%	85.913	52.5371
每年的迁移人口数都比基准假设中提高 50%	88.568	52.5365

第8章 结 论

　　财政赤字常常被作为衡量财政政策的可持续性和代际平衡状况的手段,国际上通常把财政赤字占GDP的比重不超过3%作为警戒线,2007年开始的金融危机使不少国家的赤字率都大大越过"警戒线",各国目前都在努力缩减财政赤字。而我国2002年的财政赤字是3 149.51亿元,占GDP的比重为2.62%。从2003年开始,我国财政赤字占GDP的比重逐年下降,2003年为2.16%,2004年为1.31%,2005年为1.23%,2006年为0.77%,2007年财政盈余,赤字率为-0.58%。2008年由于受到金融危机的影响,我国重新出现财政赤字,占GDP的比重为0.4%,我国2009年财政赤字占GDP的比重为2.28%,2010年为1.69%,2011年为1.14%,2012年为1.68%,我国财政赤字似乎一直在警戒线之下。因此从财政赤字的角度来看,我国的财政风险低于许多发达国家。但财政赤字不能作为反映财政状况和分析财政政策可持续性的指标。首先"赤字"没有统一的定义,在国家经济状况和福利代际分配状况一定的情况下,当采用的定义和计量方法不同,得到的国家财政赤字的状况可以大相径庭。当然为了克服财政赤字定义主观性的缺点,我们可以对赤字进行统一定义,以获得纵向和横向可以比较的数据,即使这样,财政赤字也不是理解财政政策和福利的代际分配政策的有力工具,因为赤字只考虑短期状况,无法衡量政策的长期效果。为了克服财政赤字的上述缺点,Auerbach,Gokhale and Kotlikoff(1991)提出代际核算方法。代际核算方法从收入在政府和公民之间的流向来考虑问题,克服了相同的收入流向由于冠以不同的名称而不同的问题,更好地反映了代际福利状况。另外代际核算方法不但考虑财政政策和代际分配政策的短期影响,还衡量它们的长期影响。代际核算方法是研究财政问题的一种新方法,也是从代际平衡角度研究社会保障制度改革的一种新方法。这种方法既能回答在目前的财政体系下,代际平衡是否能够实现,又能够解决如何调整才能达到代际平衡的问题。这种方法自从1991年被提出后,现在已经有一百多个国家采用。美联储、美国国会预算办公室、美国管理和预算办公室、日本银行、德意志银行、挪威财政部、意大利银行、新西兰财政部、欧盟、国际货币基金组织和世界银行都采用这套核算体系来分析财政政策。本书以第六次人口普查数据为基础,在对我国养老保险、医疗保险等进行预测的基础上,构建我国分年龄、性别和年龄的三维代际核算体系,并对我国的社会保障改革进行分析。

8.1 人口预测结果

我们采用队列要素法(cohort component method),以2010年为基年对中国未来100年分年龄、性别的城乡人口进行预测。基准假设下,我们预测我国人口2024年达到峰值13.88亿,此后开始出现负增长,到2110年人口将降至6.224亿。人口老龄化程度不断加深,65岁以上的老年人口占总人口的比例由2010年的8.23%上升至2060年的30.78%,之后开始轻微下降。而21—65岁的经济人口占总人口的比例由2010年的65.58%下降到2060年的51.74%,之后略有上升。并且2060年前在经济活动人口中21—35岁人口所占比例不断下降。

如果总和生育率保持在2.1,总人口不会显著下降,我国总人口会稳定在13亿到14亿,老龄化的状况也不会那么严峻,2010年60岁以上老年人的占比为28.49%。只要总和生育率低于2.1,总人口将不可避免地下降,如果生育率更低,人口开始下降的时间就更早。如果我们一直维持现在的生育率水平,不放宽计划生育政策,2021年总人口达到13.616亿的峰值后开始下降,2110年总人口将只有3.7亿,但是其中46.8%都为60岁以上的老年人,如此高的抚养比必将会影响整个经济的发展。

在基准假设下2050年城市化率为74.9%,而高迁移假设下2050年城市化率可以达到79.8%,在低迁移假设下2005年城市化率只有70%。2050年之后一段时间,由于城镇人口的年龄结构比农村人口年轻,而且城镇人口的期望寿命较长,因此城市化率还会有微幅上升。接着由于城镇人口年龄结构老化,而农村人口年龄结构转为年轻,城市化率开始有微幅下降。2110年基准假设下的城市化率是72.4%,而高迁移假设下的城市化率是79.6%,低迁移假设下的城市化率是65.4%。

8.2 养老保险预测结果

我国的养老保险体系比较复杂,不同身份的人群缴纳养老保险费和领取养老金的方案不同,因此本书根据中国养老保险体系的实际情况对养老保险的缴费和养老金支付进行预测。

在2026年前企业(含其他)由于覆盖面的扩大,企业养老保险的缴费大于养老金支出,但是2027年起,覆盖面扩大的负效应开始显现,养老金支付开始超过了养老保险缴费,并且差距不断加大。2110年时,企业养老金支付达到41 422亿元,但是企业养老保险缴费只有 30 233 亿元,缺口为 11 189 亿元。

由于政府承担不参与统筹的机关和事业单位的养老金,因此机关和事业单位养老保险的缴费一直不足以支付养老金,2010 年缺口是 2 470 亿元。随着老龄化的加剧,缺口逐年上升,2110 年扩大到 44 500 亿元。

由于"新农保"和"城居保"采用全家参保的方式,开始吸纳了大量的就业段人口,养老保险的缴费会高于养老金支出,但由于"新农保"和"城居保"的个人缴费全部进入个人账户,政府完全承担基础养老金的支出和个人账户的长寿风险,2022 年起"新农保"养老金支出开始高过"新农保"的缴费。2023 年起"城居保"养老金支出开始高过缴费。

如果农民工按照《摘要》参加农民工养老保险,2041 年起农民工的养老金开始大于养老保险缴费,2050 年农民工养老保险的收支缺口是 2.47 万亿元。

总体来说,2028 年前由于"城居保""新农保"等很多参保人员处于缴费期,因此总养老保险缴费大于养老金支付。随着"城居保""新农保"等缴费期人口进入退休年龄段和老龄化的进一步加深,养老金开始大于养老保险缴费,到 2110 年时,养老保险缴费为 151 940 亿元,养老金为 405 170 亿元,缺口高达 253 230 亿元。

8.3 医疗保险预测结果

在维持现有缴费水平和补偿比例的情况下,随着时间的推移、经济水平的发展,城镇职工医疗保险统筹基金支出在 2019 年起开始超过统筹基金收入,统筹基金开始收不抵支,2022 年起统筹基金结余转为负值,2050 年累计结余赤字 219 560 亿元。

若缴费水平按照收入预测时的假设增长,且保持现有的补偿比例,城镇居民医保支出 2035 年开始超过"城居保"基金收入,但是"城居保"基金的累计结余在 2050 年前还能够维持,2050 年"城居保"基金仍然有结余 2051 亿元。

如果缴费水平按照收入预测时的假设增长,且保持现有的补偿比例,"新农合"基金收入会一直超过基金支出,"新农合"基金累计结余不断增加,到 2050 年累计结余 31 640 亿元。

8.4 代际核算体系的建立

完成上述各个模块后我们就可以得到现存代的代际账户值、政府消费的现值以及政府的净财富,这样我们就可以知道未来所有代的代际账户值。我们假设未来人均的代际账户值按照生产率增长率增长,就可以得到未来代和 2010 年出生一代可比的代际账户值。2010 年出生的城镇男性的人均代际账户总额是 148 119 元,城镇女性的人均代际账户是 60 577 元,同年出生的农村男性的人均代际账户是

11 169 元,农村女性的人均代际账户是 476 元。求出的未来各代的城镇男性与 2010 年可比的代际账户值是 385 960 元,未来城镇男性的代际账户值是 2010 年出生的城镇男性的 2.6044 倍。综上所述,我们发现中国现存的财政政策是不可持续的,为了维持现存的财政政策,未来各代向政府缴纳的净税额的精算现值要比现存代高 160.44%,也就是未来代的负担要比现存代高 160.44%。如果不对财政政策做出调整,这种不平衡的状况将继续向以后的各代推移。

我们假设未来城镇男性、城镇女性、农村男性和农村女性的代际账户值分别在 2010 年城镇男性、城镇女性、农村男性和农村女性的代际账户的基础上按照生产率增长率增长,这样计算出未来所有代的代际账户之和是 263 230 亿元,而根据政府的代际预算约束式计算出未来所有代的代际账户之和是 685 550 亿元,代际平衡缺口是 422 320 亿元,2010 年我国的 GDP 是 401 512 亿元,因此代际平衡缺口是 2010 年 GDP 的 105.2%。因此为了维持现存的财政政策,我们需要相当于 2010 年全年 GDP 大小的"意外收入"。

8.5 人口因素变动对代际平衡状况的影响

如果将生育率水平在基准假设基础上提高,我们发现只要放宽计划生育政策,无论年份是在 2015 年还是 2030 年,代际不平衡状况都将好转,这是由于人口的增幅超过了政府支出的增幅。而如果生育率下降,虽然会降低政府支出,但是负担政府支出的人口下降得更为严重,因此代际不平衡状况将恶化,未来出生的城镇男性与 2010 年出生的城镇男性的代际账户的比值将从 2.6044 提高至 2.8772。单纯从代际平衡的角度来说,并不是越早放宽计划生育政策越好,如果 2015 年放宽计划生育政策,未来代与 2010 年出生一代的代际账户的比例是 2.5668,如果 2020 年放宽计划生育政策,未来代与 2010 年出生一代的代际账户比例提高到 2.5748,如果 2030 年放宽计划生育政策,未来代与 2010 年出生一代的代际账户比例将降到 2.5536,这是由于如果过早地放宽计划生育政策,政府支出的精算现值的增幅将大于人口的增幅。而如果我们进一步推迟放宽计划生育政策的时间,代际不平衡状况又会有轻微的上升。再结合上述人口抚养比的情况,我们发现低生育率水平显然是不可取的,低生育率水平将导致老龄化情况过于严重,并且代际不平衡状况也更加严重。而如果过早放宽计划生育政策,将使我国人口总量增加太多,因此我们可以考虑在合适的时间放宽计划生育政策。当然这只是从代际平衡的角度来说,放宽计划生育政策是一个需要衡量各方面影响因素的决策。

如果迁移规模提高 20%,未来城镇男性的代际账户值会从 385 764 元降到 353 422 元,未来出生的城镇男性与 2010 年出生的城镇男性代际账户值之间的比率由 2.6044 下降到 2.3861,也就是未来代比现存代的负担由原来的高 160.44% 下降到高 138.61%。而当迁移规模下降时,未来代与现存代的代际账户的比例由

2.6044 上升至 2.8444,代际平衡状况严重恶化。因此,我们可以看出提高迁移规模和城市化率是实现代际平衡的一条较好途径。

8.6 养老保险改革对财政体系负担的影响

本书利用构建的代际核算体系对我国养老保险改革中的一些问题进行了模拟:

推迟退休年龄是各国缓解老龄化压力的手段之一,不过由于就业压力,这种手段在我国尚未使用,《中共中央关于全面深化改革若干重大问题的决定》指出要研究制定渐进式延迟退休年龄政策。本书利用代际核算方法分析推迟退休年龄对我国财政政策代际平衡状况的影响,模拟发现提高退休年龄不会对农村人口的代际账户产生影响,如果只是提高女性的退休年龄,还会减轻现存代城镇男性的负担。提高退休年龄会使城镇人口缴纳税费的时间增长,而领取退休金的时间缩短,虽然有一部分和缴费年限相关的养老金会上升,但总的来说缴纳税费的增长将大于领取的养老金的增长,因此会改善代际不平衡状况。退休年龄推迟的力度越大,执行的时间越早,代际不平衡状况改善得越大,当然我们发现推迟力度比执行时间早的效果更好。

我们还模拟了养老基金保值率的变动对财政负担的影响。不可否认,降低养老基金保值率对缓解未来代的压力的确有帮助,将养老基金保值率调低一个百分点大致会使代际不平衡百分比下降 11.67 个百分点。但是,将养老基金保值率一直定在 1.5% 的低点,代际不平衡百分比也只能下降不到 20 个百分点,而这样低的养老基金保值率会使养老保险体系不具有吸引力和竞争力。由于缴费个人不能从个人账户的上升中得到太多好处,他们就倾向于默许甚至和企业联合起来少缴老金,这也是我国养老保险的缴费工资低于平均工资的原因之一。

2009 年开始的"新农保"与"老农保"最大的区别就是增加了政府责任,政府承诺全额支付达到退休年龄的参保农民的基础养老金和承担个人账户养老金的长寿风险,我国的"新农保"是否可以持续取决于政府是否有可持续的财力来投入这项工作。我国 2012 年年底实现了农村"新农保"的全覆盖,但出于不过多增加财政负担的考虑将"新农保"基础养老金设为每年 660 元,由于目前达到退休年龄的农村居民以前没有缴费,随着农村居民个人缴费的积累,农民的养老金标准也将提高。但我国 2010 年参加城镇基本养老保险的离退休人员平均退休金为每年 16 740.5 元,因此农村养老保险待遇与城镇还有一定差距。如果基础养老金翻一番提高至 110 元,未来代和 2010 年新出生一代代际账户值的比从基准情形的 2.6044 上升至 2.7216,因此基础养老金如果翻倍给政府增加的负担并不大。如果基础养老金翻两番提高至每月 220 元,未来代和 2010 年新出生一代代际账户值的比大幅上升,从基准情形的 2.6044 上升至 2.962,提高了近 40 个百分点。如果基础养老金提高六倍至每月 330 元，未来代和 2010 年新出生一代代际账户值的比从基准情形的 2.6044 上升至 3.2106。如果基础养老金提高八倍至每月 440 元，未来代和 2010 年新出生一代代际账户值的比从基准情形的 2.6044 上升至 3.4679。如果基础养老金提高十倍至每月 550 元，未来代和 2010 年新出生一代代际账户值的比从基准情形的 2.6044 上升至 3.7343，代际不平衡百分比会上升 113 个百分点。因此，在现有的财力水平下，政府如果把全国农村的基础养老金翻一番，整体来说还是可以承受的，但是如果基础养老金进一步增加，会对财政体系造成太大负担。

农民工作为具有农村户口，但实际上主要从事第二、第三产业生产而非农业生产的农民，在身份上具有"非工非农"的特征，农民工养老保险的发展对我国统筹城乡养老保险体系具有重要意义。基准情形中我们假设农民工按照《农民工参加基本养老保险办法（摘要）》参加养老保险，实际上人力资源和社会保障部 2012 年公布的《城乡养老保险制度衔接暂行办法（征求意见稿）》试图将农民工养老保险放到城镇职工养老保险体系考虑，但没有取得预期效果。通过前面的分析我们可以看出，农民工不在户籍地参加"新农保"，而是按照《摘要》参保或者参加城镇企业职工养老保险，虽然农民工的退休金会增加，可这以大幅提高企业和农民工自身负担获得，政府的负担反而会大幅下降。如果 2011 年起新增参保农民工都参加新农保，而不是像基准情形中按照《摘要》参加农民工养老保险，未来代和 2010 年出生一代的比值由 2.6044 上升到 2.7058。如果农民工以完全和城镇企业职工一样的标准参加企业职工养老保险体系，会使政府的负担大幅下降，未来代和 2010 年出生一代的比值由 2.6044 下降到 2.3168。因此，没有正视农民工收入较低的现实，让农民工加入城镇职工养老保险体系，是农民工养老保险参保率无法提高的重要原因。

8.7 医疗保险改革对财政体系负担的影响

我国 2012 年颁布《关于开展城乡居民大病保险工作的指导意见》，试图利用"城居保"和"新农合"的基金结余为城乡居民设立大病补充保险，以解决"城居保"和"新农合"的保障水平较低的问题。而地方政府出于对长期筹资的担心，《指导意见》实际推行工作滞后。筹资问题是影响政府开展大病保险态度的关键。本书在对"城居保"和"新农合"基金收支进行预测的基础上利用代际核算体系分析城乡大病保险的不同筹资方案对财政负担的影响。

如果不设立大病保险，假设"城居保"和"新农合"的就诊和住院补偿比例 2012 年后都保持不变，"新农合"的累计结余会不断增多，而"城居保"的累计结余先不断增多，2035 年后"城居保"的支出开始超过收入，2053 年"城居保"基金累计结余出现赤字，此后赤字逐年增加，未来代的代际账户值是 2010 年新出生一代的

2.6044倍。如果对未补偿的就诊和住院费用再报销50%,"城居保"和"新农合"的结余会迅速消失,2015年"城居保"和"新农合"就会出现赤字,未来代和2010年新出生一代的代际账户值的比率会提高到3.1793,未来代的负担提高57.49个百分点,因此未补偿的就诊和住院费用再报销50%会给财政造成太大压力。如果只对未补偿的住院费用再报销50%,2015年"新农合"和"城居保"仍然出现赤字,未来代和2010年新出生一代的代际账户值的比率提高到2.6863,相对于基准情形,未来代的负担会提高8.19个百分点,因此只提高住院费用的补偿比例是更为现实的选择。如果对未补偿住院费用的50%进行报销并没有引起住院率的变化,又不想增加财政负担,2015年"城居保"和"新农合"的个人缴费需要分别提高到185元和150元,这时未来代和2010年新出生一代的代际账户值的比率为2.6035,与基准情形基本相当。如果"新农合"和"城居保"2015年起住院未补偿比例再报销50%,并且使得住院率提高到以前的1.335倍(应住院未住院率降为零),"城居保"和"新农合"的个人缴费要分别提高到270元和220元,从长期来讲,政府的负担不会发生变化。因此,综上可得,如果我们对"新农合"和"城居保"未补偿部分的50%进行报销,农村个人缴费要提高至农村人均纯收入的1.6%到2.3%,基本和"城职保"的个人缴费率一致,也在农村居民的承受范围之内。因此,如果政府开展大病保险,现阶段只应考虑住院费用提高报销比例,2015年将"城居保"的个人缴费提高到185元至270元,"新农合"的个人缴费提高到150元至220元,大病保险就可以持续。

《中共中央关于全面深化改革若干重大问题的决定》指出"整合城乡居民基本养老保险制度、基本医疗保险制度"。从近期看,"城居保"和"新农合"的整合已经提上日程,从远期来看,随着我国城镇化率的进一步提高,"普惠、公平"的基本医疗保险体系是医疗保险城乡统筹的最终目标。本书在对医疗保险基金收支的关键参数进行分析的基础上对医疗保险基金收支进行中短期预测,并用代际核算方法分析我国统筹医疗保险体系对财政负担的长期影响。

我们模拟发现,如果2015年整合城乡居民医疗保险体系,政府向医疗体系的补助需要增加,但2015年增加的负担仅占财政支出的0.8%,短期内不会给政府财政造成太大压力,未来代和2010年新出生一代的代际账户值的比率从2.6044提高到2.7456,未来代的负担提高14.12个百分点,未来代上升幅度不大。当然,如果保持未来代负担不变,这些负担就会转移给政府,造成政府负担上升。如果"城居保"和"新农合"的个人缴费不大幅提升,而"城居保"和"新农保"参保人员的待遇2015年与当年同年龄、性别的"城职保"人口一致,会大幅提高政府负担,未来代和2010年新出生一代的代际账户值的比率会提高到3.3241,未来代的负担提高71.97个百分点。如果"城职保""城居保"和"新农合"完全统筹,"新农合"参保人员的缴费增加到原来的41.5倍,"城居保"参保人员的缴费增加到原来的34.3倍,高额的缴费使得三大体系的统筹会减轻财政负担,未来代和2010年新出生一代的代际账户值的比率下降到2.3562。如果"城居保"和"新农合"参保人员的待遇达到"城职保"水平,"城居保"和"新农合"参保人员2015年的缴费需要提高到676.8元,是目前缴费水平的8.39倍,占到人均纯收入的6.42%,政府的负担不会发生变化。

因此,目前的经济水平下,先统筹"新农合"和"城居保"是现实的选择,等到"新农合"和"城居保"参保人员缴费能力上升,考虑将"新农合"和"城居保"参保人员缴费提高八倍左右,再把"城居保"和"新农合"参保人员的待遇达到"城职保"水平,不会增加政府负担。而模拟表明"城职保""城居保"和"新农合"三大医疗体系完全统筹并不合适,"新农合"的基金结余反而会减轻政府的负担。

农民工是城乡统筹的排头兵,因此把农民工纳入城镇医疗保险体系具有很大的示范和指导意义。然而我国农民工参加城镇医疗体系的情况并不乐观,2013年农民工参加城镇医疗保险的参保率为18.7%,受雇企业的缴费能力和政府对财政补贴的承受能力是制约农民工加入城镇医疗保险体系的重要因素,本书结合企业的缴费能力研究政府对农民工选择不同医疗保险方案的承受能力。

我们模拟发现,如果2015年起81%的农民工不参加"新农合",而参加"城居保",2015年基金支出增加199亿元,占2015年财政支出的0.12%。未来代和2010年新出生一代的代际账户值的比率会提高到2.6724,未来代的负担略有提升。因此从财政压力的角度看,农民工参加"城居保"无论是短期还是长期都完全可行。但是农民工作为城镇就业人员,仅享受"城居保"的待遇水平还不是真正的城乡统筹。

如果2015年起农民工在职时参加"城职保",达到退休年龄后回到农村参加"新农合",未来代和2010年新出生一代的代际账户值的比率会降低到2.3660,因此这样会减轻政府的压力,是不公平的做法。如果农民工在职和退休后都参加"城职保",我们可以看到未来代和2010年新出生一代的代际账户值的比率为2.6106,只略有降低。因此,如果让农民工参加"城职保",就必须允许农民工退休后也能在城镇继续参加"城职保",这才是合适的做法。

如果农民工参加"城职保",参保人员的单位和个人缴费之和为原来"新农合"个人缴费的41.5倍。如果农民工参加"新农合",那么个人缴费只占到自己工资的0.27%,远低于"城职保"参保人员2%的缴费率。农民工的缴费能力在"新农合"和"城职保"之间。我们模拟了企业按照社会平均工资的60%缴纳不同比例情形下农民工参加"城职保"的统筹账户的收支以及代际账户值比率。我们发现农民工如果参加"城职保"并且希望收支相抵,企业缴费率不能低于4%。我们还模拟了逐步增加缴费率的方案,假设企业2015年按照社会平均工资的60%缴费,收缴率逐步提升至与"城职保"其他参保人员一样,并假设2020年前企业缴费率为4%,2020—2030年为5%,2030年后提高至与其他参保人员一样的水平6%,这样2036年前累计结余都为正。而未来代和2010年出生一代代际账户值比率为

2.6669,与现状相比,只提高 2.88 个百分点。因此,如果按照这种方案加入"城职保",缴费能力在企业承受范围之内,从中期来看基本也能收支相抵,从长期来看政府的压力不会因此有大幅提升。

8.8　人口结构变动对国民储蓄率的影响

国民储蓄率是影响经济增长的重要因素,一个国家的人口结构的变动可能影响这个国家的储蓄率,从而影响该国的经济增长。我国的计划生育政策已经推行了近三十年,老龄化使有些地区开始谨慎地放宽计划生育政策,而另一方面,随着人均收入的上升,我国的生育率水平不断下降。另外,在生育水平下降的同时,最近二十年我国城镇化的速度非常快,现在我国又到了人口转变的一个十字路口,本书利用代际核算方法分析人口因素对我国国民储蓄率的影响,结果显示国民储蓄率和总和生育率变化方向相反,当总和生育率下调时,国民储蓄率上升,而总和生育率上升时,国民储蓄率下降;国民储蓄率和少儿抚养比变动方向相反,而和老年抚养比变动方向相同,当生育率下降时,少儿抚养比下降,而老年抚养比上升,国民储蓄率上升,反之亦然。但是总和生育率的变动对国民储蓄率的影响并不大。迁移规模越大,城镇化率越高,国民储蓄率越低。但是城镇化率对国民储蓄的影响也有限,如果每年的迁移人口比基准假设下降 10%,2010 年的国民储蓄率就上升大约 0.003 个百分点;即使迁移规模比基准假设中提高 50%,2050 年时几乎完全城镇化,储蓄率也只不过下降 0.24 个百分点。

参考文献

[1] 陈平.建立统一的社会保障体系是短视国策[J].中国改革,2002年第4期:16—17.
[2] 陈滔.医疗保险精算和风险控制方法[M].西南财经大学出版社,2002.
[3] 陈妍.基本医疗保险统筹基金长期平衡分析——以天津市城镇职工基本医疗保险为例[J].十二五·新挑战:经济社会综合风险管理——北大赛瑟(CCISSR)论坛文集·2011.
[4] 丛树海编.财政支出学[M].中国人民大学出版社,2002.
[5] 第二期中国妇女地位调查课题组.第二期中国妇女社会地位抽样调查主要数据报告[J].中国妇女概况,2002年第1期.
[6] 段敏芳.中国人口迁移流动现状及发展趋势[J].中南财经政法大学学报2003年第6期总第141期:16—20.
[7] 樊纲、姚枝仲.中国财产性生产要素总量与结构的分析[J].经济研究2002年第11期:12—19.
[8] 樊潇彦.中国工业资本收益率的测算与地区、行业结构分析.世界经济2004年第5期:48—57.
[9] 冯俏彬,才进.我国农民工养老保险制度的地区差异及其财政影响[J].财贸经济,2010年第3期:47—52.
[10] 高如云.代际核算——评价养老保险政策的新方法[J].外国经济与管理2001年2月第23卷第2期:45—48.
[11] 高如云.代际平衡与代际核算[J].中国软科学2001年第7期:112—114.
[12] 郭英彤.社会养老保障制度影响我国居民储蓄行为的实证检验[J].消费经济2007年第6期:39—46.
[13] 国家计划生育委员会"中国未来人口发展与生育政策研究"课题组.中国未来人口发展与生育政策研究[J].人口研究2000年5月第24卷第三期:18—34.
[14] 国家经济体制改革委员会.社会保障体制改革[M].改革出版社,1995.
[15] 国家统计局编.中国劳动统计年鉴(历年).中国统计出版社.
[16] 国家统计局编.中国统计年鉴(历年).中国统计出版社.
[17] 国家统计局人口和社会科技统计司.中国人口统计年鉴(历年).中国统计出版社.
[18] 国家统计局制定.工业统计主要指标解释[M].中国城市出版社,1993.
[19] 国务院人口普查办公室和国家统计局人口和就业统计司.中国2000年人口普查资料.中

国统计出版社,2011.

[20] 何立新,封进,佐藤宏.养老保险改革对家庭储蓄率的影响:中国的经验证据[J].经济研究 2008 年第 10 期:117—130.

[21] 何平平.经济增长、人口老龄化与医疗费用增长——中国数据的计量分析[J].财经理论与实践 2006 年第 27 期:90—94.

[22] 何平平.医疗费用增长因素研究[M].湖南大学出版社,2012.

[23] 何文炯,徐林荣,傅可昂,刘晓婷,杨一心.基本医疗保险"系统老龄化"及其对策研究[J].中国人口科学 2009 年第 2 期:74—112.

[24] 何文炯,杨一心,刘晓婷,徐林荣,傅可昂.社会医疗保险纵向平衡费率及其计算方法[J].中国人口科学 2010 年第 3 期:88—112.

[25] 贾洪波.中国基本医疗保险适度缴费率模型与测算[J].预测 2010 年第 1 期:54—59.

[26] 江西财经大学南昌市劳动局联合课题组.社会统筹与个人账户相结合的养老保险基金制度的研究[J].当代财经 1997 年第 2 期:18—28;第 3 期:28—38.

[27] 蒋云赟,任若恩.中国工业的资本收益率测算[J].经济学季刊 2004 年第 4 期总第 12 期:877—888.

[28] 教育部财务司,国家统计局人口和社会科技统计司编.中国教育经费统计年鉴(历年).中国统计出版社.

[29] 劳动保障部法制司和社会保险研究所,博时基金管理有限公司.中国养老保险基金测算与管理[M].经济科学出版社,2001.

[30] 劳动和社会保障部劳动工资研究所.制度设计与应用——劳动力市场工资指导价位和人工成本[M].中国劳动社会保障出版社,2002.

[31] 李永胜.人口统计学[M].西南财经大学出版社,2002.

[32] 林宇坤,任若恩.中国 1987 至 2000 年劳动投入增长率的研究.北京航空航天大学学报(社会科学版)2005 年 6 月第 18 卷第 2 期:1—5.

[33] 刘泓.未来十年我国的就业形势及对策[J].南开经济研究 2000 年第 4 期:41—47.

[34] 刘小兵.中国医疗保险费率水平研究[J].管理世界 2002 年第 7 期:69—88.

[35] 刘晓凤.我国社会保障支出预测研究——基于 ARMA 模型的分析[J].金融教学与研究,2009 年第 1 期:55—58.

[36] 刘晓婷,杨一心.基本医疗保险最低缴费年限研究[J].中国卫生经济 2010 年第 4 期:17—20.

[37] 卢驰文,王钦池.城镇职工基本医疗保险基金结余规模控制研究[J].经济纵横 2010 年第 1 期:47—50.

[38] 卢锋.中国农民工工资走势:1979—2010[J].中国社会科学 2012 年第 7 期:47—67.

[39] 南亮进,薛进军.1949—1999 年中国人口和劳动力推算[J].中国人口科学 2002 年第 3 期:1—16.

[40] 聂明隽."中人"过渡:统一养老保险制度的关键问题[J].中国社会保障 1997 年第 4 期:18—19.

[41] 彭俊,宋世斌,冯羽.人口老龄化对社会医疗保险基金影响的实证分析——以广东省珠海市为例[J].南方人口 2006 年第 2 期:5—11.

[42] 平新乔,梁爽,郝朝艳,张海洋,毛亮.增值税与营业税的福利效应研究[J].经济研究2009年第9期:66—80.

[43] 邱长溶,张立光.代际账户核算的国际比较分析[J].中国流通经济2004年第1期:56—60.

[44] 世界银行.1993年世界发展报告—投资于健康[M].中国财政经济出版社,1993.

[45] 宋世斌.我国社会医疗保险体系的隐性债务和基金运行状况的精算评估[J].管理世界2010年第8期:169—170.

[46] 孙琳琳,任若恩.中国资本投入和全要素生产率的估算[J].世界经济2005年第12期:3—13.

[47] 孙永勇.社会保障对储蓄的影响[M].武汉大学出版社,2007.

[48] 王持江主编.工业统计学[M].中国统计出版社,1996.

[49] 王建新主编.中国劳动年鉴1997[M].中国劳动出版社,1998.

[50] 王鉴岗.社会养老保险平衡测算[M].经济管理出版社,1999.

[51] 王晓军.社会保险精算原理与实务[M].中国人民大学出版社,2009.

[52] 王晓军.中国养老金制度及其精算评价[M].经济科学出版社,2000.

[53] 王晓燕,宋学锋.老龄化过程中的医疗保险基金:对使用现状及平衡能力的分析[J].预测2004年第6期:5—9.

[54] 王亚柯,吕文栋.养老保险制度储蓄效应的经验研究综述[J].经济学动态2008年第8期:72—75.

[55] 习哲馨,庾丽娜,张文韬.社会保障制度变迁对居民储蓄的影响[J].经济问题探索2007年第5期:85—89.

[56] 萧艳汾.增值税税负转嫁的代数模型研究[J].税务研究2008年第2期:83—85.

[57] 新玉言主编.国外城镇化:比较研究和经验启示[M].国家行政学院出版社,2013.

[58] 熊启泉.中国农村国内生产总值(GDP)的估计:理论、方法及实证测算[J].统计研究1999年第1期:29—34.

[59] 许宪春.中国国内生产总值核算中存在的若干问题研究[J].经济研究2000年第2期:10—16.

[60] 杨云彦.中国人口迁移的规模测算与强度分析[J].中国社会科学2003年第6期:97—107.

[61] 油晓峰.我国财政性教育支出的问题和对策[J].软科学2003年第17卷第2期:34—37.

[62] 俞承璋,孙谦,俞自由.影响我国养老保险收支平衡的因素分析及对策[J].财经研究1999年第12期:26—31.

[63] 袁志刚.中国养老保险体系选择的经济学分析[J].经济研究2001年第5期:13—19.

[64] 张帆.中国的物质资本和人力资本估算[J].经济研究2000年第8期:65—71.

[65] 张振忠.中国卫生发展绿皮书:中国卫生费用核算研究报告[M].人民卫生出版社,2009.

[66] 赵坤.农民工养老保险转移接续态势与政策效果评估[J].改革2010年第5期:77—84.

[67] 中国财政杂志社编.中国财政年鉴(历年).中国财政杂志社.

[68] 中国教育年鉴编辑部.中国教育年鉴(历年).人民教育出版社.

[69] 中国劳动和社会保障部编.中国劳动和社会保障年鉴(历年).中国劳动和社会保障出

版社.

[70] 中国社会科学院人口研究所编. 中国人口年鉴1997. 中国民航出版社,1997.

[71] 中华人民共和国教育部发展规划司编. 中国教育统计年鉴2003. 人民教育出版社,2004.

[72] 中华人民共和国劳动和社会保障部规划财务司和劳动工资司编. 中国劳动力市场工资指导价位(2000)[M]. 中国劳动出版社,2000.

[73] 中华人民共和国社会保险法[M]. 中国法制出版社,2011.

[74] 中华人民共和国卫生部. 中国卫生统计提要(历年). http://www.moh.gov.cn/news/sub_index.aspx? tp_class = C3

[75] 中华人民共和国卫生部编. 中国卫生统计年鉴2003. 中国协和医科大学出版社,2003.

[76] 朱琴华. 农村GDP核算问题探讨[J]. 统计研究2001年第1期:57—61.

[77] 《中国税务年鉴》编辑委员会编. 中国税务年鉴(历年). 中国税务出版社.

[78] 《中国卫生年鉴》编辑委员会. 中国卫生年鉴(历年). 人民卫生出版社.

[79] 曾益,任超然,李媛媛. 中国基本医疗保险制度财务运行状况的精算评估[J]. 财经研究,2012年第12期:26—37.

[80] 曾益. 中国城镇职工基本医疗保险基金可持续发展研究[J]. 财经论丛2012年第5期:57—63.

[81] Aaron, H. The Social Insurance Paradox [J]. Canadian Journal of Economic and Political Science, 1966, Vol. 32, pp.371—374.

[82] Abel A., Mankiw G., Summers L., and Zeckhauser R. Assessing Dynamic Efficiency:Theory and Evidence [J]. Review of Economic Studies, 1989, Vol.56, pp.1—19.

[83] Agulnik P., R. Cardarelli and J. Sefton. The Pension Green Paper:A Generational Accounting Perspective [J]. The Economic Journal, 2000, Vol. 110, pp.598—610.

[84] Altonji, J., F. Hayashi and L. Kotlikoff. Is the Extended Family Altruistically Linked? Direct Tests Using Microdata [J]. American Economic Review, December 1992, Vol. 82, No. 5, pp.1177—1189.

[85] Auerbach, A. J., and Chun, Young Jun. Generational Accounting in Korea [J]. Journal of the Japanese and International Economies, Elsevier, 2006, Vol. 20(2), pp.234—268.

[86] Auerbach, A. J., and L. Kotlikoff. Dynamic Fiscal Policy[M]. Cambridge:Cambridge University Press, 1987.

[87] Auerbach, A. J., and L. Kotlikoff. Willi Leibfritz. Generational Accounting around the World. IMES Discussion Paper Series, March 1998, No. 98-E-2.

[88] Auerbach, A. J., and P. Oreopoulos. Generational Accounting and Immigration in the United States [J]. Journal of Public Economics, 1992, Vol. 47, No. 2, pp.141—170.

[89] Auerbach, A. J., J. Gokhale and L. Kotlikoff. Generational Accounts:A Meaningful Alternative to Deficit Accounting [J]. In D. Bradford, ed., Tax Policy and The Economy, 1991, Vol. 5, pp. 55—110.

[90] Auerbach, A. J., J. Gokhale and L. Kotlikoff. Generational Accounting:A New Approach to Understanding the Effects of Fiscal Policy on Saving [J]. Scandinavian Journal of Economics, 2002, Vol. 94(2), pp.303—318.

[91] Auerbach, A. J., J. Gokhale and L. Kotlikoff. Generational Accounting: A Meaningful Way to Evaluate Fiscal Policy [J]. The Journal of Economic Perspectives, 1994, Winter, pp. 73—94.

[92] Auerbach, A. J., J. Gokhale and L. Kotlikoff. Social Security and Medicaid Policy from the Perspective of Generational Accounting [J]. In J. Poterba, ed., Tax Policy and the Economy, 1992, Vol. 6, pp. 129—145.

[93] Auerbach, A. J., L. Kotlikoff and W. Leibfritz. Generational Accounting around the World [M]. The University of Chicago Press, 1999.

[94] Banks J., R. Disney, Z. Smith. What Can We Learn about Pension Reform from Generational Accounting for the UK [A]. The Institute for Fiscal Studies Working Paper Series, 1999, No. W99/16.

[95] Barro, J. R. The Determinants of Economic Growth [M]. MIT Press, 1997.

[96] Barros, P. P. The Black Box of Health Care Expenditure Growth Determinants [J]. Health Economics, 1998, 7, pp. 533—544.

[97] Blanchard, O. Suggestions for a New Set of Fiscal Indicators. In H. Verbon and F. van Winder, eds., The Political Economy of Government Debt [M]. Amsterdam: North-Holland, 1993, pp. 307—325.

[98] Boskin, M., Robinson, M., and Huber, A. Government Saving, Capital Formation and Wealth in the United States, 1947—1985. In R. Lipsey and H. S. Tice, eds., The Measurement of Saving, Investment and Wealth [M]. NBER and Univ. of Chicago Press, 1987.

[99] Buchanan, J. Public Principles of Public Debt [M]. Richard Irwin, Homewood, 1958.

[100] Buiter Willhelm H. Generational Accounts, Aggregate Saving and Intergenerational Distribution [J]. Economica, 1997, Vol. 64, pp. 605—626.

[101] Busse, R. Expenditure on Health Care in the EU: Making Projections for the Future Based on the Past, HEPAC, 2001, 2, pp. 158—161.

[102] Cardarelli R., J. Sefton and L. J. Kotlikoff. Generational Accounting in the UK [J]. Economic Journal, Nov. 2000, Vol. 110, Issue 467, pp. 547—574.

[103] Chamley, C. The Welfare Costs of Capital Income Taxation in a Growing Economy [J]. Journal of Political Economy, 1981, Vol. 89, pp. 468—496.

[104] Chouraqui, J., R. Hagemann, and N. Sartor. Indicators of Fiscal Policy: A Re-Examination [A]. OECD Working Paper, 1990, No. 78, Paris.

[105] Congressional Budget Office of the Congress of the United States. Who Pays and When? An Assessment of Generational Accounting [M]. November 1995.

[106] Cutler, David. Review of Generational Accounting: Knowing Who Pays, and When, for What We Spend [J]. National Tax Journal, 1993, Vol. 46, No. 1, pp. 61—67.

[107] Dang T., P. Antolin and H. Oxley. Fiscal Implications of Ageing: Projections of Age-Related Spending. Organisation for Economic Co-operation and Development Economics Department Working Paper, September 2001, No. 305.

[108] Diamond Peter. Generational Accounts and Generational Balance: An Assessment [J]. National Tax Journal, December, 1996, Vol. 49, No. 4, pp. 597—607.

[109] Dormont B. and H. Huber. Causes of Health Expenditure Growth: The Predominance of Changes in Medical Practices over Population Ageing, Annales d'economie et de statistique, No. 83/84, 2006.

[110] Eisner, Robert and Paul J. Pieper. A New View of The Federal Debt and Budget Deficits [J]. American Economic Review, Mar. 1984, 74(1), pp. 11—29.

[111] Eric O'N, Fisher and K. Kenneth. Generational Accounting in Open Economies [J]. Economic Review (Federal Reserve Bank of San Francisco), 1997, Issue 3, pp. 34—46.

[112] Eugene P. Seskin, Robert P. Parker. A Guide to the NIPA's. www.bea.gov/bea/an/nipaguid.pdf

[113] European Commission. Generational Accounting in Europe [A]. European Economy, Reports and Studies, 1999.

[114] Fehr Hans and L. Kotlikoff. Generational Accounting in General Equilibrium [A]. NBER Working Paper, 1995, No. 5090 and FinanzArchiv, 53, No. 1 (1996—1997), pp. 1—27.

[115] Feldstein, M., and E. Ranguelova. Individual Risk and Intergenerational Risk Sharing in an Investment-Based Social Security Program. NBER Working Paper, 1998, No. w6839.

[116] Feldstein, M., and James M. Poterba. State and Local Taxes and the Rate of Return on Nonfinancial Corporate Capital [A]. NBER Working Paper, 1980, No. 508R.

[117] Feldstein, M., and L. Summers. Is the Rate of Profit Falling? Brookings Papers on Economic Activity, 1977, Vol. 1, pp. 211—227.

[118] Feldstein, M., Does the United States Save Too Little? [J]. American Economics Review, 1977, 67(May), pp. 116—121.

[119] Feldstein, M., James M. Poterba and L. Dicks-Mireaux. The Effective Tax Rate and the Pretax Rate of Return [J]. Journal of Public Economics, 1983, Vol. 21, pp. 129—158.

[120] Feldstein, M., The Missing Piece in Policy Analysis: Social Security Reform [J]. American Economics Review, 1996, 86(May), pp. 1—14.

[121] Feldstein, Martin S., Social Security, Induced Retirement, and Aggregate Capital Accumulation [J]. Journal of Political Economy, Sep./Oct. 1974, 82(5), pp. 902—926.

[122] Flavia Coda Moscarola. The Effects of Immigration Inflows on the Sustainability of the Italian Welfare State [A]. CERP Working Paper, 2001, 6/01.

[123] Fogel W. R. Forecasting the Cost of U.S. Health Care in 2040. NBER working Paper Series, 2008.

[124] Frederick W. Hollmann, Tammany J. Mulder, Jeffrey E. Kallan. Methodology and Assumptions for the Population Projections of the United States: 1999 to 2100 [A]. U.S. Census Bureau Population Division Working Paper, 2000, No. 38.

[125] Fullerton, Don, and Diane Lim Rogers. Who Bears the Lifetime Tax Burden? [M]. Washington, D.C: Brookings Institution, 1993.

[126] Getsen T. E. Forecasting Health Expenditures: Short, Medium and Long (Long) Term [J]. Journal of Health Care Finance, Spring 2000, 26, 3, ProQuest p. 56.

[127] Gokhale J., B. Page, J. Potter and J. Sturrock. Generational Accounts for the United States: An Update [J]. American Economic Review, May 2000, Vol. 90, Issue 2, pp. 293—296.

[128] Gramlich, E. Fiscal Indicators [A]. OECD Working Paper, 1990, No. 80.

[129] Harvey S. Rosen. Studies in State and Local public Finance [M]. University of Chicago Press, 1986.

[130] Haveman R. Should Generational Accounts Replace Public Budgets and Deficits? [J]. Journal of Economic Perspectives, 1994, Vol. 8, No. 1, pp. 95—111.

[131] Henning Bohn. Will Social Security and Medicare Remain Viable as the U. S. Population is Aging. CESIFO Working Paper, 2003.

[132] Holger Bonin, Concepcio Patxot. Generational Accounting as a Tool to Assess Fiscal Sustainability: An Overview of the Methodology. IZA Discussion papers, No. 990, January 2004.

[133] Holger Bonin. Generational Accounting: Theory and Application [M]. Springer, c2001.

[134] Howard J. Bolnick. A Framework for Long-term Actuarial Projections of Health Care Costs: The Importance of Population Ageing and Other Factors [J]. North American Actuarial Journal, 2003, Vol. 8, No. 4.

[135] John B. Williamson, Diane M. Watts Roy and Eric R. Kingsion. The Generational Equity Debate [M]. New York: Columbia University Press, 1999.

[136] Kotlikoff, Laurence J. and S. Burns. The Coming Generational Storm: What You Need to Know about America's Economic Future [M]. The MIT Press, 2003.

[137] Kotlikoff, Laurence J. and W. Leibfritz. An International Comparison of Generational Accounts [A]. NBER Working Paper, 1998, No. 6447.

[138] Kotlikoff, Laurence J. Deficit Delusion [J]. The Public Interest, Summer 1986, Vol. 84, pp. 53—65.

[139] Kotlikoff, Laurence J. From Deficit Delusion to Generational Accounting [J]. Harvard Business Review, May./Jun. 1993, Vol. 71, Issue 3, pp. 104—105.

[140] Kotlikoff, Laurence J. From Deficit Delusion to the Fiscal Balance Rule—Looking for a Sensible Way to Measure Fiscal Policy [A]. NBER Working Paper, 1989, No. 2841 and Journal of Economics, Supplement 7, 1993, pp. 17—41.

[141] Kotlikoff, Laurence J. Generational Accounting: Knowing Who Pays, and When, for What We Spend [M]. New York: The Free Press, 1992.

[142] Kotlikoff, Laurence J. Is Debt Neutral in Life Cycle Model [A]. NBER Working Paper, Oct. 1986, No. 2053.

[143] Kotlikoff, Laurence J. Reply to Diamond's and Cutler's Reviews of Generational Accounting [J]. National Tax Journal, June 1997, Vol. 50, No. 2, pp. 303—314.

[144] Kotlikoff, Laurence J. Social Security and Equilibrium Capital Intensity [J]. Quarterly Journal of Economics, 1979, Vol. 93, pp. 233—253.

[145] Kotlikoff, Laurence J. Taxation and Savings: A Neoclassical Perspective [J]. The Journal of Economic Literature, December 1984.

[146] Kotlikoff, Laurence J. The Deficit is Not a Well-Defined Measure of Fiscal Policy [J]. Science, August 1988, Vol. 241, pp. 791—795.

[147] Kotlikoff, Laurence J. and R. Bernd. Generational Accounting Around the Globe [J]. American Economic Review, May 1999, Vol. 89, Issue 2, pp. 161—166.

[148] Lee Ronald and R. Edwards. The Fiscal Effect of Population Aging in the U. S. : Assessing the Uncertainties [A]. NBER Working Paper, 2002.

[149] Lindsay R. , D. Holland and J. Ronen. The Nation's Capital Needs: Three Studies [M]. New York: Committee for Economic Development, 1979.

[150] Liu Xinzhu and W. C. L. Hsiao. The Cost Escalation of Social Health Insurance Plans in China: Its Implication for Public Policy [J]. Soc. Sci. Med. , 1995, 41(8), pp. 1095—1101.

[151] Modigliani, F. Long-Run Implications of Alternative Fiscal Policies and the Burden of the National Debt [J]. The Economic Journal, 1961, Vol. 71, pp. 730—755.

[152] Nebojsa Nakicenovic, Rob Swart. IPCC Special Report on Emissions Scenarios [M]. The Intergovernmental Panel on Climate Change, 2001.

[153] Nordhaus, W. D. The Falling Share of Profit [J]. Brooking Papers on Economic Activity, 1974, Vol. 1, pp. 169—208.

[154] Noriyuki T. and K. Yukinobu. Lessons from Generational Accounting in Japan [J]. American Economic Review, May 1999, Vol. 89, Issue 2, pp. 171—175.

[155] O'Neill B. C. , D. Balk, M. Brickman and M. Ezra. A Guide to Global Population Projections [J]. Demographic Research, 2001, Vol. 4, ARTICLE 8.

[156] Peterson, W. Rates of Return on Capital: An International Comparison [J]. KYKLOS, 1989, Vol. 42(2), pp. 203—217.

[157] Poterba James M. The Rate of Return to Corporate Capital and Factor Shares: New Estimates Using Revised National Income Accounts and Capital Stock Data [A]. NBER Working Paper, 1997, No. 6263.

[158] Raffelhuschen, B. Generational Accounting in Europe [J]. American Economic Review, May 1999, Vol. 89, Issue 2, pp. 167—170.

[159] Róbert I. Gál, András Simonovits, Géza Tarcali. Generational Accounting and Hungarian Pension Reform [A]. World Bank Social Protection Discussion Paper Series, 2001, No. 0127.

[160] Samuelson A. P. An Exact Consumption—Loan Model of Interest With or Without the Social Contrivance of Money [J]. The Journal of Political Economy, 1958, Vol. 66, pp. 467—482.

[161] Sin Yvonne. China Pension Liabilities and Reform Options for Old Age Insurance. World Bank Working Paper, 2005, No. 33116.

[162] Smith, Stanley K. and Jeff Tayman. An Evaluation of Population Projections by Age [J]. Demography, Nov. 2003, Vol. 40, Issue 4, pp. 741—757.

[163] Summers, L. Capital Taxation and Capital Accumulation in a Life Cycle Growth Model [J]. American Economic Review, 1981, Vol. 71, pp. 533—544.

[164] Sun Linlin and Ren Ruoen. Estimates of Capital Input Index by Industries:The People's Republic of China, 1980—1999. The paper prepared for RIETI-KEIO Conference on Japanese Economy—Leading East Asia in the 21st Century? Held in Tokyo, April 30, 2003.

[165] Wagstaff A. , M. Lindelow, Jun Gao, Ling Xu and Juncheng Qian. Extending Health Insurance to the Rural Population:An Impact Evaluation of China's New Cooperative Medical Scheme [J]. Journal of Health Economics, 2009, Vol. 28, pp. 1—19.